前　言

　　随着全民学习、终身学习理念的普及，继续教育在学习型社会建立过程中的重要性愈加凸显。我国成人继续教育正处于转型升级阶段，广播电视大学全面向开放大学转型，教育部取消了对普通高等学校举办远程学历教育的审批，越来越多的企业 E-learning 机构加入到远程教育的行列中。对于成人继续教育，政府将采取以社会监督和市场调节为主的管理模式。这种新的管理思路，对开放大学等远程教育办学机构提出了新的要求。远程教育机构必须主动向社会证明其办学水平能够满足劳动力市场的要求。事实上，长期以来，我国成人远程教育的质量水平一直被社会所质疑，提升办学水平，赢得质量声誉是开放大学试点的首要任务，也是我国成人远程教育政府管理权进一步下放的前提。

　　在国际范围内，很多国家通过构建国家质量保证体系来监控和督促远程教育机构保障质量从而赢得声誉。也有很多远程教育机构借助建立内部质量保证体系的方法提升了自身声誉，赢得了民众信任。实践证明，内外部质量保证系统协同作用能够大大提升远程教育机构的质量管理效果和水平。

　　我国政府和学术界已经开始着手研究如何在我国建设成人远程教育质量保证制度，远程教育试点院校和开放大学也都着手研究和建设内部质量保证体系。本书希望通过挖掘和还原国内外开放大学内部质量保证实践的现状和特征，为新时期我国成人远程教育/开放教育的质量提升提供经验和方法参考。

　　作为北京师范大学与北京开放大学合作课题"北京开放大学教学质量保证体系建设项目"的研究成果之一，本书主要内容包括开放大学内部质量保证案例及评述，开放大学内部质量保证的外部制度环境，以及内部质量保证实践的关键要素与重点环节三个部分。书中遴选了对我国质量保证体系建设有重要参考和借鉴意义的 9 个国家和地区，包括加拿大、英国、西班牙、马来西亚、印度、巴基斯坦、南非等国家、中国香港等地区的知名远程教育机构作为蓝本，特邀这些机构的在职专家参与撰写，还原其所在机构所构建和运行的质量保证体系，分享成功经验，剖析问题和挑战，凝炼出了具有代表性的质量保证案例。结合中国国情，以评述的方式对这些案例进行了归纳和总结。同时，本书梳理、呈现了国际上相对比较成熟、完善的两套质量保证标准体系，对它们的框架、标准、指标、评价方案进行了点评和对比分析，提出了质量持续改进的主要着眼点和重点关注问题，明确了行动指南。

课题是北京开放大学在改革与发展过程中结合自身需求由实践衍生的选题，北京师范大学应邀参与。在陈丽教授的主持下，北京师范大学远程教育研究中心和北京开放大学组成了团队分工开展课题研究工作。北京师范大学参与的主要人员有：陈丽、谢洵、林世员、沈欣忆、解晶晶、张馨邈、万芳怡等；北京开放大学参与的主要人员有：王晓霞、吴亚婕、谭璐等。案例的作者包括：玛格丽特·豪伊（Margaret Haughey）、南希·帕克（Nancy K. Parker）、欧嘉特·达若嘉（Ojat Darojat）和田·贝妮（Tian Belawati）、安迪（Andy Liew Teik Kooi）、埃琳娜·芭芭拉（Elena Barberà）、林迪威·马布扎（Lindiwe Mabuza）、依法莲·孟郎噶（Ephraim Mhlanga）、李锦昌、纳维德·马里克（Naveed A. Malik）、苏雷什·加格和桑托什·潘达（Suresh Garg and Santosh Panda）、黛安娜·斯坦默斯（Diana Stammers）、杨亭亭以及北京开放大学数字化教学指导中心的研究人员。特别感谢加拿大阿萨巴斯卡大学前副校长玛格瑞特（Margaret Haughey）女士，她在本书的撰写过程中提供了很多指导和帮助。同时还要感谢课题结题专家北京开放大学副校长张铁道、北京师范大学教授李德芳、北京麦课在线教育技术有限公司总经理刘义光、北京开放大学国际文化学院院长刘永权对本书稿给予的有益指导。

在本书付梓之际，衷心感谢北京师范大学出版社对本书顺利出版所提供的支持和帮助。

编 者

2016 年 3 月 19 日

目 录

引　言

　　尽管对于质量保证及其定义众说纷纭，但是其核心目的都是要向利益相关者证明：自己的确是达到了它们的期待。对于大学而言，利益相关者包括学生、政府、公众及同行。在一个全球化的世界里，质量保证变得越来越重要，很多国家已经建立了质量保证体系，以帮助评估、认证高等教育的质量。

　　各国开始重视质量保证有多方面的原因。首先，20世纪中期以来高等教育的迅猛发展，加上各国快速发展高等教育系统的需要，导致了各种各样院校的产生以及各类学生及教职工群体的加入。其次，雇主日益变化的需求也使得国家开始对高等院校培养人才的过程进行监督审查。第三，数字化经济的迅速发展使得如今的雇主们开始要求其雇用的学生不仅能掌握课本上的知识，还要具有一定的工作能力，如合作、决策、领导、沟通等。此外，还有学生的流动性以及大学教育的国际化等原因。政府希望能够确保本国的国民高等教育得到世界的认可，本国院校也能因其优质的教育而吸引更多的外国留学生。

　　自"质量保证"的概念提出以来，仅仅20多年的时间，质量保证过程就经历了各种侧重点的调整，从评估到认证，从监督评价到审查。通常，该过程会有一整套说明或标准，其中每一项标准都有自己的衡量指标或参照检查程序。在实际应用中，这些标准规范会在国家的、区域的或者机构的层次上展开。质量保证过程可能会由学校的某个独立部门来具体实施，或嵌入各院系的工作要求，或以组成大学行政结构的政策和程序的方式来颁布。如今，大多数院校都认识到了质量保证过程的价值，尽管最开始是为了保证对外服务的质量，然而，随着数字化经济的出现，加上为21世纪的学习者提供更优质服务的需要，各个院校正逐渐认识到，质量保证过程也有助于它们自身的不断进步。

虽然质量保证起源于基于校园的传统院校，但也一直是远程教育大学的一项重要课题。一直以来，远程开放大学注重公众对其教学形式及教学服务的信任，这种信任不仅要来源于公众与学生、还应来自于教育界的同行。然而，盈利性私立院校机构在世界范围内的迅速泛滥成为这一过程的绊脚石，他们抓住远程教育这一契机，主要在提供国家助学贷款的国家（如美国）赚取利润。他们那些早已沦为一纸空文的承诺和劣质的教学实践，使得公众失去了对这种新兴教育形式的信任。此外，有些师生将远程教育视为获取资格认证、甚至是花钱买学历的捷径，这些行为同样损害了那些优质可靠的远程教育提供方的声誉。尽管如今大多数国家已通过建立健全相关机制，责令关闭了这些浑水摸鱼的院校机构，公众与雇主对远程大学的怀疑与顾虑依然存在。英联邦学习共同体学习联盟（COL）、国际开放与远程教育协会（ICDE）等世界远程教育组织已经制定了质量保证标准，很多国家也对远程开放大学的质量保证过程增添了一些特殊的要求。

因此，出版一本以远程开放大学为中心、与质量保证相关的书的必要性可见一斑。首先，在远程开放大学不断完善质量保证实践的过程中，这本书将提供有利信息。其次，质量保证这一话题不应局限于管理者内部，必须包含组织中各层级的成员，本书将创造讨论质量保证实践的机会。第三，远程开放大学的内部质量保证注重教师教学与学生学习过程的完善，这个话题与所有高等教育院校的利益休戚相关。

本书第一部分重点是中外远程教育大学的质量保证活动。作者将介绍他们学校的背景和他们的质量保证实践。（想知道这些大学为何做出这些选择，请阅读相关章节了解更详细的内容）。

绝大部分的章节是专门为本书所写，个别是经授权转载。这些章节较系统地概述了这些远程教育院校所用的各种方法以及一些在具体实施过程中遇到的问题和困难。这些信息尤其适合那些正计划实施质量保证战略的读者。

本书第二部分介绍了开放大学内部质量保证的外部制度环境，第三部分结合前两部分案例对内部质量保证实践的关键要素与重点环节进行了总结，附录部分提供了更多有关现有远程教育标准及指标的信息，简要分析了不同标准文档的异同。这为评估不同标准下的指标提供了重要参考。因为这些指标是一些通用指标，因此，各机构需要根据自身组织及教学体系制定更具有针对性的政策。

开放大学内部质量保证
案例及评述

加拿大阿萨巴斯卡大学内部质量保证体系

Margaret Haughey & Nancy Parker

解晶晶 译

内部质量保证不仅仅能够为院校机构的质量评估提供过程支持和数据支持，也有助于实现院校机构的质量改进。本文描述了营造一种学习文化的体系与过程，这种学习文化建立在加拿大远程教育机构——阿萨巴斯卡大学（Athabasca University，AU）质量改进的基础之上。

一、大学概况

阿萨巴斯卡大学成立于 1970 年，是加拿大阿尔伯特省四所公立的研究型综合大学之一，同时也是加拿大最大的提供大学层次在线与远程教育的专业机构。阿萨巴斯卡大学致力于促进教育机会的平等化，为成人学生的大学教育扫除障碍。它在远程教育领域的教学和学术研究方面取得了卓越的成就，尝试为学生建立创新型的在线支持环境。

作为一所开放大学，阿萨巴斯卡大学采纳开放的入学政策：不以学生的教育背景作为招生条件。学生只要满足课程要求就可以参加课程学习，还可以继续申请学习某一专业。全面综合的学生支持服务和专为远程学生设计的图书馆服务支持了这种开放大学理念的实现。

阿萨巴斯卡大学共有 40000 名学生，其中大多数是本科生并来自加拿大除阿尔伯特省以外的 12 个省和地区。其中，超过 98％的学生能够通过高速网络来学习，课程选择范围涵盖了 90 多个本科和硕士的学历教育项目和非学历教育项目中的 750 多门课程。80％以上的学生拥有全职工作，每年超过 90％的时间都面临着工学矛盾问题。很多加拿大其他大学的学生，也会注册学习阿萨巴斯卡大学的课程，希望以此能够更快地完成学历教育，获得学位，或者辅助目前的学习。

只需年满 16 周岁就可以成为阿萨巴斯卡大学的学生，这是大学招生的唯一要求。但是，如果想要学习高阶课程或特定专业，学生还需满足

中国远程教育研究丛书

开放远程教育
内部质量保证案例集

陈丽　谢洵　王晓霞／主编

北京师范大学出版集团
BEIJING NORMAL UNIVERSITY PUBLISHING GROUP
北京师范大学出版社

一定的学术要求或额外的入学条件。阿萨巴斯卡大学灵活的课程教学模式使其拥有灵活的招生时间。学生可以在每个月的月初注册课程，进行个性化学习。大学的硕士课程因专业的不同而具有不同的入学要求。大多数的硕士课程采用有计划的在线小组学习方式。

本科生的平均毕业时间为 6.4 年，硕士生的平均毕业时间为 3.7 年。63％的毕业生愿意支持家属学习，74％的毕业生成为他们家族中获得大学学历的第一人。

加拿大一共有 84 所公立大学，有两所大学只提供远程教育，其中之一就是阿萨巴斯卡大学。另一所是魁北克电视大学（Télé Université du Québec，TELUQ），其课程多是使用法语授课。加拿大很多其他公立大学也提供远程教育课程，但通常只占总体课程的很小比例。

加拿大是由 13 个省和地区组成的联邦制国家，并没有集权的高等教育机构。加拿大教育部长委员会（the Council of Ministers of Education，Canada）承担着协调各省和地区相关事务的责任。此机构于 2007 年批准了可以解决学生流动性和学位等值性的质量保证框架。有关质量保证框架的文件也成为了各省质量保证立法的依据。所有大学都须遵守相关的法律法规。

二、阿尔伯特省的质量保证

2003 年，阿尔伯特省政府通过了一项新的高等教育学习法案，由此建立了阿尔伯特高校质量委员会（the Campus Alberta Quality Council，CAQC），委员会的职责包括："可以调查、审核与特定专业的规划方案相关的任何材料，涉及除神学学位以外的应用学士、硕士或博士学位专业。"

人们普遍认为，无论采用何种形式教学，所有的大学必须实行统一的质量标准（这与最新的实践情况一致）。对于提供远程教育的院校机构，质量委员会（the Quality Council）还为其制定了附加标准（CAQC Handbook，2006；Revised 2011）。

在学历教育的评审当中，质量委员会秉承着这样的理念：无论教学方式如何，高质量的教学是共同的追求。而质量保证的关键在于：以学习为出发点，以学科、教学、学习和评估方面的卓越学术研究结果为支撑。

与面授教育相同，部分或全部采用混合式、分布式或远程方式进行的学历教育要符合质量委员会为传统教育设立的本科和硕士课程质量评估标准，除此之外，它还要符合以下附加标准。

CAQC 采用以下标准来评估基于混合式、分布式或远程方式进行教学的课程：

1. 机构使命

无论课程教学模式如何，院校机构所提供的课程必须符合其使命或任务、规划、目标和制度。机构在行政、财政和技术方面有义务为注册学生提供课程和相应服务，使其在规定时间完成学业，获得学位。规定的学习时间是恰当合理的，考虑了学生以及课程对应的特定学习领域这些影响因素。

2. 机构对课程的所有权

对学生负有责任的是学生所注册的院校机构，而非机构的承包商或合作商。尽管课程的核心部分可能由机构之外的其他个人或组织提供，其质量保证仍由认证机构（授予学位的机构）负责。

3. 机构合作

委员会认可院校机构与其他企业就混合式、分布式或远程教育课程达成的合作。如果若干机构合作共同开设课程，那么课程的质量保证由合作的机构共同承担，并最终由认证机构负责。因此，如果机构采用的材料资源是由其他组织提供或开发的，认证机构需要获得修订资源的许可权，必要时对资源进行修订以符合机构的质量标准。关于合作开设课程，机构有必要对合作程度及其相关要求予以考虑。

4. 风险管理与降低

提供混合式、分布式或远程课程的机构，需要证明已建立了恰当、合理的风险管理机制，机制包括：机构具有稳定、可靠、安全、维护良好的技术设备；服务器或其他技术设备发生故障时，灾难恢复计划能够及时启动；机构与其他组织取消合作关系后，学生不会受到影响。

5. 隐私、身份与保密

在混合式、分布式或远程课程中,机构有必要为学生提供恰当、合理的安全机制来确认学生的身份,确保学生学习活动的完整。恰当的文件化程序和存储协议能够保护学生信息在考核评价和发布成绩过程中的安全性。设置销毁信息的程序和时间表同样也很重要,用于认证目的的个人信息在超过规定时间之后,就会被销毁。

6. 可获得性

学生具有不同的学习需求,院校机构保证能够关注并满足他们的多样化需求。

7. 知识产权

院校机构制定了相应的制度来处理数据版权保护和学习对象库的合理使用问题,以满足版权与知识产权法的要求。

8. 技术与更新

无论在教学方面还是行政管理方面,用以管理和传送课程的技术都能够支撑课程的实施。院校机构能够适当更新已使用的技术,识别并评估新兴技术;储存足以支持机构可持续发展的资源;为开展学习活动提供尽量安全的技术支持。

9. 合理的机构规划

课程的开设过程(从提案开始,到批准、实施、机构审查,最后是持续改进)清晰并易于理解。专业或课程的学习结果明确,并与机构的规章制度、教学模式、学习评估与反馈具有一致性。

10. 小组/合作/网络学习

机构关注:发生在同伴之间的大量的学习;群体模式以及其他基于小组学习、合作学习和网络学习的环境所带来的启示。

11. 课程开发与评估

机构定期评估并修订课程材料,使其符合课程质量标准;定期审查预期学习目标,以保证目标的明确性和适当性,并采用多种方法来评估目标的有效性。

12. 给学习者的建议

充分告知学生参加课程学习所需的能力、自律和设备要求,为学生提供专业、课程、所需文本材料以及其他要求等信息，使其在课程开始前能及时获取。学生还应知道采用不同教学模式的课程的费用。

13. 学习者支持

机构有义务培训学生了解如何使用在线学习工具。如果培训的规划或执行有所变动，机构能为受影响的学生提供最新信息。

14. 硬件与软件

机构设置了相应的程序，为学生提供有关硬件和软件应用的支持和建议。特别是，在课程开始之前提醒学习者有关课程学习的技术要求和时间要求，例如同步学习开始的时间。

15. 学习者服务

机构有义务告知学生，他们可获得的服务内容（例如学术指导与咨询）。在需要时为他们提供帮助，为他们解决所投诉的问题，例如涉及机构制度的投诉。

16. 课程体系的监督

课程体系及其评估和监督由符合资历要求的学术人员负责；课程的展示、管理、考核与评估由拥有相应学历的工作人员负责。

17. 技术培训

为课程设计、开发相关人员提供有关在线学习教学和技术的培训与辅助。另外，当学术人员转换传统课程和在线课程时，机构为他们提供支持，并评估、指导他们的在线教学。

18. 技术支持

机构持续为学术人员提供与课程所需硬件资源和软件资源相关的介绍、培训或技术支持。如果发生任何会影响学术人员参与在线课程的变动，机构能及时为受影响的学术人员提供最新信息。

依据侧重点的不同，以上远程教育课程标准可归为以下几类：专业和课程的规划与审查、学习者指导服务、工作人员的职业发展、技术（安全、恢复、更新、培训）。这些条款是除质量委员会规定的质量保证标准以外的附加要求。

三、院校机构的质量保证

内部的质量保证包含在教育机构开发、服务和审查的循环中，这些循环是教育机构必不可少的组成部分。院校机构中的五类主要循环分别是：专业的开发与审查、课程的开发与审查、综合性学生支持服务、教学人员和辅导人员的职业发展、教育技术服务。

（一）专业的开发与评审

新专业开发制度和专业评审制度构成了机构层面专业质量保证机制的基础。为满足大学战略计划对质量、灵活性、可持续性和院系目标的要求，新专业开发制度规定了开发新专业的流程，以及制度可比性、劳动市场需求这些外部要求。这一流程也"为满足内部和外部利益相关者的基本要求提供了新的可能"。

专业评审制度规定了详细的流程"以保证机构能够一直符合省和国家两个层面关于质量与严谨性的标准、学生的优质服务标准，并能够反映大学的使命"。这两大制度分别规定了专业开发和评审的主要阶段以及各个阶段的步骤。为保证流程的有效性和及时性，专业的开发与评审由教学人员主持领导，并从属于机构更大的循环：专业与课程的开发与更新。

1. 新专业开发的制度与流程

一般来说，开发一个新专业要经历以下几个阶段：

• 与新专业相关的专业委员会和学院委员会与学院院长以及副校长领导的学术办公室就开发新专业相关的外部标准和过程进行初步协商之后，再准备用以进一步讨论和审核的文件。

• 对文件进行审核，确保文件填写完整，提供了所有必需的材料，并能够解决学院提出的关于新专业的任何问题。

• 新专业的申请人可能需要与和新专业有关的其他学院进行协商，除此之外，还要与各个部门协商以确保专业相关信息和规划的准确性。例如，与教务处协商专业的规章制度问题，与学校信息中心协商专业的招生计划以及申请该专业的学生信息，与图书馆服务中心协商图书馆藏问题，与计算机服务中心协商信息处理相关事务。

• 将文件依次提交给相关的小组委员会和校务委员会。

• 经大学管理委员会的相关委员会批准之后，再将文件提交给高等教育部门进行系统的审查，最后将文件提交到质量委员会。

当此文件与政府部门的需求相吻合时，开发新专业的过程对院校机构就显得至关重要。开发新专业在人力和财力上都耗费巨大，因此新专业的支持者必须：证明此专业和院系战略发展计划是一致的；说明与其他机构提供的专业（特别是远程教育领域的专业）相比，新专业所具有的本质优势；证明新专业符合学习者和用人单位的需求，并说明顺利招生的可能性。另外，为减少成本，新专业应能够基于已有的课程进行开发。

专业委员会要求的这份文件反映了委员会需要建立一系列的常规程序，以鼓励信息共享。信息包含以下内容：竞争者开设的专业、世界各地院校机构开发的新专业、学生对专业认可度和就业能力的看法、用人单位反馈的毕业生特点。有些信息可以通过与其他大学工作人员的交流获得，有些信息可以通过对学生和用人单位的调查得到，有些信息则需要学院与学生辅导员保持密切的联系，关注学生的看法。记录整理这些信息有助于推进专业的发展。

2. 专业评审的制度与流程

专业评审制度概述了大学评审专业的内部过程，确保专业一直能够满足省和国家两个层面的质量标准、机构的学生服务质量标准，并能够反映出机构的使命。专业评审的周期为5到7年。对于护理、医药或工程等专业，评审过程尽量与专业认证评审过程一致，因为这些专业对应的职业需要经过常规的认证评审。负责学术事务的副校长也能够执行专业评审。专业评审的年度计划由校务委员会下属的学术标准小组委员会负责审核批准。

专业评审是对专业的结构与过程的评估，它有助于识别在学术方面和管理方面专业的可完善之处以及创新点。它以已有的文件制度，学生、工作人员以及其他外部利益相关者各自的反馈为基础。评审的基本活动包括：专业委员会撰写自我评鉴报告；外部评审专家进行实地考察或视频会议，并撰写评审报告；专业负责人向校务委员会提交附有改进建议的最终报告和评审过程的日程安排。负责学术事务的副校长向大学管理委员会下属的专业委员会提交报告。

为保证评审过程的独立性，负责学术事务的副校长所领导的办公室负责实地考察的所有花费（具体包括视频会议、外部评审专家的食宿、经济舱机票、酬金）以及自我评鉴报告作者的合约费用（如果有的话）。外部评审专家在此过程中无需参加大学的其他活动，如举办展示活动或讲座。

（1）自我评鉴报告。

自我评鉴的过程让专业委员会可以审核专业过程、识别其中的成功之处、考虑可能的选择、寻求问题和挑战的解决办法。机构的学术规划框架要体现出以上这些活动。自我评鉴报告包括以下内容：

• 专业概况

此专业的由来、理念、重点和特征；学生和目标受众的类型；此专业在学生就业、学术进修、职业发展和个人发展中的角色；省级范围和全国范围内此专业在高等教育领域中的情况；相关的合作关系或转让协议。

• 当前专业的情况

描述参评的项目和专业；学生的学习结果；平衡专业认可度、灵活性与各种限制条件之间关系的方法；必修课程的信息广度；能够促进深层理解的课程；保持学术严谨性的方法。

• 专业与课程

入学条件；专业的结构与要求；附加的规章制度；核心课程的要求；其他课程的要求；课程教学的平台。

• 学生简介

专业的招生目标；录取学生及活跃学生的人数和人口统计学特征；必修课程中学习旁观者的比例；专业和课程学习中学生的保留率；学生完成专业学习的时间。

• 领导、管理与支持

行政管理安排；学生支持服务；针对专业的指导与支持服务；针对专业的图书馆支持；专业的教学人员、辅导人员、课程体系的整体描述。

• 评价与结果

学生、教学人员、辅导人员、其他工作人员以及校友会对专业的评价；课程评估；学生对教学人员/辅导人员的评价；高年级学生的论文（获得许可的情况下）；对专业学习目标实现情况的整体评价。

• 问题与反思

出现的主要问题；专业的优势与劣势；现有优势的巩固；已有劣势

的处理；新的发展机会；战略方向与建议。

为完成自我评鉴报告，专业委员会需要：收集专业管理信息，招生趋势、规章制度和学习结果信息；检索以往的评审结果；了解评审建议的实施情况；调查当前机构的教学人员、辅导人员和合作机构，并获得相关信息。另外，专业委员会需获得相关授权去在线访问此专业的核心课程，了解高年级学生的学习情况。还需要课程实际的修订周期、课程评估的认可度和图书馆服务的使用信息。

(2)评审专家的报告。

评审专家需要访问一个安全的网站，并阅读网站上的文件和在线材料。评审正式开始之后，评审专家首先要和负责学术事务的副校长进行视频会议，了解评审的目的和形式。然后，他们可以采用实地访谈、视频会议或二者结合的方式访问教师、职员和学生，收集必要的信息。在撰写评审报告之前，评审专家还需要与负责学术事务的副校长进行视频会议，澄清或解答与报告相关的问题。最后，基于已有的材料和调查结果，评审专家根据以下内容撰写评审结果报告：

• 专业的重要性、结构与认可度

此专业学术知识的深度与广度，专业的重要性；学位规则的一致性与实用性；学习者工作量的适当性；此专业的课程与其他机构提供的课程在难度和智力要求上的可比性；专业的认可度；专业未来发展规划的可能方向以及所需条件。

• 结果

毕业生求职的准备情况；此专业对未来毕业生就业的影响；学生学习效果监督的有效性；学生经验的质量；国内和国际范围内相同专业的对比情况。

• 教学人员与资源

资源的适切性，支撑专业的教师的适切性；毕业生跟踪调查的质量水平，教学人员学术研究成果的数量与质量，对技术和教学策略应用的理解。

收到评审专家的报告之后，负责学术事务的副校长将会和专业委员会进行讨论，了解专业委员会对报告的看法，并进一步讨论他们打算如何实践报告中的建议。向校务委员会提交的文件包括自我评鉴报告、评审报告、专业委员会的建议。另外，还要向校务委员会的相关下属委员会提交专业评审的日程安排。每年，专业负责人都要向这个委员会报告评审建议的实施情况以及专业的进展与变动。

上述的专业评审循环是院校机构主要的质量保证机制。常规课程评审的循环嵌入专业评审的过程当中。每年，专业委员会都要向他们的学院委员会申请修订已有课程和开发新课程。其中的一个委员会审核并决策。对课程进行评估和修订是专业评审过程的一部分。

(二)课程的开发与评审

课程的开发与评审发生在院系范围内。专业委员会首先向各自的学院委员会推荐需要开发和修订的课程。学院委员会再确定哪些课程需要修订和开发，并给员工分配工作和资源。

课程开发制度和流程

课程开发包括四个组成部分：设计课程开发方案，描述课程开发过程，确定课程开发任务，持续监督课程内容、评估和学习资源的认可度、清晰度和重要性。学院的一名成员承担课程协调员的角色，负责协调处理课程开发相关的事务和资源，并就整个开发过程直接对学院委员会负责。开发过程中，首先要编写课程大纲，说明内容包括：目标课程的重要性，课程的学习结果以及它与专业学习结果的一致性；目标课程的市场潜力、预期的学时和注册情况；同事的评审意见；学习资源样例；根据未来课程小组成员、角色和工作量确定的资源清单。相关委员会批准之后，通知教务处为课程的注册登记做好准备。

课程开发方案通过之后，课程协调员要和课程开发团队召开会议商榷设计事务。开发团队需要负责确定最终的课程学习结果和评价方法，处理学习资源和版权相关事务。并基于学生、教学人员和辅导人员(导师、学术专家、课程教授、制作者)的调查信息，进一步了解课程，确定课程的最终设计及成品。

接着，在课程协调员主导下，课程团队和学习设计专家、视觉设计专家、多媒体专家合作开发课程。课程的内容包括：明确的学习结果以及相关的学习内容、学习活动、学习资源、学习任务和学习评价。整个开发过程利用课程追踪系统进行管理。一旦开发完成，课程就可以宣布开放注册。

课程协调员为当前课程的认可度负责，有时需要按照相关的程序对课程进行细微的调整。协调员还负责监督课程辅导人员的工作。学习者有效交互的机会和程度、有关学生作业的反馈质量等信息非常重要，它们有助于促进学习者的学习以及课程资源的不断完善。协调员应该定期收集并分析这些信息，确保课程能够满足学习者的多样化需求，减少没有完成学业的学习者数量。

学院委员会确定的课程修订的重点事项，为学院院长提供了决策依据。与以往集中决策课程事务的模式相比，这种分散处理的模式更能够反映出不同学科的不同教学重点。修订课程过程中，如果课程需要做重大的调整，专业委员会和学院委员会审核批准之后才能实施。另外，课程协调员也要确认学校网站发布的课程大纲声明了这样的调整。专业委员会、学院委员会与学院院长之间的平衡体现了共同治理模式对课程决策至关重要。

(三)学习者支持服务

学生的学习过程从与机构签订合约开始，到完成课程，直至毕业，在此过程中为学生提供支持服务也是质量保证体系中非常重要的部分。学习者支持服务包括：告知学生关于注册和制度的信息(我在其他大学完成的课程对获得学位是否有帮助？这门课程的学分能否转化为其他大学的学分？怎么注册？我需要什么时候付学费？怎样可以拿到课程材料？)；为有困难的学生提供学习指导和专业相关的建议；为学生提供学习咨询服务，例如如何平衡工学矛盾；为学生提供辅导和图书馆支持；提供其他支持服务，内容涵盖职业规划、考试信息、助学贷款、新生入学、学生奖励、学生指南、技术支持等方面。鉴于教育文献强调交互的重要性，除了自主学习的机会，学生应该拥有和他人交流的机会。因此，学习支持服务要同时为学生提供两种选择：自主学习；通过电话或电子邮件等联系方式和其他学生进行交互。

以上大多数服务由教务处提供。大学所有支持服务部门的审查周期为 5 到 7 年。审查过程中，各部门首先召开内部会议，总结部门工作目标达成情况、进展情况、服务的学生人数、对部门的满意度、存在的问题、与其他服务的对比情况、可完善之处和潜在的创新点。外部的审查小组也会以访问部门员工和提供建议的方式介入到支持服务部门的审查当中。最后将审查结果汇总成文件，帮助各部门确定目标和项目。技术因素一般在提高服务效率方面起到很大的作用。

(四)教学人员和辅导人员的职业发展

很多新入职的辅导员并不熟悉在线辅导，机构提供的培训以及其他支持服务可以帮助他们完成工作。在工作初期，课程协调员能够帮助他们正确处理制度和情感的关系，检查他们批改的作业，以确保辅导员能够关注课程的重点方面，为学生提供恰当的评估、建议和支持。如果存在多个新入职辅导员，在向他们展示如何应用策略来监督和提升内部质量的过程中，这些活动显得更为重要。在比较大型的课程中，领头的辅导人员承担这样的责任。

持续的职业发展对教学人员而言很有必要，这能够让他们一直关注学习，提升学习技能。比如，如何利用新策略获取和应用在线教育资源，以及评价内容的分析结果。学习中心会直接开展一些相关主题的研讨会，例如，如何基于学术人员的反馈来设计和开发课程。专业委员会也会设计一些与学科相关的研讨会。

机构一般会为教学人员、辅导人员和学生提供支持服务。如果教育技术规划出现变动，要及时将变动内容和可降低损失的备选方案通知给相关工作人员。数据安全对实现机构的完整性来说非常重要，负责学生数据的员工需要另外参加研讨会，学习安全程序和既定协议，学习如何处理意外状况(例如，计算机丢失或被偷)。

(五)教育技术服务

由于在线教育机构提供的几乎都是数字化的服务，技术在这些机构中起着至关重要的作用。传统教育机构的基础设施包括教室和实验室，技术只是其中一种服务手段，而在在线教育机构中，教育技术服务提供了全部的行政基础设施和学术基础设施。除了系统故障，新产品的出现以及其他地方综合服务的改善也是驱动技术不断升级和进步的动力，这也是 IT 与其他基础设施的不同之处。由于院校机构以不断提高服务质量为目标，因此技术规划过程的透明化非常重要。技术规划方案的形成涉及广泛的协商研讨。将技术规划方案提交给总务委员会和执行委员会之前，还需要经过专业委员会和学院委员会的批准。在完成与学术有关的IT 项目过程中，有些委员会，如教育技术与学术服务委员会会另行召开研讨会，会议主要活动为探讨想法、确定重点以及安排进程。

四、评论

大学的质量保证制度体现了阿尔伯特高校质量委员会的要求，但是仅仅满足制度的要求并不能实现机构的持续改进，"持续改进"的文化能够为机构的内部运行提供质量保证。为实现此目标，需要多个团队的共同努力。这些团队基于"为学生提高服务的质量"这一共同愿景联结在一起。为他们提供研制新方案、发表研究结果以及思想对抗的机会是创建学习文化的一部分。保持这一学习文化，并支持这一愿景正是目标实现的关键。

【评述】

加拿大阿萨巴斯卡大学（Athabasca University）是加拿大最大的公立开放大学，它提供大学层次的远程教育服务。阿萨巴斯卡大学是一所公立综合性、研究性开放大学，自建校之时起，45 年来一直坚持教学与研究并重的发展模式，造就了一批享誉国际远程教育领域的学者，培养了数万名的合格毕业生，其人才培养质量获得劳动力市场的高度认可，毕业生都以拥有阿萨巴斯卡大学的文凭而自豪。

阿萨巴斯卡大学采取开放的入学政策，16 岁以上的人可以随时注册学习，80％以上的学生都是在职学习。阿萨巴斯卡大学的主校园位于阿尔伯特省偏僻的小镇上，多数学生在参加毕业典礼前，都未曾进入大学的主校园，自主与远程学习是主要学习方式。但是，入学没有门槛、工学矛盾和师生时空分离等因素都未影响阿萨巴斯卡大学的培养水平和质量声誉。通过阅读本篇案例介绍，您将发现，健全的外部质量管理政策和强大的内部质量保证体系，是确保阿萨巴斯卡大学办学水平的制度基石。

阿萨巴斯卡大学隶属的阿尔伯特省设有高校质量管理委员会。质量管理委员会在颁布了全日制高等教育质量评估标准的基础上，又针对远程教育项目，制定了额外的规范和标准。质量管理委员会明确规定，所有在阿尔伯特省的大学都可以举办远程教育项目，但都必须符合全日制大学的评价标准和远程教育的特殊规范。阿尔伯特省通过建立健全高等教育质量保证体系的方法，为所有远程教育项目提出了明确的要求，为远程教育机构提供了证明其质量和办学水平的基准。尽管仍然有些人对远程教学的规律不甚了解，但所有人都坚信，凡通过阿尔伯特省高校质量管理委员会颁布的标准的项目，其培养质量都是合格的。

为达到阿尔伯特省高校质量管理委员会颁布的质量评估标准，阿萨巴斯卡大学针对自身办学的特点，重点在项目的设立与审查、课程的开发与审查、学习支持服务、师资队伍的专业发展和信息技术服务等五个环节嵌入了质量管理制度。本篇案例中详细介绍了每个环节质量管理的要求、操作程序和责任部门。五个环节的质量管理制度共同构成了阿萨巴斯卡大学的内部质量保证体系，这套体系是大学能够同时满足省和国家质量标准，并不辱办学使命的关键。

更值得推介的是，阿萨巴斯卡大学在保证质量的过程中，注重建设质量文化，营造了不断创新，追求卓越，努力满足学生多样化、灵活的学习需要的大学文化。笔者有幸参加了阿萨巴斯卡大学 2014 年毕业典礼，毕业典礼格外庄严隆重，学校向全体来宾详细讲述每个毕业生的故事，介绍他们为远程学习做出的努力与拼搏，校长为每一个毕业生授予学位，全体教师夹道鼓掌，祝贺毕业生取得的学业成就，学生及亲友喜极而泣，会场充满了感激和自豪，感动至极，至今记忆犹新。毕业典礼向所有参会者传达了终身学习的理念和开放教育的价值取向，让人不禁为远程教育感到骄傲和自豪。

印度尼西亚特布卡大学内部质量保证体系

Ojat Darojat & Tian Belawati

谢洵 译

本文介绍了印度尼西亚特布卡大学所采用的质量保证方案，描述了质量保证方案对于大学的重要性，以及发展质量政策背后的哲学观，质量政策的实施方法及过程，施行质量保证方案的优势和挑战，以及如何实施以更好服务未来的实践。讨论从大学的概况开始，以质量保证可能如何改变特布卡大学的组织文化结束。

一、印度尼西亚特布卡大学

特布卡大学是印度尼西亚开放和远程教育机构中实施质量保证方案的先锋(Darojat，2013)，组织机构的变革和强调质量保证的形成和实施逐渐成为主要的关注点。高等教育大众化进程中大学质量保证的重要性成为印度尼西亚的重要政策。为此，印尼高等教育总署高度重视高等教育。也正是这个原因，这些年国家高等教育认证委员会(*Badan Akreditasi Nasional Perguruan Tinggi / BAN PT*)执着地开发和测试能够保证开放和远程学习质量的工具。

特布卡大学是国立大学，也是印度尼西亚唯一一所使用开放和远程学习系统的大学。特布卡大学被政府赋予提供高等教育的资格，特别是对于那些因为某些原因不能进入传统高等教育机构的学生，例如居住在偏远地区或者有其他社会责任的学生。因为开放大学的入学政策与传统教育机构不同，特布卡大学能够为社会的所有成员提供高等教育服务，不论他们身在城市还是偏远地区。

截至 2014 年 12 月，特布卡大学服务了超过 40 万名学生，遍布整个印度尼西亚。大学有一个完善的、集中的管理系统，位于雅加达，另外还有 39 个地区中心分散在 33 个省。大学的愿景是成为一个在开放与远程教育系统中提供优质教学产品和服务的中心之一(Universitas Terbuka，2014)。作为提升教育质量承诺的一部分，特布卡大学采用质量保证系统已经有十多年了。特布卡大学 2001 年建立了质量保证系统委员会。2002年，大学采用了亚洲开放大学联盟(AAOU)的质量保证框架，覆盖远程教育系统的 9 个关键领域(Yuniati，Sunarsih，Meilani，& Belawati，2012)。这 9 个关键的领域包括：政策和规划；人力资源提供和开发；管理；学习者，项目设计与开发，课程设计和开发；学习者支持；学习者评估，以及学习媒体(Universitas Terbuka，2009)。特布卡大学的质量保证框架与 Jung 和 Latchem（2007)探索的亚洲开放和远程学习的总体框架保持一致。他们发现，开放和远程学习机构典型的质量保证过程覆盖规划；管理；课程设计、开发和发送；学习者支持；评估和技术应用。

进一步的组织变化是通过建立质量保证中心来实现的。质量保证中心的战略角色是管理和协调质量保证方案的开发和实施。

2004 年是特布卡大学重要的里程碑，因为特布卡大学在这一年将质量保证落实到了行动上。特布卡大学自 2004 年开始持续使用自己的质量保证手册，并实施了切实的年度质量保证行动计划来支持持续改进。

然而，特布卡大学后续的问题就是需要有一个普遍接受的，现成可参考和使用的质量保证框架。不仅适用于内部质量评估，而且契合所有的外部质量指标，例如全国高等教育认证委员会(BAN PT)、国际标准化组织(ISO)，以及国际开放和远程教育协会(ICDE)。这样一种综合的质量保证框架将有助于保证特布卡大学质量保证方案的有效性。为此，特布卡大学回顾和修订了 2002 年的质量保证框架，更新为"特布卡大学2012 质量保证系统"(Universitas Terbuka，2012)。新框架包括了 10 个质量保证领域：政策和规划；人力资源；内部管理；学习者和学习者档案；项目设计和课程体系开发；课程设计和开发；学习者支持；基础设施，媒体和学习资源；学习者评估与评价；以及研究和社区服务(Universitas Terbuka，2012)。

二、质量保证方案的实施

质量保证方案的实施包括制定质量保证政策，建立质量保证手册(过程和工作指导），开发自评工具，评审质量标准和过程以及对质量保证的实施进行持续评估（Belawati & Zuhairi，2007）。在实施质量保证方案之前，学校还采取了非常重要的步骤：普及，为大学中所有的人提供质量保证方案的培训。培训覆盖大学中的所有职能领域。质量保证培训和普及为方案走上正轨提供了保障。大学的教师和管理者对什么是质量以及质量保证的真正含义应该形成共识。他们应该知道如何开始保障和提升质量，并在他们的日常工作中持续保障质量。这一步重要是因为在进行创新时，首先应该知道组织愿景的变化。而在这第一步中，上层和中层管理者的支持和承诺至关重要。

质量保证手册以实施所有项目和活动的标准操作程序和工作指导的方式撰写，这些也是用于培训项目的主要工具。质量保证手册展示了从开始到结束的工作流程。同时，手册也规划出了系统内部门或个体工作之间的相互关系。总的来说，标准化的操作程序反映了在质量保证系统中大学的价值链活动。在这个阶段，针对质量保证标准和程序展开热烈讨论并达成共识变得很重要，主要是围绕质量保证方案分享感受和信念。其定位不仅在于如何实施工作手册，还在于如何衡量所有过程中的成果及最终结果。这种质量保证的定位研讨会非常重要在于两个原因：①让员工对质量保证工作手册有了更深的理解，使他们在使用正确的管理和教育方法时更加自信；②为员工参与质量保证方案提供了空间，他们可以表现出他们对既有质量保证工作手册的知识和态度。

三、上层管理者的角色

特布卡大学的上层和中层管理者在质量保证方案的采纳方面发挥了重要的作用。管理者不仅是为其部属启动和引入质量系统的主要负责人，同时也是第一批接受质量保证方案培训的人。管理者采取了很多措施来形成和保持质量保证方案实施的文化。例如：

• 创建新规则和政策来增强新组织文化所需的行为表现，同时消除阻碍所需操作方式的规则和政策。

• 建设物理环境来强化文化的变革，例如：各单位的管理者为需要一起工作以保证变革成功的员工提供空间。

• 建立组织结构来增强操作的变革，提供支持质量保证方案所需的新技能水平的管理培训。

以上所做的这些是为组织中的员工实现他们个人和专业上的成长提供一个工作环境。期待所有的人都能在质量保证方案中做出贡献，并有突出表现。

四、学生参与质量保证方案

特布卡大学采用质量保证的方式将质量的持续改进落到了实践中。质量保证为大学提供了在持续改进基础上修订其标准和程序的机会。然而，现实中存在这样一个局限，"发现了（问题）并不会在实践中积极主动地去改进"。(Jung & Latchem, 2007)根据持续改进理念，质量并不仅仅指结果，还包括整个大学所有管理层级的过程质量。高层和中层管理人员持之以恒的努力对确保质量保证方案的实施发挥着至关重要的作用。高层和中层以及大学中广大员工共同肩负实施方案的重任，以为主要客户学生提供更高质量的服务。

学生参与被看作是实施质量保证方案的重要举措之一。常规的学生调查每学期都做。大学开发了一套系统机制来定期获取学生的反馈，特别是有关学生支持服务的反馈。质量方针做了基于学生观点的设计，使得机构可以持续改进。作为学生事务承诺的一部分，特布卡大学也定期询问学生以评估辅导教师和管理者的表现。这些不同的学生反馈活动由地区中心组织开展并按年度将结果报送特布卡大学管理评估会（Rapat Tinjauan Manajemen）。

学生对如何实现学习目标有自己的看法，他们有权拥有符合他们看法的教育质量（Holmberg, 1995）。特布卡大学会定期监控学生的满意度以了解学生对质量保证方案下所提供教育服务的满意程度。学生反馈可被用于大学质量保证方案的持续改进或评估。学生在质量保证方案中的参与数据为完善政策、标准和程序，以及提升人力资源开发水平提供了机会。

由于特布卡大学的学生遍布全国，他们拥有不同的文化和社会环境，在建立政策、开发学生学习支持模式、录取以及考试过程中要考虑他们的个性特征。学校要有发展意识，彼此理解和尊重至关重要，因为教育不是单向的传递过程，而是帮助学生理解学习。受尊重的学生更有可能参与和收获。个体身份维度包括：种族、性别、朋友圈、民族、才能、语言、社交媒体参与、自我预期、抱负、信仰、社会经济地位、自我意识、爱好和兴趣，以及自我效能感。

许多学者都提出过教育过程中学生文化、发言权和身份的重要性。Theson（1997）提出，在教学过程中，有很多机会能够用到身份这个概念。大学可以使用学生身份信息和学生反馈来准备课程、开发课程材料和设计学生的学习支持。邀请学生提供有关他们需求的信息，完善个人资料不仅对开发学术课程有帮助，对设计学生服务方案也有帮助。此外，了解学生的身份、需求和偏好对特布卡大学和学生自身都有好处。特布卡大学有机会为学生提供他们所需的学习支持。学生也将更有自信，感觉阻碍他们达成教育目标的障碍更少。此外，学生还有机会发现更好地代表他们价值观和利益的定位（Canagarajah，2004）。因此，大学开发系统的协商对话机制非常重要，它有助于在所有的学术设置方面适应学生的价值观和利益。管理人员认为正确地介入学生价值观和利益非常重要，能够帮助学生的学习，让他们自我引导实现富有成效的学习。

特布卡大学重视大学和学生之间的双向沟通。学校与学生通过电话、邮件、网络和定期分发问卷的方式频繁沟通。学生是必须聆听的客户，这样才能整合多样化的学术社区。对大学来说，创造一个学术社交论坛来满足不同背景学生的需求（Morita，2009）非常重要。学生有权知道开放和远程学习系统中最好的学习策略以及如何成为自主的学习者。因为学生对远程教育系统不熟悉，学习指南对所有新生（不论其什么背景）都变得至关重要，以便他们能够适应在线学习系统。课程指南应该为学生提供机会观察和理解注册、教学、学习和考试系统及过程。Coates（2005）谈到"……学生的参与信息对质量保证存在固有的价值"，将学生融入质量保证方案将帮助大学开发出更符合学生利益的标准和程序。倾听学生关心什么，分析学生的问题，寻找解决方案并为学生提供建议等都是尊重学生、满足学生需求、保证学习质量的优秀示例。不论是面对面还是在线课程，特布卡大学为学生开发和提供参与各种学习模式的机会。从一开始，特布卡大学地区中心办公室就会为新入学的学生组织相应活动，聆听他们的声音，并考虑这些对现有质量保证系统的影响。

五、质量保证和大学的组织文化

质量保证系统应该提供清晰的标准和程序以便员工和管理者能够充分理解方案并做出贡献。Lycke（2004）提出 10 条评估质量保证系统的核心标准。其中一条是"常规质量保证工作是如何组织并检测，以确保广泛参与，确保各阶段工作责任和权利明确分配"。作为保证质量的方法，质量保证方案要求有明确的领导承诺，强有力的员工参与，合适的政策和有效的工作文化。从特布卡大学质量保证的实施经验来看，建立有效的质量保证系统需要注意以下几个方面：

• 全员参与——大学的所有人都应该有两个角色，既是质量保证系统的一部分，也是持续改进的贡献者。不同层级的所有雇员必须贡献他们的知识和想法，分享经验以改进质量。大学中所有部门和所有人的参与有助于在大学的任何单一方面"一次性把事情做对"。例如，计算机中心的管理能够使用质量保证方案来阻止软件注册程序的错误。

• 改进系统内部流程——更好地组织工作需要建立工作方法，增强所有员工的意识，使员工表现得更加高效，同时让员工也意识到自己是实现所需质量系统中的一部分。大学应该为高层、中层管理者及所有员工提供不同的培训活动，帮助他们发展所需的新技能，从而使得所有雇员都有机会在系统中表现得更好。

• 将持续改进活动融入大学每年的战略规划中——将持续改进计划融入年度规划中非常重要。所有部门都应该在既有的质量保证框架下准备一套目标、方案和预算。因此，我们假定各个管理层都有清晰的质量目标和方向。但目标和方案应该足够灵活以应对各种不确定性。竞争市场、政府教育政策、其他所有外部因素以及学生自身需求的持续变化将必然影响到学校的运作和策略的调整。

此外，质量保证对质量文化也会产生影响，质量文化会通过各种方式彰显出来。自从实施质量保证方案以来，组织文化的各种表现如下：

• 高层或中层管理者以及相关部门的员工会设置行为标准。他们集体决策并支持决策结果。团队协作的思想有助于促进员工在参与质量提升的规划过程中相互合作。

• 大学文化以优秀和成就为傲。表现优秀的员工有机会被任命为大学管理结构中某一具体层级的领导。教师和管理人员在系统中有同等的表现优秀的机会。新的奖励办法与员工每月的绩效考核挂钩。

• 质量保证方案形成特定的价值观和规范。这些价值观和规范影响人们的态度和行为。当前大学着力培育的组织文化具有以下特点：信任、正直和公平，实现教师和管理人员的价值；合作和共同掌权；灵活和响应；开放沟通；透明；对决策和结果问责。

六、结束语

质量保证方案对于特布卡大学来说很重要主要有几个原因：为学生提供更好的质量服务，增加学生的满意度；降低成本和提升学习材料的合格标准。此外，高等教育机构之间教育市场的持续竞争也推动了特布卡大学采用质量保证方案。

自从特布卡大学采用了质量保证方案，产品和服务的达标率提高了，同时质量保证方案也帮助特布卡大学保持了学生的满意度。此外，意想不到的影响是，质量保证方案的实施也改变了整个组织文化。

很明显，为了生存和成功，开放和远程学习大学必须观察和理解他们的学生，按照学生的感知来定义质量。实施质量保证方案非常重要，通过为学生提供更高质量的服务，促进大学整体质量的提升。

通过质量保证方案，特布卡大学一年比一年蓬勃繁荣。现在学校学生人数显著增长，形成了收益良好的教育市场。当前特布卡大学有超过40万忠实学员。通过采用质量保证方案，特布卡大学能够更好地培养学生，因为学校提供的教育对他们有意义，为他们提供了必要的技能和态度，这些技能和态度将使他们在日益复杂的印度尼西亚社会中过上成功的、富有成效的生活。我们的质量保证工作需要关注实现这些目标的所有活动和过程。更重要的是，这些质量保证工作需要源于并基于对学生全面发展和健康的关注。

参考文献

[1]AAOU （2010）. *Quality assurance framework*. Retrieved January 17，2011 from： http：//www. aaou. net.

[2]Belawati，T. & Zuhairi，A. (2007). The Practice of a Quality Assurance System in Open and Distance Learning： A case study at Universitas Terbuka Indonesia. *International Review of Research in Open and Distance Learning* 8(1)，1—15.

[3]Canagarajah，S. (2004). Multilingual writers and the struggle for voice in academic discourse. In A. Pavlenko & A. Blackledge （Eds. ），*Negotiation of identities in multilingual contexts* （pp. 266—289）. Clevedon，UK：Multilingual Matters.

[4]Coates，H. (2005). The value of student engagement for higher education quality assurance. *Quality in Higher Education*，11(1)，5—36.

[5]Darojat，O. (2013). *Quality assurance in distance teaching universities：A comparative study in Thailand，Malaysia，and Indonesia*. Dissertation：Simon Fraser University.

[6]Holmberg，B. (1995). *Theory and practice of distance education*. London：Routledge.

[7]Jung，I. & Latchem，C. (2007). Assuring quality in Asian open and distance learning. *Open Learning*，22(3)，235—250.

[8]Lycke，K. H. (2004). Perspectives on quality assurance in higher education in Norway. *Quality in higher education*，10(3)，219—229.

[9]Morita，N. (2009). Language，culture，gender，ad academic socialization. *Language and education*，23(5)，443—460.

[10]Thesen，L. (1997). Voices，discourse，and transition：In search of new categories in EAP. *TESOL Quarterly*，31(3)，487—511.

[11]Universitas Terbuka (2009). *Universitas Terbuka：25 years making higher education open for all Indonesians*. Unpublished. Jakarta，ID：Universitas Terbuka.

[12]Universitas Terbuka (2010). Brief information about Universitas Terbuka Indonesia：Submitted to International Council for Open and Distance Education (ICDE). Unpublished. Jakarta，ID：Universitas Terbuka.

[13]Universitas Terbuka (2012). Sistem jaminan kualitas Universitas Terbuka：JKUM Universitas Terbuka00. Unpublished. Jakarta，ID：Universitas Terbuka.

[14]Universitas Terbuka (2014). Universitas Terbuka：Strategic plan for 2010—2021，operational plan 2014—2017. Unpublished. Jakarta，ID：Universitas Terbuka.

【评述】

　　印度尼西亚岛屿众多，政府无法为每一座岛屿建立大学，远程教育成为一种有效的解决方案。特布卡大学成立于 1984 年，是印度尼西亚唯一一所使用开放和远程学习系统的大学。截至 2015 年 6 月，特布卡大学注册在读的学生有 406207 名，其中教师培训和教育专业的占 71.83%，35 岁以下的学生占 67.35%，女性占 68.91%。作为开放和远程学习的先锋，特布卡大学在质量保证方面的探索已有十多年，在不断实施的过程中，积累了丰富的经验，取得了丰硕的成果。

　　特布卡大学是遵规守标的模范。2002，特布卡大学引入了亚洲开放大学协会的质量保证体系；2005 年和 2010 年，特布卡大学作为开放远程教育的提供者(PTTJJ)通过了国际开放与远程教育协会(ICED)的国际远程教育质量评审；2006 年，开始使用国际标准化组织 ISO9001 质量管理系统来确保学习材料服务、教学材料和考试服务，学术管理服务和远程学习服务的质量。从学术上，特布卡大学还要确保获得国家认证委员会(BAN-PT)的认证。在实施质量保证系统 10 年后，2012 年，特布卡大学根据优秀实践经验对其质量框架进行了调整。这样的内外交互作用引导着特布卡大学的质量保证工作不断推进，为它带来了方法也带来了荣誉。

　　特布卡大学的实践历程全面展现了完整的质量保证系统应该如何建立。首先是从结构和制度上予以保证。2001 年，特布卡大学建立了质量保证委员会，领导制定了质量保证的方针政策，并出台了质量保证手册。并于 2003 年变身质量保证中心，承担起管理和协调质量保证方案的开发和实施的职能。质量保证方案的实施包括制定质量保证政策，建立质量保证手册(过程和工作指导)，开发自评工具，评审质量标准和过程以及对质量保证的实施进行持续评估。

　　文中提到两个方面非常值得关注：一是角色认同；二是学生参与。角色认同是指大学的所有员工都要能认识到自己是质量保证系统的一部分，并且是持续改进的贡献者。要实现这个目标：①在实施质量保证方案之前，要对所有人进行质量保证方案的推广、培训、指导，实现普及。要在什么是质量及质量保证的真正含义上达成共识。这个阶段费时费力，但却非常关键。②质量保证手册涉及项目、活动的标准操作程序，以及系统内部门或个体工作关系。其设计、开发、实施和修订必须有广大员工的参与，充分讨论能够增进员工对手册的理解和使用时的自信。③管理者要作为第一批接受培训的人，且要成为引入质量系统的主要责任人。④要从政策、规则、物理环境和组织结构等方面进行变革，尤其是建立有效的激励机制，形成支持质量保证方案实施的文化。⑤要将持续改进列入年度质量保证行动计划中，各部门落实相应的目标、方案和预算。

特布卡大学将学生参与看作是实施质量保证方案的重要举措。他们认为学生有权拥有符合他们看法的教学质量，尊重学生的文化社会背景，了解学生的个性偏好特征，重视聆听和沟通。一方面开发协商对话机制，适应学生的价值观和利益；另一方面对学生的价值观和利益进行引导，帮助他们实现富有成效的学习。

回首特布卡大学质量保证十几年的探索，可以看到：质量保证体系的建立绝非一朝一夕之功，质量保证工作的开展必须是一步一个脚印。需要的是坚定不移的信念，行之有效的方法，上下同心的团结，以及持之以恒的努力。

马来西亚宏愿开放大学内部质量保证体系

Liew Teik Kooi

张馨逸 译

一、宏愿开放大学的介绍

宏愿开放大学(Wawasan Open University，WOU)是马来西亚第一个私立非盈利的开放远程学习(Open Distance Learning，ODL)机构，它位于马来西亚槟城。开放远程学习系统的一个典型特征在于它的教育形式是以学生为中心，区别于传统大学的以教师为中心。宏愿开放大学是以人人都享有受教育的权利，而且人人都能够受教育这一信念为基础而建立。依据《1996 年私立高等教育机构法》(法案第 555 条)，宏愿开放大学于 2006 年 8 月成立。宏愿开放大学归属宏愿教育基金会(Wawasan Education Foundation ，WEF)，宏愿教育基金会是一个致力于使高等教育能够被人们所获得、负担得起，以及具有灵活性的慈善机构。

自 2006 年成立之日起，宏愿开放大学就将其招生目标扩展为全国的在职成人。宏愿开放大学的学生很幸运，因为他们几乎可以立刻将所学应用到实际工作中，而不用像传统面授大学的学生，只有毕业找到工作之后才能运用所学。目前，宏愿开放大学有五个地区中心，分布在槟城、怡保、吉隆坡、新山、古晋；三个地区支持中心，分布在八打灵再也、巴生、梳邦。这些地区中心和地区支持中心为分布在马来西亚各地的学生提供学习支持服务。

根据有效、透明化的管理原则，宏愿开放大学的章程对其主要常设决策团体的功能、结构、领导、成员以及报告草案作了明确的规定。这种管理结构体现了开放、透明、负责、学术卓越的管理文化。国际咨询委员会包括五位全球公认的开放远程学习专家(John Daniel；Brenda Gourley；James Taylor；DukHoonKwak；TianBelawati)，他们为宏愿开放大学提供有关开放远程学习国际最佳实践管理的建议。

宏愿开放大学旨在成为一个鼓励终身学习、支持创新和促进个人全面发展的充满活力的团体。这一愿景已写入其使命宣言，宣言声明，宏愿开放大学致力于扩大人们接受高等教育的机会、致力于卓越的教学，目标是提升马来西亚各年龄阶层人群的知识和学术水平。

自 2007 年 1 月首次开学之日起，宏愿开放大学就逐渐在马来西亚树立起值得信赖的高等教育提供者的形象。在马来西亚已有 16000 多名学生体验了宏愿开放大学所提供的学习机会，其中绝大多数是 21 岁至 71 岁的在职成人。

二、国内、区域及国际质量标准的一致性

宏愿开放大学 2007 年 1 月开始招生，设有 11 个本科专业。2008 年 1 月首设研究生专业。目前，宏愿开放大学共有 46 个开放远程学习专业，覆盖多个学科、不同层级的学习。这些专业由宏愿开放大学的 4 个学院提供，即工商管理学院、科技学院、基础和通识教育学院，以及教育、语言和传播学院。宏愿开放大学一学年包括两个学期，1 月至 6 月是第一学期，7 月至 12 月是第二学期。

在宏愿开放大学，质量是所有工作的基础。宏愿开放大学建立了学科、课程、课程材料以及整个学习过程的质量标准，用以培养全面发展、学识渊博、能力过硬的专业人才，从而成为国内外的最佳实践。

以下是宏愿开放大学在达到国内、国际质量保证标准方面所取得的引人注目的成就，以及因为符合一流的质量标准所获得的赞誉。

(一)马来西亚资格署(Malaysian Qualifications Agency，MQA)和马来西亚教育部(Ministry of Education，MOE)所实施的机构审核

宏愿开放大学在 2009 年马来西亚资格署和 2011 年、2013 年马来西亚教育部实施的 3 次机构审核中获得了优异的成绩。

· 2009 年学术绩效审计

马来西亚资格署采用了 9 项标准和普遍认可的评估条件对全国所有的公立和私立大学以及大学学院进行了学术绩效审计。宏愿开放大学的教学质量在这次审计中得到认可，它获得了 27 项赞扬、12 项肯定，只有

2 项进一步提高的建议（见表 1）。

表 1 2009 年马来西亚资格认证署学术绩效审计总结

	评估领域	数量		
		赞扬	肯定	建议
1	愿景、使命、教育目标、学习成果	1	2	0
2	课程设计与发送	5	2	0
3	学生评估	4	0	0
4	学生录取、学习支持服务	3	0	2
5	教职员工	4	2	0
6	教育资源	4	2	0
7	项目监管与审核	1	2	0
8	领导、管理、行政	4	1	0
9	质量的持续提升	1	1	0
	总数	27	12	2

• 2011 年和 2013 年马来西亚高等教育机构基准系统评估（Malaysian Benchmarking System for Institutions of Higher Learning，SETARA）

马来西亚高等教育机构基准系统评估是由马来西亚教育部面向马来西亚大学和学院每两年实施一次的本科教学质量评估。评估工具包括三类质量标准和指标：输入（管理，学习资源和支持，质量，经验和差异）、过程（课程系列）和输出（毕业生质量）。在 2011 年和 2013 年的评估中，共有 97 所马来西亚公立、私立教育机构（相当于大学和大学学院水平）参加，没有一所教育机构符合最高等级六级（杰出）的标准。宏愿开放大学在这 2 次评估中都获得了五级（优秀）的评估结果，这个等级与部分成立已久、有自我认证资格的公立大学以及部分国外大学的马来西亚分校所获得的评估等级是相同的。

（二）英联邦学习共同体（Commonwealth of Learning，COL）的机构审核

2013 年 1 月初，英联邦学习共同体采用英联邦学习共同体评估改进模型（COL Review Improvement Model，COL-RIM）对宏愿开放大学实施了机构审核。模型采用问题解决的方法，处理问题产生的原因而不仅仅是修复症状。总体而言，它要求教育机构能够应对变化，形成新的思考方式，并对变化的环境、条件、预期做出回应。从质量保证的角度来看，模型采用系统的方法将质量文化注入到教育机构所有的部门和院系中去。简言之，模型内化，并从机构内部建立起一种质量文化。整个审核过程包括进校准备阶段、自我评估阶段、验证阶段以及规划和跟进阶段。截至 2013 年年末，宏愿开放大学是为数不多的通过英联邦学习共同体评估改进模型认证的教育机构之一。

• 英联邦学习共同体卓越机构成就奖和优秀远程教育材料奖

在 2013 年 12 月举办的第 7 届泛英联邦开放学习论坛(Pan-Commonwealth Forum，PCF)上，宏愿开放大学获得了两个久负盛名的奖项。

这两个奖项是 2011—2013 英联邦学习共同体卓越远程教育奖(Excellence in Distance Education Awards，EDEA)的部分奖项，代表着对英联邦国家的机构和个人在远程教育领域所获得的成就的认可。

英联邦学习共同体卓越机构成就奖授予那些创新有效地应用学习技术和开放远程学习方法来帮助常规无法参与学习或培训的学生，并取得突出成绩的机构。它评估大学的成长和成就，包括：开放、负责的文化，学术优异的承诺，学校各方面的质量保证，技术的合理有效运用，以及有效的学生支持系统。

宏愿开放大学还获得了英联邦学习共同体优秀远程教育材料奖，该奖项颁发给那些设计并开发模范学习材料的机构。宏愿开放大学是此奖 B类奖项的唯一获得者，即在创造、使用和复用开放教育资源(Open Educational Resources，OER)方面表现突出。

这两个奖项再次肯定了宏愿开放大学开放远程学习项目的质量。

三、宏愿开放大学的内部质量保证系统

(一)质量保证的管理

宏愿开放大学的质量保证直接由最高决策机构，即理事会和评议会负责，并且由副校长(学术)管理，这位副校长同时担任质量保证教学委员会(Quality Assurance, Teaching and Learning Committee，QATL)的主席，负责宏愿开放大学质量保证体系的开发和实施。运行机制上，校

长领导的质量保证和对外关系理事会（Directorate of Quality Assurance and External Relations，DQAER）协调并监督质量保证过程在宏愿开放大学的实施情况，监控遵守情况并提出持续改进的建议。宏愿开放大学的所有委员会都在明确规定的标准流程下运转，委员会的所有决策都有正式的会议记录做电子存档。

外部同行评估和干预是宏愿开放大学质量保证体系的一个重要组成部分，它已经牢牢地贯彻到宏愿开放大学质量保证管理过程中。在机构层面，宏愿开放大学设有国际咨询委员会，它为理事会提供符合国际规范标准的方向和实践建议。宏愿开放大学整个系统要接受监管当局的外部项目认证和机构审核。为了开发、审查和评估课程体系，宏愿开放大学邀请几类外部专家：

（1）大学理事会（University Board of Governors，BOG）（以前被称为委员会），其成员由社会各界对教育感兴趣的人士组成，包括知名学者、行业领袖、政策研究机构及非政府组织首脑。大学理事会批准所有的项目设计。

（2）同行咨询团体负责项目课程体系的开发和审核，以确保其符合学术标准、与行业相关。其成员包括知名学者和行业领袖，这些行业领袖同时也是毕业生的雇主。

（3）外部的课程撰写者，提供撰写课程材料的学科专业知识。这些都是在其他大学工作的专业学者，他们丰富了学术人才库。

（4）外部课程评审员由来自其他大学的资深学者（副教授或教授水平）组成。他们作为有资质的外部专家为课程材料内容提供评审意见，从而提高课程材料的质量。

（5）外部检查员确保设立了恰当的、适合学校评估和考试体系的退学标准。

（6）每三到四年，来自主要地方大学具有教授水平的学者对宏愿开放大学整个项目和发送系统实施外部项目评估，以确保该校持续保持学位授予所要求达到的学术严谨和高标准。

（二）愿景和使命的构建

宏愿开放大学的创始人向相关的内、外部的利益相关者征求有关宏愿开放大学愿景和使命的建议。这些愿景和使命已经被相应的内部团体所审查，被外部利益相关者所认可，并且被宏愿开放大学董事会和评议会所批准。这些愿景和使命以纸质和电子媒介的方式，被广泛传播给每一位利益相关者。宏愿开放大学四个学院(工商管理学院，科技学院，基础及通识教育学院，教育、语言及传播学院)的使命与学校的愿景和使命一致。同时，各项目的目的、目标和学习成果也符合并支持宏愿开放大学的愿景和使命。

(三)项目和课程材料的开发

为了支持政府构建终身学习文化所做出的努力，宏愿开放大学引入了多个项目并授予马来西亚资格认证框架(Malaysian Qualifications Framework，MQF)中多个级别的专业和文凭，如本科毕业证书、学士学位、研究生毕业证书、硕士学位以及博士学位。随着学术成就水平的上升，这些专业和文凭为学生提供了多种毕业学位，学生能够逐步地获得更高水平的学术和专业成就。当学生取得了相关项目在资格框架中对应层级所要求的学分，就可以获得相应的证书或文凭。

每个学院都有确定和开发新学术项目的自主权，但这些项目要与大学的愿景和使命相符，所需要的资源应是学院能够提供的，同时在经济上要可行且可持续。在宏愿开放大学，项目的开发受一套严格的协议管理。该协议遵从保证学术质量和标准的一套实践法则。该过程涉及一些关键的利益相关者，如图1所示。

这一开发过程包括两个阶段。首先，学院设立项目规划委员会，其成员由学院全体教职工(必要时也会有学院外部的人员)和学科专家组成。该委员会起草项目概要建议书(Outline Programme Proposal，OPP)，并将项目概要建议书提交给同行咨询团体征求建议，同行咨询团体的成员由知名学者、行业领袖以及雇主组成。项目概要建议书清晰地表述了目的、目标、学习成果、项目结构草案、课程大纲、发送系统、评估策略、市场需求以及资源建议。之后，项目概要建议书将被提交理事会签署，最后再提交评议会。

评议会批准了项目概要建议书后，项目规划委员会将制定项目细则建议书(Detailed Programme Proposal，DPP)，项目细则建议书详细描述

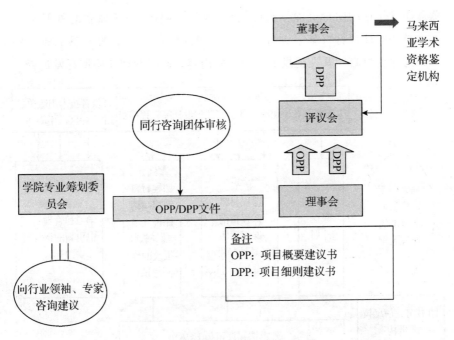

图1 宏愿开放大学项目开发流程

了每门课程的教学大纲、课程介绍或课程表、所需资源、预算等，之后项目细则建议书被提交给理事会、评议会，最后提交给董事会。董事会批准项目细则建议书后，将制定一份官方文件，并将这份官方文件提交给马来西亚资格署和马来西亚教育部。在以上机构和部门批准后，才会开始开发相应的课程材料。开发课程材料所需的资源由宏愿开放大学的年度预算配置，课程开发预算由大学教育技术与出版单位（Educational Technology and Publishing Unit，ETPU）监管。

在宏愿开放大学，技术完善了开放和远程学习模式，一套综合的自主学习材料替代了讲授。这些学习材料专为自我导向的学习而设计，包含了全面的学习指导，为学生应当如何调整自己的学习进度，从而获得最佳的学习效果提供了信息和建议。宏愿开放大学课程材料的设计让学生能够根据自己的学习风格和需求随时随地的学习。

宏愿开放大学采取课程开发团队的方式开发课程材料，如图2所示。课程开发团队由一组学术专家撰写者（来自本国或是海外大学）、教学设计者以及语言编辑组成。课程材料的开发也需要平面设计师提供建议。

负责质量保证的同行资深学者(副教授或教授职称)担任独立的外部课程评审员,对课程材料草案进行评审。学院内部负责学术的教职工和学科专家为课程材料的开发提供更多的学术内容,同时管理和协调开发过程。

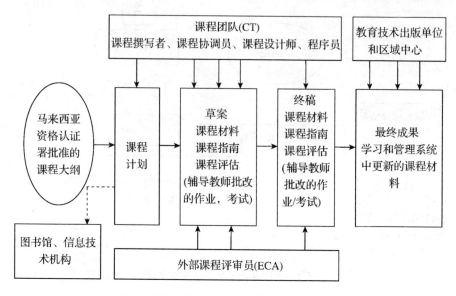

图2 课程材料开发过程中的质量保证要素

一般来说,基于马来西亚资格署批准的大纲,课程撰写者和课程团队讨论后会形成一个课程计划。课程计划将阐明学习结果以指导每门课程的开发。这些学习成果是整个项目的阶段性成果。在课程层级上,每个单元和章节前都会明确学习目标,以指导学生的学习。课程团队会先对课程计划进行审查并作适当修改,然后交由图书管理员(确保有所需文本)、信息技术服务机构(确保及时安装所需软件)以及外部课程评审员进行严格审查。

(四)学生入学

宏愿开放大学严格遵照马来西亚资格署和马来西亚教育部规定的准入资格要求来招生。在马来西亚,宏愿开放大学不仅可以从传统大学的招生渠道招生,还可以从开放入学(the Open Entry System,OES)系统招生。马来西亚教育部只授予了六所大学这种特权,而宏愿开放大学就是其中的一所。开放入学系统规定,只要学生年龄超过21岁,哪怕他没有满足传统大学的本科入学条件,即至少具有 Diploma、A-level、STPM 或同等资历，只要达到最低入学资格要求(9年级资历)就可以申请本科学习。但录取前，会对其先前的学习和工作经验进行评估。

通过开放入学系统，年龄达到35岁的学生，只要具有Diploma、A-level、STPM或同等资历，就可以申请硕士学位的学习，但录取前，会对其先前的学习进行评估。

总之，开放入学系统促进了终身学习，并且为在职成人接受高等教育提供了平等的机会。

(五)学习支持服务

开放远程学习环境中采用的是以学生为中心的方法。开放远程学生的学习随时随地都可能发生，因为他们要平衡工作、家庭和个人责任。为了帮助学生在这样的环境和条件下学习，宏愿开放大学在整个学期中提供如下的支持服务，并如图3所示：

(1)为每个课程模块、每学期21周的学习期间配备有资质且经验丰富的兼职辅导教师，实施面授辅导。辅导教师的学历要高于其辅导的课程所对应项目的学历。辅导课每月一次，时间在周末，地点在分布于马来西亚各地的区域学习中心或学习中心。

(2)学生可以通过电话(每周指定时间)或邮件和辅导教师进行讨论和咨询。

(3)大部分学习活动发生在在线学习平台上。据此，宏愿开放大学采用开源的Moodle学习管理系统，此系统为学生提供全天候的在线支持服务(24小时×7天)，除自主学习材料之外，学生可以获得额外的、补充的学习材料。学习管理系统与资源网站相链接，为各个区域中心的辅导小组以及来自全国各地学习同一门课程的学生开设了论坛。课程协调员(宏愿开放大学校本部的全职教职人员)和辅导教师密切关注着论坛，并在必要时提供反馈。

(4)宏愿开放大学电子图书馆为学生提供7×24小时的电子书籍、电子杂志、数字存储以及其他资源服务。

(5)宏愿开放大学的学习中心配有计算机实验室、图书馆、免费的计算机终端和无线网络。这些学习中心是学生和宏愿开放大学在当地的连接点。

图 3 宏愿开放大学提供的学生支持服务

(六)学生评估

宏愿开放大学对学生课程学习成果采用过程性评估(课程作业)与期末考试相结合的策略。绝大多数项目的每门课程都要求学生在一学期内提交两份辅导教师批改的作业,它们占课程总成绩的 40%(研究生)/50%(本科生),期末 2~3 小时的笔试占课程总分的 60%(研究生)/50%(本科生)。对于研究生层次的项目,学生必须同时通过过程性评估和期末考试。对于本科层次的项目,课程的总分数由过程性评估和期末考试这两部分的分数共同组成。如果学生有任何一部分没有通过,他的得分不会超过宏愿开放大学设定的一个特定的阈值。

外部审查员系统从另一方面保证了评估过程的学术质量。该系统确保考试试卷符合国内和国际最佳实践。图 4 为整个过程性评估管理系统。如前所述,质量保证监管下的评估和考试包括三个步骤。首先是内部审核,然后外部检查员将会介入,他们负责检查课程协调者编写的试卷和制定的评分方法。最后,在把试卷交给考试单位保密印刷之前,内部检查员和系主任要先在外部检查员提出的修改建议上签字。Tumitin 是一款商业剽窃检测软件,学生在提交作业前,可以先通过这款软件检查他们作业的原创性。这有助于提升宏愿开放大学主要利益相关者的学术诚信。

作业由指定的评分员来批改,大多数评分员都是宏愿开放大学的高级辅导教师。课程协调员从已经评过分的作业中抽取一定数量的样本,对这些样本进行审查,以确保评分的一致性,减少偏见和确保给学生适当的评论和反馈。评分结果先由考试委员会商议,然后提交评议会进一步讨论,评议会批准后,成绩才会向学生公布。

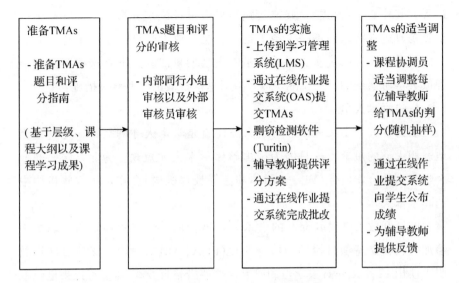

图 4　连续性评价管理中的质量保证

(七)学术人员(课程协调员和辅导教师)

宏愿开放大学采用的是开放远程学习的发送模式,与传统大学的模式非常不同。在宏愿开放大学中,自主学习材料替代了"讲授",这些材料由课程组中的学者、教学设计师以及资深外部学术课程评审员共同开发完成。课程内容的制作与发送在时间上相分离。因此,大学可以聘请其他大学的外部学术人才开发课程内容,一旦课程内容开发完成,他们不再受聘于宏愿开放大学。因此,宏愿开放大学只需要少数核心学术人员担任课程协调员(Course Coordinators,CCs)来协调课程的发送。他们参与课程开发团队,这样可以确保他们既熟悉课程内容,又拥有所有权。

一般来说,一位课程协调员在一个学期中最多负责三个课程模块。当各学习中心把课程发送给学生后,兼职辅导教师(有相关学科背景并且受过特定课程内容的培训)会为学生提供学习支持服务。本科层次的辅导班级,最大生师比为 30:1。这些辅导教师将接受宏愿开放大学校本部课程协调员的管理和监督。

四、面临的挑战

宏愿开放大学认为质量保证是一个持续发展以达到更高标准的发展

过程。其核心是"改进",好的实践结果应该被识别并分享。大学政策的重点是改进现状,而不是责备不足。宏愿开放大学已经采用了这种方式来应对质量保证系统实施过程中不时出现的挑战。以下是这些年来宏愿开放大学所遇到的一些挑战,以及应对这些挑战的一些解决措施:

(一)学术人员

宏愿开放大学实现目标的一大障碍就是学术人才的短缺,尤其是当地教职人员的短缺,这是因为国内整体学术人才短缺。为此,宏愿开放大学与当地合作伙伴(如专业团体和高等教育机构)合作,从这些机构中选聘学术人才。

宏愿开放大学对其拥有的学术人才进行培养,鼓励年轻的教职员工参加由教育支持项目援助的博士课程(PDA、DBA)学习,该项目准许教职工使用12个工作日去学习和研究。这些措施自2007年实行以来已经取得了良好的效果。

在成立的早期阶段,宏愿开放大学的重心放在协调高质量自主学习材料的开发上,重视教职工的科研和成果发表。为了构建一种有助于促进科研和学术活动的环境,宏愿开放大学于2009年12月创立了研究与创新协会,该协会主导着这一领域的科研工作,每年为许多内部研究项目提供资金支持。

(二)项目与课程开发

在传统大学中,教师课堂授课时会提供补充笔记,学生下载学习。与此相反,在开放远程学习系统中,学习材料提前开发好并提供给学生。通常情况下,开发好的学习材料在用过几个学期之后,会反复产生大量的开发和修订成本。成本用于作者、评审员、教学设计师、平面设计师、语言编辑、课本、出版和发行以及版权等方面,成本额取决于市场利率和行情。与其他开放远程学习机构一样,为了保持高质量的课程材料,宏愿开放大学承受着日益增长的成本压力。

因此,课程开发过程中的成本控制被密切监控。之前所有纸质的课程材料现在都以PDF形式在在线学习平台上提供。为了免交版权税,有的课程通过引用其他开放教育资源的课程内容来开发。同时,宏愿开放大学也开始使用一些开源的教学软件。这些措施在一定程度上有助于学校在实现可持续发展计划的同时保持其标准和质量。

(三)评估

偶尔也会发现学生抄袭作业(无论是无意的还是有意的)。如前所述,宏愿开放大学已经为教职人员和学生提供了一款授权软件来检查学生作业的抄袭情况。自2011年1月起,大学就开始全面使用这款软件检查所有学生的作业,学生的接受度越来越高。

宏愿开放大学跟踪并定期审查学生通过开放入学系统所取得的成绩,从而确保开放入学系统采用了恰当的评估标准,同时可以提供额外的学习支持服务来提升通过开放入学系统录取的学生的学习质量。

目前,提供给外部评审员的指导方针已经改进,以保证可以从外部评审员那里获得具体的反馈意见。这包括向外部评审员提供课程内容以及相关的学习结果信息。此外,大学还建立了与外部评审员的对话机制,使信息更加清晰。

宏愿开放大学经常对所有学术人员尤其是新员工做课程评估培训,审查评估的效果。这是为了确保用来评估每门课程学生学习成果的作业和考试题合理,所提出的补救措施合理。

(四)基于信息技术的服务

开放远程学习的发送系统高度依赖信息技术的应用。信息技术基础设施的物理覆盖和质量并不是大学所能控制的问题。但是,宏愿开放大学可控的校本部以及区域中心会对信息技术基础设施进行定期、持续升级,保证足够的资金投入。同样,学校也会对所有区域中心的信息技术设施进行扩充和升级。学生可以使用这些区域中心的设施,尤其是那些在家或工作地点接入互联网有困难的学生。

宏愿开放大学已经引进了一款新的教学软件(WizIQ)来提升发送的效率和效果。在发送给分散在各区域中心的更多学生时,该软件有助于降低成本。

(五)建立质量文化

过度监管通常会引起学术和操作人员的厌烦,因为这些行为会增加额外的工作并侵犯他们的自主权。这种情绪会影响员工的精神面貌和工作效率,也不利于教学人员主动采用创新的教学方法进行教学。然而监管却是提升学术质量和为学生提供支持所必需的。事实证明，让教职工参与质量保证流程的开发和审核过程有助于他们理解质量保证的重要性。只有理解之后，他们因过度监管而产生的消极情绪才能得到缓解。质量保证过程应该在不成为一种负担的同时贯穿始终且起作用。

五、总 结

宏愿开放大学将会不遗余力的保证其所有项目的课程体系符合终身学习的原则和理想，即所提供的项目要具有实用性。为此，宏愿开放大学将基于严格的自评和同行评估继续强化内部质量保证系统，不断地鼓励个人、部门和学院根据内外部同行评估的建议设立新的目标(这些目标要符合宏愿开放大学的使命)。另外，大学要在所有的政策方针中贯彻"自我反思实践"的原则，最终使质量文化广泛传播，对学校的各级员工都产生潜移默化的影响。因为只有"人"才能推动内部质量保证系统的高度发展。

参考文献

[1]Malaysians Qualifications Agency. 2008. *Code of Practice for Programme Accreditation*. Malaysia：MQA. Available online at www. mqa. gov. my.

[2]Malaysians Qualifications Agency. 2009. *Code of Practice for Institution Audit* (2nd edition). Malaysia：MQA. Available online at www. mqa. gov. my.

[3]Malaysians Qualifications Agency. 2012. *Guidelines to Good Practices：Open and Distance Learning*. Malaysia. Availableonline at www. mqa. gov. my.

【评述】

马来西亚有6所私立大学和2所公立大学提供远程学习项目。成立于2006年的宏愿开放大学(Wawasan Open University，WOU)是马来西亚第一所私立、非盈利的开放远程学习机构。宏愿开放大学有4个学院，总计开设46个远程学习项目，累计招生16000多名。5个地区中心和3个地区支持中心为分布在马来西亚各地的学生提供学习支持服务。

从某种意义上来说，宏愿开放大学良好的国际、国内声誉与外部认证制度和体系关系紧密。首先必须提到的是马来西亚国内的竞技"大平台"——马来西亚资格署(Malaysian Qualification Agency，MQA)和马来西亚教育部(Ministry of Education Malaysian，MOE)。因为马来西亚建有"马来西亚资格认证框架"(Malaysian Qualification Framework，MQF)，全国所有的公立、私立大学以及学院都具备了"同台竞技"的基础(这样的机会恰恰是中国远程教育机构所缺乏的)。在这样的前提下，宏愿开放大学在资格署和教育部实施的多次机构审核中取得的好成绩就非常具有说服力。其次，宏愿开放大学积极投身"国际大舞台"，2013年所获得的英联邦学习共同体的卓越机构成就奖和优秀远程教育材料奖为其赢得国际声誉奠定了良好的基础。

作者对宏愿开放大学的内部质量保证系统做了全面的梳理，涉及质量保证的管理、愿景和使命的构建、项目和课程材料的开发、学生的入学、学习支持服务、学生的评估，以及学术人员(课程协调员和辅导教师)的配备和使用。乍看之下，这个质量保证系统与其他学校的大同小异。深究以后，会发现这个的内部质量保证系统颇具特色。

宏愿开放大学的整个质量保证体系的构建和运转，从机构到流程再到功能，大量借助了"外脑"，可以说这是一个深度内化外部评估和干预职能及其优势的"咬合设计"。宏愿开放大学设有社会各界人士组成的理事会负责审批项目；设有同行咨询团体负责项目课程体系的开发和审核；邀请其他大学的专业学者担任课程撰写者；其他大学/同行资深学者担当课程评审员。这些角色，都是大学内部主动引入、应用的外部力量。

同时，宏愿开放大学又有相应的内部力量作为关键环节的决策者和把关人，从而保障学校的愿景、使命和利益。比如提出项目概要建议书的项目规划委员会是由学校的教职工和学术专家组成；项目细则建议书最后由大学的董事会批准提交；承担课程开发、试卷编写和评分、辅导教师监管等核心职能的课程协调员来自大学。

宏愿开放大学这样的设计，对于单一模式开展远程教育的机构很有启发意义。因为这样可以在大学人员、资金、技术和能力有限的条件下优化大学的机构、流程和业务，从而提升大学的质量和声誉。

西班牙加泰罗尼亚开放大学
内部质量保证体系

Elena Barberà

万芳怡　译

本文呈现了西班牙质量保证系统的基础以及它在巴塞罗那虚拟大学——加泰罗尼亚开放大学(Open University of Catalonia，简称OUC)案例中的应用。本文分为以下三个部分：第一部分介绍欧洲和西班牙的高等教育体系，意在呈现质量保证过程发生的社会教育情境。第二部分主要介绍西班牙的质量保证系统，该系统具有内外部双系统，共同作用于西班牙大学的质量保证过程。第三部分以一所具体的虚拟大学为例，阐释整个流程，为其他类似大学提供具体、有益的指导。

一、欧洲和西班牙的高等教育

欧洲高等教育区(European Higher Education Area，EHEA)的趋同框架及最后修订的西班牙立法规定西班牙大学必须确保和不断提升它们与所设教育目标的相符程度。为了达到这个目标，大学必须有官方制定且公众认可的内部质量保证系统(IQAS)和政策，作为强制性的外部质量保证系统的补充。

西班牙大学立法覆盖了指导欧洲大学制定解决质量问题的政策和行动的所有指南。为此，当前法律提出需要制定质量保证标准以便对西班牙大学的教育进行评估、认证和授权。它同时也将质量保证视为大学政策的重要目标。法律规定大学教育的官方组织，要将更多的大学自治和课程组织能力与质量保证系统的界定结合起来，由大学对质量负责。

在欧洲高等教育范围内分析质量保证，首先必须提及欧洲高等教育质量保证协会(European Association for Quality Assurance in Higher Education，ENQA)在其起草的欧洲高等教育领域质量保证的标准和指南文件中提到的关于高等教育机构质量保证的一些建议。

其次，尽管已经形成了不同的质量保证路线，这些建议仍作为界定和评价不同欧洲国家高等教育机构质量保证的参考。

在众多高等教育质量保证策略当中，有一种趋势是将大学负责的内部质量保证规则和质量保证机构负责的外部质量保证规则结合使用。

这就是为什么欧洲指南中要优先加强大学自治，实施有效的内部质量保证系统，然后再由外部质量保证机构进行评估、审查和审计。这种以认证为目标的外部控制将帮助大学从内部巩固对质量的控制。

高等教育机构可以依据内部和外部路径建立内部质量保证系统（图5）。实际上，高等教育机构同时采用内部和外部评价是一种非常好的视角，能够获得来自参与评价过程的不同机构及外部专家所提供的更可靠的、对比性的数据。

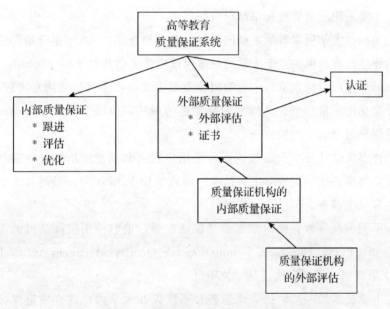

图5　高等教育内部质量保证系统

二、西班牙大学的质量保证

有关西班牙大学质量保证新改革的立法表明需要建立质量保证标准以便评估、认证和授权，并且将质量保证作为大学政策的重要目标。

此外，教育科学部（Ministry of Education and Science）提出新的大学学位组织要将质量保证作为学习项目审批必须提供的基本要素之一。此想法要明确地体现在教育科学部发布的本科和硕士学位项目设计指南文件中。所有新学位项目设计的总原则就是要将质量保证系统作为未来提出的任何新项目的要素之一。

对于很多大学来说，内部质量保证系统与学位相结合并不算是一种新的发展模式。自 1996 年起，西班牙大学通过国家大学质量评估计划、第二大学质量计划、西班牙国家质量评估和认证机构等的机构评估项目以及由地区机构实施的其他类似项目，开始实施学位项目的质量评估和改进。从 2005 年起，教育科学部提议获得认可的研究生项目在实际开始之前也要接受评估，以查验所提交设计的价值。

除了学位项目，大学服务质量从 20 世纪九十年代后期开始接受评估，主要采用质量管理和卓越组织的方法。

为确保大学所雇教学人员的质量，教育科学部自 2003 年开始开发相应的评估过程。由独立于大学的质量保证机构评估其教学和研究价值。

另一方面，特别值得一提的两项重要内容是：①用户的满意度信息；②标准化的质量模型。虽然它们是常见的做法，但用于西班牙高等教育质量保证时遵循不同的方法。

许多大学从很早开始就着手收集用户观点和满意度信息，特别是学生观点与满意度。调查学生对教学的满意度始于 1981 年，最近加入了毕业生和雇主调查。

不同的高等教育机构都有质量保证经验，他们使用国际认可的质量模型如 EFQM（European Foundation for Quality Management）和 ISO 9000 来规划、评审和改进其学位项目。

上面提到的一些举措，是想整合系统以在大学内部建立质量保证体系，但一直缺乏一种系统化和结构化方法来持续提升大学教育质量。

自加泰罗尼亚开放大学建校以来，其教育模式是最显著的特色，建校初衷就是为满足人们终身学习的教育需求，并最大限度地利用网络达到教育目的。

加泰罗尼亚开放大学的教育模式（此后简称模式）是动态的、灵活的。

随着时间的推移，它会随着网络和知识社会的发展而不断适应、进化。模式能够确保学生采用类似在线工作、交流和休闲的方式学习。这样一来，模式的一个额外价值就是能够确保学生具备数字技能。

模式以促进学习为目标，围绕空间、资源和动力进行设计。学生及其学习活动是教育过程的中心。评估作为一种完全整合到学习过程中的策略，被视为一种学习和过程的反馈机制。这就是为什么加泰罗尼亚开放大学的评估是可持续的、形成性的。评估活动促进了学习目标的达成和学习技能的获取。学生在参与活动和获得技能的过程中接受评估。

模式以参与和协作知识构建为导向，采用跨学科的方法，吸纳学生的形成性经验、社会和工作经验。通过问题解决、合作实施项目、创造产品、讨论和询问等方法实现协作学习。学生全程都有专业的教学人员陪伴，这些教学人员的主要作用就是指导、建议、支持和使教育过程变得有活力。

所有这些因素在加泰罗尼亚开放大学虚拟校园里相互作用。整个大学社区的生活都发生在这个校园里——学生、教师、研究者、协作者和管理者。学生通过虚拟校园进入虚拟教室，这里是学生和老师、同学、学习内容、学习活动，以及学习所需的交流工具进行交互的学习空间。

同时这个模式也是灵活的，因为它支持多样化的学习活动，以适合学生的能力、知识领域和教育专业水平。

这就意味着这些学习活动的动力和资源也是多样的、变化的，这样才能适应多样的学习需求和情境。为此，加泰罗尼亚开放大学承诺为学生提供包含最先进技术和交流要素的学习活动，例如：

（1）促进协作学习的社交工具（博客、维基、社会化标签等）。

（2）以不同的多媒体表现形式呈现课程内容。

（3）先进的同步和异步交流系统，提供适应各种环境的灵活、清晰的交流形式（视频会议，用于论坛的集体智慧系统等）。

（4）基于视频游戏的 3D 虚拟环境，支持人、物以及模拟现实生活情境之间的交互。

所有交互和活动都可以通过移动设备参与。

基于此背景与质量政策，加泰罗尼亚开放大学决定参加由国家质量机构推广的、旨在设计一个内部质量保证系统(IQAS)的 AUDIT 项目，该质量保证系统适用于所有院系，有助于整合加泰罗尼亚开放大学当前或计划实施的所有确保教育质量的活动，扩大不同关键团队的参与机制，创造审查和持续改进机制。

鉴于远程学习模式的特征，尽管按照大学的组织和运行规程实际开设并运行了不同专业，但加泰罗尼亚开放大学整个学校只有一个中心。加泰罗尼亚开放大学各院系的主要参考文件为内部质量管理系统手册(MSGIC)，该手册提供了详细的指南。

三、内部质量管理系统手册指南

内部质量保证系统由指南和步骤构成。对任何内部管理系统来说，文档管理都是重要工具，保证文件的管理及质量。

指南主要包括：过程描述、过程评估和改进、职责和相关文档。所有这些内容都有对应的评估标准。以下对指南作简单介绍：

(一)质量政策和目标

这项指南依据加泰罗尼亚开放大学的战略规划进行操作，包括明确界定的反思、参与、执行和评估流程。

加泰罗尼亚开放大学界定、开发了一套流程来设计战略规划，并运用于机构的所有领域，然后进行评估、审查和改进。

大学战略规划(自加泰罗尼亚开放大学 1994 年建校以来已经提出了五个战略规划)基于内部诊断和外部分析来准备，作为大学与政府定期签署的项目合约书的参考文件，其中要陈述大学的主要目标。这些目标就像战略计划中的目标一样，包括战略部署和战略行动。

当前战略部署结构包括三个方面：创新、质量和校际合作。

(二)教育项目的质量保证

这条指南界定了三个过程：界定教育产品、设计和实施项目、评估和改进项目。许多学校会对这条指南感兴趣，此处将详细介绍。

第一，在界定教育产品时要体现一般的决策过程。一个新的教育产品作为大学投入的一部分，大学需要考虑关键团队和所提项目对学校的贡献。这样的战略有助于不同知识领域的协同，学生所接受教育的互补，避免教育项目的重复。

要界定投入，首先需由各院系反馈他们能提供的教育产品。外部机构例如顾问委员会和院系委员会参与到这个过程中，主要目标是基于市场需求的评估和结果、学校定位和院系能力来确定教育产品范围。所有这些元素组成反思的框架。

在反思阶段之后，院长提交一份提案。首先由主管学术组织、大学政策和院系、研究生教育和终身学习的副校长对提案进行评估，然后由学术委员会进行评估。评估阶段的主要目的是整合来自所有院系的项目，在将这些项目提交至理事会请求批准之前考虑项目之间的互补性和连贯性。在学术委员会评估的基础上，由理事会批准提案。一旦提案被批准，学术委员会就会为其设计过程制订计划。

第二，在进行教育项目设计时，资格委员会充分利用形成教育产品目录的反思过程，这些反思来自于顾问委员会、院系的贡献、国内外的模型及对学生和专业人员需求的识别。

资格委员会制定教育项目提案设计的具体流程。该流程明确资格委员会将领导教育项目的设计开发。

在教育项目设计过程中，大学依据一系列的步骤和测试来保证最后提案符合法律要求，在经济上可行，并且加泰罗尼亚开放大学的结构和基础设施能够满足这个项目所有要求。

这一过程由院系主导，并获得其他管理团队和职业培训的支持。加泰罗尼亚开放大学在其网站上公开所有的过程文件。主管学术组织、大学政策和院系、研究生教育和终身学习的副校长将再次负责评估不同的项目提案并将它们提交给学术委员会以进行最终审批。

理事会批准新项目后交由西班牙教育部认证。

第三，根据对项目的审查，一旦教育项目被认证，它的操作设计就被确定，加泰罗尼亚开放大学教学系统就可以应用。根据学术组织副校长办公室制定的标准来规划学期安排。项目过程可以帮助确定每个学期提供的内容，以便学生注册学习。

教学管理和运行部门的工作是确保学期初和学期中的教学支持及学习评价活动。

所有这些活动，都有对应的监控指标，完整地呈现不同层级的活动信息。每学期末，项目主管和学科教师会通过学术成果和学生满意度调查结果来评估教学活动是否符合指南 6 的要求；每学年末，资格委员会、项目委员会和学术委员会会对学期和年度调查结果进行评估。

资格委员会负责评估对结果的满意度，提出必要的改进行动并且确定行动的优先级，这是由指南 1 发展而来。调查结果和规划行动由院系委员会和顾问委员会进行评估，项目管理部门告知学生结果和行动。负责设计教育项目的资格委员会评估项目进展和结果。这个过程包含在指南 2 中，评估结果由指南 6 来界定。

基于最终的评价结果，资格委员会必须优先采取提升教育项目质量的行动。

(三)以学生为中心的教育

这项指南为学生支持系统界定了 11 个流程，主要处理以下问题：①定义学生入学和毕业，录取和注册；②学生支持和指导，教学方法和学习评价；③实习和学生流动；④学生职业指导；⑤申诉、投诉和建议系统。

(四)学术和教学支持人员的质量保证和提升

根据大学的章程，加泰罗尼亚开放大学的学术人员分为全职和兼职教师。

加泰罗尼亚开放大学的学术架构中包含负责项目学术管理、学科、教学过程质量和教学目标达成的教师。

为了在电子课堂中开展教与学，加泰罗尼亚开放大学建立了由教师协调的网络辅导教师和咨询人员。

这部分内容覆盖全职、兼职教师，还有合作教师，主要做教师的选择和评价。此项指南不是给教学支持人员做参考，而是专门界定学术和教学支持人员政策，包括学术和教学支持人员的录用、培训、评估、晋升和表彰。

(五)资源、服务及管理人员质量的管理和提升

1. 资源和服务的保证和提升

这部分包括以下服务：虚拟图书馆服务，学术咨询服务，信息技术

帮助服务，教学资源和材料的管理。咨询服务和信息技术帮助服务由学生服务区提供，由于设计、提供和评估的流程相似，所以一并处理。至于资源，由于加泰罗尼亚开放大学是远程教育机构，教学内容以及整个管理和改进过程都被包括在内。

2. 管理人员质量的管理和提升

加泰罗尼亚开放大学的人力资源部门负责设计、实施和评估人员管理政策。这些政策有的由理事会审批，有的由董事会审批。更具体地说，人力资源组织方式分为：部门管理、校内团队管理、合作团队管理和人力资源开发。

(六)调查结果的分析和使用

加泰罗尼亚开放大学在战略规划过程中建立了一套集成系统用以获取项目质量结果。所用工具(加泰罗尼亚开放大学的数据仓库)能将学术管理系统和满意度采集程序中的数据进行转换，然后提供给各个级别的学术领导：院系、项目、学科和班级。该系统可以确保每年评估结果的效度，观察结果的持续变化以明确趋势，进而评估改进措施的有效性。学习结果、工作实习结果、关键团队满意度结果的分析和使用都包含在内。

(七)资质信息的公开

加泰罗尼亚开放大学的宣传部门负责学校宣传活动的策划和评估。大学还有一个团队专门负责和学生交流，确定信息提供的渠道和标准，这些信息包括：项目信息、加泰罗尼亚开放大学学习模式，以及可获取的服务和资源。

因此，对于大学来说，发布资质信息有两个关键步骤：设计和评估机构的宣传政策；设计、发布和评估关键团队的资质信息。

四、内部质量管理系统手册的管理

为了满足内部质量保证系统的需要，加泰罗尼亚开放大学成立了工作组，建立了项目文档。这项工作的目的是开发文件管理系统，保证学士和硕士学位认证所需文件的正确管理。

工作任务包括以下几个阶段：

1. 分析

在这个阶段，大学会开展一项关于适应欧洲高等教育区的过程研究；确定每个过程所生成的文件和文件流以及它们的生命周期，同时明确生成和读取文件的关键人员。

2. 文件管理系统的设计

在这一阶段，通过定义程序来建立文件管理政策和规则，程序包含了做各类决定的标准，比如文件什么时候应该录入系统，什么时候应该删除或存档。

3. 选择支持技术来收集和呈现工作和结果样本作为证据。

4. 执行

在 AUDIT 项目框架中，文件管理的目标是：

(1)对机构创建和接收到的任何媒体形式或格式的所有文件实施有效、系统的控制。

(2)制定文件管理政策，对文件进行归类，定义程序，设计、实施和管理文件管理系统。

(3)将文件管理和组织的信息流程、系统整合起来。

系统的设计和实行必须遵循当前的标准。

文件管理的通用标准要能够：

• 确定每个过程需要创建哪些文件，包含哪些内容。

• 确定文件创建的形式和结构，以及用到哪些技术。

• 确定在整个文件处理过程中会随着文件生成的元数据。

• 确定不同商务过程中提取、使用和转移文件的要求。

• 确定如何组织文件以便获取和使用。

• 评估没有活动证据文件的风险。

信息获取和保存的标准包括：

• 定义文档安全及获取级别。

• 文档录入系统的标准。

• 每条记录的关闭时间。

• 保存或删除文件的标准。

• 定义文件检索标准，用于成绩单和内容管理，也用于对信息和知识的利用。

这一标准保证了文件在不同管理单元和过程之间合理、有效地提取、使用和转移。

五、挑战

最初采用面向传统大学的质量体系对加泰罗尼亚开放大学进行评估，因此有些分数特别低（更准确地说是"零"），比如，当质量标准要求评估学校教室面积的总大小时。很显然，一所虚拟大学，尤其碰巧像加泰罗尼亚开放大学这样采用在线方式的大学，它就不会建立像面授大学那样的校园和教室。

2005 年更为合理的质量评估方式出现了，经过多年的解释和协商，质量保证机构制定了适用于远程教育模式的评估指南。

现在我们处于另一种循环中，我们想知道新的社交技术和网络应用是否会带来新的挑战，这一点需要所有大学尤其是在线大学在学校系统中加以考虑。来自正式和非正式情境以及开放教育资源（更别说技术在日常生活和终身教育的应用）的混合知识作为一种新的资产出现，应该在当前的质量保证系统中有所体现。

参考文献

[1] ANECA-AQU-AGSUG . 2007. Audit Programme. Guide to the design of internal quality assurance systems in higher education.

[2] UOC. 2009. Internal Quality Assurance System Manual.

附录

机构名称及职能

• 理事会（Governing Council）根据加泰罗尼亚开放大学的战略规划审批教育产品。它负责审批资格委员会设计的教育产品，审批资格委员会上交的用于项目认证的项目报告。

• 学术组织副校长（Vice President for Academic Organisation）在学术委员会的框架下评估院系主任提交的所有教育项目提案，协调呈现给理事会的所有教育产品。

· 学术委员会(Academic Committee)负责评估拟提交理事会的批准的所有教育产品，也负责项目的学术认证。

· 顾问委员会(Advisory Council)或者院系委员会(Department Committee)由这个领域的专家组成，参与新项目设计的反思过程，评价实施结果，提供对资格外部的、战略性的看法。

· 院系主任(Department Directors)向学术组织副校长提议所能提供的教育产品。参与资格委员会对院系内教育项目的宣传信息进行证实。他们还共同评估项目的发展和教师参与的结果。

· 资格委员会(Qualifying Committee)负责设计教育项目，对项目的实施和学年成果进行年度评估，提出改进行动方案。

· 管理委员会(Managing Councils)提出教育产品提案，上交院系主任。

· 院系教师(Department faculty)积极参与学生和劳动市场需求调查，利用他们对现实世界的知识来策划教育项目。在院系主任进行项目提案时他们参加资格委员会。

· 技术委员会(Technical Committee)与资格委员会合作教育提案设计及前期的学术认证；对内部质量保证系统手册做技术评估。

【评述】

西班牙加泰罗尼亚开放大学(简称UOC)是1994年由加泰罗尼亚政府支持建立的一所公立虚拟大学，应用信息技术和个性化教学模式服务终身学习，当前在校学生为5万多人。国内对这所大学的关注不多，然而，这是一所在国际上多次获奖的大学。比如国际开放与远程教育协会2001年颁发的卓越奖(ICDE Prize of Excellence)，表彰UOC对远程教育新模式的创新性探索；新媒体联盟(NWC)2009年颁发的优秀中心奖(Center of Excellence Award)，褒奖UOC在学习技术和开放教育资源领域的领导力；另外还有2015年IMS全球学习联盟的学习影响力金奖[IMS Learning Impact Awards(Gold)]等。

西班牙对大学的质量保证非常重视，新改革的西班牙立法要求建立质量保证标准以便对西班牙大学的教育进行评估、认证和授权；规定大学教育的官方组织要将更多的大学自治和课程组织能力与质量保证相结合。大学必须有官方制定且公众认可的内部质量保证系统和政策，作为强制性的外部质量保证系统的补充。

UOC 接受加泰罗尼亚大学质量保证机构（AQU Catalunya）的评估，这是加泰罗尼亚高等教育系统质量改进和评估的主要机构。AQU 是欧洲高等教育质量保证协会（ENQA）的正式成员。AQU 在评估 UOC 时会采用专门用于虚拟项目的教育评估模型，再综合考虑国际上对这类教育的相关要求。UOC 同时也是欧洲高等教育区（EHEA）的成员，它的所有项目都满足《博洛尼亚宣言》设定的标准。1999 年创建欧洲高等教育区的目的就是要促进欧洲高等教育质量的提升，增强欧洲高等教育的国际竞争力，同时增加欧洲大学学位的流动性和认可度。这样的统筹设计为其成员的快速、健康发展奠定了坚实的基础。

UOC 建立了一种动态、灵活的教育模式。该模式以参与和协作知识构建为导向，支持多样化的学习活动，通过问题解决、合作实施项目、创造产品、讨论等方法实现协作学习，将学生既有的社会工作经验充分应用。一方面提升了学生的学习效果和数字技能；另一方面，在对学生及其学习活动不断反馈的过程中完成了可持续的动态评估。

内部质量管理系统手册（简称质量手册）是 UOC 各院系开展内部质量管理工作的依据，其内容包含：质量政策和目标，教育项目的质量保证，以学生为中心的教育，学术和教学支持人员的质量保证和提升，资源、服务以及管理人员的质量管理和提升，调查结果的分析和应用，以及资质信息的公开。质量手册中包含相应的指南和步骤，明确质量管理的过程，评估和改进的方法，相关单位的职责，以及相应的文档。在国内远程教育实践中质量手册用得不多，除个别通过 ISO 9000 认证的机构外，大多数机构可能有管理制度和岗位职责，但并没有站在质量角度通盘规划，更没有定期梳理、转化为一套操作规程。这样的管理缺乏系统性和接续性，不利于质量保证工作的落实。

UOC 特别强调对文档的管理，成立了专门的工作组来分析欧洲高等教育区的要求，明确每个过程的文件、文件的生命周期、文件生成和管理的关键人员；定义文件管理的程序和标准；选择收集和呈现工作证据的技术。从某种意义上来说，文档是质量体系运行的依据和证据。一方面，为质量体系中的主要活动提供方法和指导；另一方面，通过留存记录的方式便于后续的核实、检查和验证，从而帮助形成质量体系运行的闭环，确实值得高度重视。

南非大学内部质量保证体系

Lindiwe Mabuza

万芳怡　译

一、引言

　　高等教育在过去的十五至二十年中发生了很多变化。Harvey 和 Williams(2010)认为高等教育"所有这些改变和发展都与质量有关"。在详细阐述这些变化之前，我们需要先把质量保证这个术语解释清楚。质量保证的定义很多，取决于利益相关者的定位。Inglis(2005) 将质量保证定义为保证服务或者产品的质量符合一些预定的标准。质量保证也被定义为一个"多维度的问题"，有许多不同的含义，对于一些利益相关者来说意味着"优秀"和"优异"，而对另一些人来说则意味着"物有所值"之类的意思(K. Krause，2012)。对 Watty(2003)来说，在广义上质量是指"学生在其教育背景中的经验"。质量既与具体情境有关，也与具体的利益相关者有关。Harvey 和 Williams(2010) 还指出"……质量涉及许多方面内容以及不同的视角"。高等教育中的利益相关者包括以下几类：政府、质量保证机构、大学和学者。然而有趣的是学生没有被列入利益相关者，笔者认为这是不对的，因为学生已经成为高等教育质量保证中不可缺少的角色。众多的利益相关者在不同的时间，以不同的原因加入到对质量的论述中(K. Krause，2012)。

　　在高等教育情境下，质量保证一词的含义陷入了争议。如之前所说，利益相关者很多，他们又各执一词，使得这一问题变得复杂。

　　开展质量保证工作有支持者也有反对者。积极看待质量保证的大多是大学的管理人员；反对者认为质量保证是繁重、耗时的过程。同时，还有一些人认为需要重新定义质量一词来解释高等教育中最新的质量内涵(Harvey & Williams，2012)。

　　下一部分将首先简要说明质量保证的目标，然后详细阐述高等教育情境下的质量管理，中间穿插介绍南非大学的情况。

二、质量保证的目标与结构

机构实施质量保证活动的目标多种多样。Jung（2004）总结如下：自我提升、对社会负责、对国家质量保证机构负责。英国大学想要获得公共资金，就得提供质量保证结果。大多数大学会利用相关调查结果改进远程教与学的质量。

质量保证有多种形式。Jung（2004）引用了以下三种：①集权的质量保证结构或者质量管理系统，利用委员会或者董事会制定的政策和指南协调并监管质量保证活动的实施；②由董事会、理事会和委员会集体决策的质量保证结构；③分布式结构，质量保证是一个或多个相关管理部门的部分职责。

质量保证的形式不止这几种，一个机构可能同时涉及好几种形式。

在南非，质量保证由高等教育质量委员会负责，高等教育质量委员会是高等教育委员会的一个分委员会。高等教育质量委员会依据1997年高等教育法案创立，负责南非高等教育机构的质量保证工作。高等教育质量委员会的职责包括：提升高等教育质量；审核高等教育机构的质量保证机制，认证高等教育项目（Council for Higher Education，2005）。

南非大学的质量保证文件直接报送主管机构发展的副校长，他同时也是负责监管质量保证的专业、管理和学术质量保证委员会（PAAQAC）的主席。此外，学院质量保证委员会向学院主管的战略、规划和质量保证机构汇报。南非大学还有许多其他的讨论会也涉及质量保证事务，包括：教学评议委员会；学习材料讨论会；质量保证主席论坛以及其他几个论坛。一般说来，学院质量保证委员会参与所有学术事务以及内部质量管理相关的活动。近年来，随着质量保证逐渐被视为首要任务，学院质量保证委员会的地位也随之提升。学院质量保证委员会之前是向学院的教导委员会汇报，现在则是向执行院长汇报，并定期向学院执行委员会和大学的专业、管理和学术质量保证委员会提交报告。学院质量保证委员会每月举行会议，为学院提供质量管理方面的指导，涉及各种活动和任务。质量保证委员会在学院层面起着至关重要的作用，包括：为学院制定质量保证指导方针；委托学生和教职工调查，解释调查结果，实施任何必要的改变以确保机构的质量优异。接下来重点讲述精选的南非大学所经历的一些质量保证问题。

三、挑战

南非大学的质量管理面临很多问题。这是由内在和外在因素共同造成的。南非大学的学生人数超过 32 万，与 2012 年的 35 万学生数相比有所下降。经济管理科学学院 2013 年有 116968 名学生。大部分学生的年龄处于 20 至 29 岁，其次是 30 至 39 岁，这两个年龄阶段的学生有 110792 名，第三年龄段是 40 至 49 岁，有学生 47292 名(Unisa，2013)。南非大学是南非最古老的大学(到 2013 年建校 140 年)，拥有最久远的远程教育历史。它是非洲大陆上最大的大学，是世界巨型大学之一，拥有南非三分之一的大学生(Unisa Annual Report，2011)。

南非大学意识到需要跟上时代的步伐，不断调整自身定位，以便成为一所 21 世纪的世界大学，包括：提升信息和通信技术、参与多元和跨学科研究、打造全球合作、制作可用作开放教育资源的课程，以及开展在线学习。南非大学的宗旨被概括为"成为造福于人类的南非大学"以符合(和超越)她在南非教育中所扮演的角色。她的七个目标之一是："将南非大学发展成为一个开放和远程教育的领导机构"，这也进一步证明南非大学想要在南非甚至整个非洲地区继续保持开放和远程教育的领导地位。从简介中可以看出，南非大学要发展首先必须考虑由内在和外在环境引发的需求和趋势。最大的问题是对于机构的质量保证实践来说这意味着什么？下面将围绕这个问题展开讨论。

需要注意到的是，南非基础教育部面临许多挑战，包括它为迎接大学新生所需要做的准备。长久以来南非大学为那些没有被南非其他大学录取的学生带来希望。这给质量保证带来多重挑战，接下来将会详细说明。南非大学不仅要应对大量的入学新生，还要解决高辍学率和低通过率的问题。在南非大学，一门课学生修读好几年很常见。巨大的学生数量给学校规划和能力带来了连锁影响，已知的影响包括：给信息通信技术系统或者 myUnisa(南非大学使用的一个虚拟学习平台，在作业提交期间或者高峰时期经常不能正常运转)带来压力。南非大学现在不得不考虑其他选择，例如使用基于 non-venue 的评估，这会对现有的几个质量保证问题产生更深远的影响。南非大学的录取政策在 2011 年进行了修订。新政策规定，所有满足基本录取条件的学生都可以被录取，攻读学士学位、获得本科毕业证书，因此学生人数不断增长。

此外，对于不符合录取要求的学生，也会为他们提供其他的途径或机会。这一做法尽管看上去很人性化，但也导致了大量学生最终选择辍学。经济和管理科学学院也尝试向不完全符合录取要求的学生提供一些基础课程。学生们大多数时候都要克服英语交流以及数学应用技能这两大难题，很多学生经常中途放弃一些课程，例如定量法。还有一些学生缺乏计算机技能。

在过去的几年里，南非大学的学生状况在发生变化。与其他地方一样，南非也面临年轻人失业率高和就业能力低下的问题，但学校采取了许多措施帮助学生成功就业。学生在大学最后一年只需要完成最后一项或两项任务就可以顺利毕业。之后进入名单库，他们将会有一个额外的考试机会，为他们接受最终评估做准备。一部分学生成功了，但大部分似乎总是失败。为了弄清楚学生为什么不能成功，南非大学做了很多努力，其中包括调查为什么学生在进入笔试环节后却不参加笔试。但需要说明的是学生并没有好好回应这些调查。

南非大学在解决一个根本的问题——要为学生们提供怎样的支持。早前就有人提出学生与学生之间存在差异，在一个如此重视种族和公平问题的国家，该如何满足这些差异？如何避免在支持一类学生的同时不忽略其他学生？之前就发现不同年龄段的学生在技术方面有不同的水平、接触机会和掌握能力，应该怎样消除这些差异？这些问题至今也没有完全解决。南非大学的政策和观点可能相互矛盾，教职员工的尴尬就来自于此，因为他们必须执行管理层所做的决定。例如，最近取消了讨论课堂形式的支持，这种课堂可以选择在线辅导教师和面对面辅导教师参与。只有当教学模块被划分为高危模块(或者存在高失败率的模块)才能获得这类支持。考虑到贫穷地区和农村地区的学生父母或者学生自己通常都处于失业状态，并且通常缺乏与外界的联系，他们要如何克服南非众所周知的数字鸿沟问题而守卫自己的利益？实行在线传输后压力更大，重点需要考虑带宽和联接——如何在一些学生无法上网的情况下打造一个数字化的未来。此外，值得一提的是，当学生可以上网时，如果无法控制学生们在社交媒体上的行为，等等，质量保证系统也会受到挑战。这也给教学质量带来威胁。

还有一些与学术相关的问题。南非大学正在讨论一个新的组织架构，因为大学未来必定要走在线教学的道路。一个还未完全解决的问题是学术人员还没有为这样的未来发展方向做好准备。威逊伯格和斯塔斯（Wiesenberg & Stacey，2005）指出专业发展的质量经常被忽略但却非常重要，同样学习支持和管理支持的质量也非常关键。除了技术应用，南非大学目前的网络环境也受一些问题的影响，经常很慢，接收信息的能力也有限（450兆字节）。他们（Wiesenberg & Stacey，2005）认为，高校没有采取恰当的措施应对变化，这一观点和南非大学的情况相契合。

其他不利于质量保证的因素不在南非大学的控制范围之内，包括：除教与学之外，由其他单位提供的服务，例如负责学习材料的印刷和发放的部门，他们通常通过快递将学习材料发放给南非以及其他非洲国家的学生。2012年，南非大学由于发生考卷泄漏事件备受媒体关注，考评系统的完整性受到质疑。这一事件使得处理考卷的流程发生了彻底变化。外部问题也给南非大学的质量保证带来了许多挑战。一些小的机构经常不正当地使用南非大学的名字，想要和南非大学扯上关系。最近就发现一个名为"Togetherwepass"的网站打着南非大学的招牌推广它的服务，声称自己与南非大学有联系。还有越来越多不靠谱的院校声称教授南非大学的课程，使得这一问题愈发突出。由此，不禁要问：这些对南非大学的证书质量产生了哪些影响？

2013年头几个月里发生的邮政罢工事件对南非大学的运营和高质量学生服务所产生的综合影响是不利于南非大学质量管理的另一个问题。这些影响包括：学生未能及时收到学习材料以至于无法开始学习和坚持预定计划；无法完成作业；无法获得作业的及时反馈；无法及时准备考试：由于收到作业反馈太迟，反馈对学生准备考试几乎起不到作用，因此所有这些都影响了学生的考试准备，更不用说系统内积压的工作以及因为系统的这种延迟而产生的周转时间。很显然在这种条件下质量不能得到保证。尽管上述事件都不在学校可控范围内，但学生最终没能从机构获得高质量的服务。在 2012 年和 2013 年的第一季度发生了一次全国性的罢工事件导致学习材料未能及时送至学生手中。这影响了教学和评估的质量，甚至会产生严重的影响。这也意味着学生没有足够的时间掌握学习材料，几乎收不到任何反馈，以致他们在准备不足的情况下参加考试。此外，机构大量的员工会参与每年第一季度举行的劳工运动，争取更好的薪酬。2013 年 4 月中旬，整个学校的运营受罢工行动影响瘫痪了四天！

从这一部分可以发现南非大学面临许多问题，如果想给学生提供高质量的服务，就需要处理和解决这些问题。下一部分将总结本文要点，提出改进建议。

四、总 结

本文针对质量保证进行了讨论，提出了一些会对高等教育和质量保证产生影响的趋势、问题和挑战，并以南非大学为例，重点关注了远程教育，使用南非大学的案例尝试对远程教育环境下的一些问题进行描述和讨论。笔者强烈认为质量保证对高等教育非常重要，对于远程教育尤其重要。不同形式的高等教育机构需要不同的质量保证过程。第一部分提出的质量保证的定义是非常主观的，也引起了很多争论。新的趋势，例如技术的进步，对已有的质量保证框架提出了挑战。由于质量保证未能解决跨国跨境教育问题，也未能控制和处理不正当牟利的问题，人们对其提出了批评。质量保证被认为缺乏合适的基准，而基准对于构建良好的竞争环境、设立合适的标准和保护学生的利益至关重要。这导致大学的全球排名问题变得复杂。

越来越多的学生需要确认他们即将就读的学校有良好的学术地位，如果没有质量保证我们无从区分这些学校的好坏。毫无疑问质量保证在高等教育中有着重要的地位。文中讨论引发的核心问题包括：高等教育的发展趋势推动着质量保证根据教学法和发送方式朝新的方向发展；没有一种万能的解决方案；远程教育成为除传统大学之外的另外一条教育途径,质量保证同时带来了好处和挑战。质量保证需要全面、综合的解决方案,涉及管理、学术、系统和基础设施(G. Scott,2004)。

鉴于观察到的缺陷,潜在的改进领域包括:必须关注远程教育专属质量保证机制的开发,例如可能需要做更多的调查来进一步研究这个问题;需要制定合适、可靠的基准来改进评估;需要制定恰当的国家监管框架来阻止一些小型教育服务机构的不正当牟利。在应对外部环境变化时,机构也应当正视现实。想要完全通过在线方式解决以上这些挑战,如让员工和学生做好应对挑战的准备,在南非大学的案例中是不可行的,也不利于学生支持。

致 谢

笔者非常感谢南非国家研究基金会(National Research Foundation,NRF)提供的旅费补助,使得作者能够参加 2014 年巴塞罗举办的 ICEPS 会议并展示论文成果,同时也感谢南非大学的补充资金以及所提供的与国际学者交流对话的机会。

参考文献

[1]A Inglis. 2005. Quality improvement, quality assurance, and benchmarking: Comparing two frameworks for managing quality processes in Open and Distance Learning [J]. *The International Review of Research in Open and Distance Learning*: 6(1) 1—8.

[2]Council for Higher Education. The work of the HEQC. [C/OL]. [2005]. http: // www. che. az. za/docu-ments/d000126/7-CHE _ Annual _ Report _ 05-06. pdf.

[3]F. P. Wiesenberg and E. Stacey. 2005. Reflection on teaching and learning online: Quality program design, delivery and support issues from a cross-global perspective [J]. *Distance Education*, 26(3): 385—404.

[4]G. Scott. 2004. Assuring quality and effective change management in international higher education [C]. Address NAFSA Conference Baltimore.

[5]I. Jung. Quality assurance survey of mega universities[M/OL]. [2005]. http: //cite-seerx. ist. pus. edu/ viewdoc/download? doi=10. 1. 1. 180. 7945& rep=rep1&type =pdf.

[6]K. Krause. 2012. Addressing the wicked problem of quality in higher education: theo-

retical approaches and implications [J]. *Higher Education Research & Development*：37—41.

[7] K. Watty. 2003. When will academics learn about quality? [J]. *Quality in Higher Education*：9(3)：213—221.

[8] L Harvey and J Williams. 2010. Fifteen years of quality in higher education [J]. *Quality in Higher Education*，16(1)：3—36.

[9] Unisa，Department of Institutional Statistics and Analysis. Unisa head count for the university and college of economic and management services[EB/OL]2013. http：// heda. unisa. ac. za.

[10] Unisa Annual Report[R/OL]. 2011. http：//www. unisa. ac. za/happening/does/ AnnualReport _ 2011. pdf.

【评述】

南非大学是非洲最大的开放远程学习机构，也是世界上历史最悠久的远程教育大学(建于 1873 年)。多年来，南非大学也许是南非唯一一所充分践行"有教无类"理想的大学，不分种族、不分肤色、不分信仰，为所有人提供高等教育机会。为了满足各类教育需求，南非大学开设了多种短期课程、证书项目、本科、硕士和博士学位文凭项目。当前在校学生超过了 40 万。

南非大学实施质量保证的内外部环境条件相对完善。外部有高等教育委员会的审核和认证；内部有副校长主管的学校专业、管理和学术质量保证委员会的监管，还有各学院的质量保证委员会参与所有学术事务，制定质量保证指导方针，开展质量管理活动。从南非大学内部管理、汇报流程的变迁可以看出学校对质量保证工作的重视。然而，美誉在外的南非大学也有它的"难处"。

也许，南非大学的荣誉与困境均与它的愿景有关。南非大学想要成为"塑造未来、造福人类的非洲大学"，希望"超越语言和文化的阻碍服务非洲大陆的每一个国家"，追求"社会公平、公正"。一方面，南非大学致力于满足非洲高等教育的迫切需求，为非洲人力资源开发和社会经济发展做出了杰出贡献；另一方面，巨大的学生数量对南非大学的软硬件条件形成考验，同时也为质量保证带来了多重挑战。

本文的独特之处在于它深究了置身发展中国家的巨型大学所面临的问题和挑战。作者基于"可控"和"不可控"所做的划分在此情境下特别有意义，既明确了责任，也道出了无奈。

南非大学"可控"的挑战包括：①巨大的学生数量给学校带来的巨大的压力和连锁影响；②为不符合录取要求的学生提供变通，导致大量辍学；③学生间的巨大差异带来支持服务的难题；④管理决策与教育需求有悖离影响学生利益；⑤教育趋势与学生现实条件相冲突（无法上网的线上教学如何开展？）——这些挑战说明，无论肩负何种使命，必须考虑现实条件，尊重客观规律，"有所为，有所不为"。

"不可控"的挑战中除品牌被盗用外，其他颇具南非特色：全国性邮政罢工事件引发的学习材料迟滞，反馈中断，以及劳工运动导致的学校运营瘫痪。这些问题的解决需要国家经济、技术的发展，以及制度的完善。

南非是非洲经济最稳定的国家，南非大学作为经验丰富的远程教育机构尚且遇到这么多挑战，非洲其他国家，其他的教育机构开展远程教育的难度可想而知。教育是国家社会发展的重要依靠，也许，正是因为重要且又困难，像南非大学这样有理想又有担当的开放和远程教育机构才愈加值得敬重。

香港公开大学内部质量保证体系

李锦昌　黄婉仪

一、引言

香港公开大学是香港首所以远程教育为本，为有志进修的人士提供高等教育机会的大学。该校开设多种类型的项目，包括证书项目、学士、硕士及博士层次项目。要资历广获本地及国际认可，项目必须具有优良的质量。因此，香港公开大学在所有项目中实施严谨的学术质量保证制度，以确保项目的质量。并且，远程教育跟传统面授教育不同，在其教学过程中应让学生可以按个人进度、需要及兴趣等情况，可以随时、随地自行学习。不仅在项目起初设计阶段，已经有详细的规划，而且项目中每门课程皆须具备完整的教材，以确保大学提供的项目适切及灵活。为确保学术质量，该校十分重视质量保证。

本文将会阐述香港公开大学的学术质量保证系统制度，文章将首先简介香港公开大学的历史背景，以及香港公开大学的远程教育运作模式，包括其远程项目的特色和实施。然后，扼要地勾勒香港公开大学的学术质量管理机制，当中涉及香港政府推行的资历框架以及项目开发、课程开发及学习成果质量监控程序。最后，将分析香港公开大学实施远程教育质量保证过程中的一些困难之处并提出相关建议。

二、香港公开大学

香港公开大学矢志在开放及灵活教育方面建立领导地位，以开放及远程教育为本，致力发展成优秀卓越的高等教育机构，为所有有志进修人士提供高等教育机会。1989 年，香港公开大学的前身——香港公开进修学院，由香港政府创办，财政独立。自成立以来，大学一直秉持开放教育的有教无类精神提供远程高等学历教育，并且寻求卓越的教学方向，致力推动开放及灵活的学习模式。随着院校逐渐发展，1996 年，其学术质量得到香港学术及职业资历评审局(当时称为"香港学术评审局")的认可，终于 1997 年 5 月，经立法形式通过，正式把香港公开进修学院升格为大学，标志着外界对香港公开进修学院的学术成就及贡献的肯定。香港现时共有 19 所可颁授学位的高等教育院校，其中 8 所受大学教育资助委员会资助，另 1 所由公帑资助，其余十间均属财政自给①。与 8 所资助院校一样，香港公开大学由香港政府创办，但财政独立，收入来源主要为学生缴交的学费。

香港公开大学设有学术及行政部门，以维持大学的日常运作。管理架构上，校董会为大学最高的管理和决策组织，负责监督大学的管理工作。校长室是大学最高层的管理部门，校长是最高管理人员，负责向校董会汇报一切有关管理及行政的工作。校长之下设有两副校长(学术)、副校长(行政与发展)及协理副校长(学术支援及对外交流)协助决定大学的策略及发展方向。至于学术部门方面，香港公开大学设有人文及社会科学院、李兆基商业管理学院、教育及语文学院、科技学院及李嘉诚专业进修学院等 5 个学院，由主管学术的副校长领导和管理。

自创立以来，香港公开大学一直提供远程教育。在香港，大学学位竞争激烈，社会对学位需求与日俱增。为回应需求，香港公开大学于 2001 年开办首个全日制面授项目，让年青学子得到了更多的升学机会。当前，香港公开大学提供 230 多个项目，包括 70 个深造项目、119 个学位项目、以及 49 个副学位项目。当中，有大约 12000 名远程学生及 7000 多名全日制学生(资料及统计数字，2015)。

三、远程项目

作为在香港提供远程教育项目的大学，香港公开大学其中一个独特之处是实行"开放入学"，大部分的远程学士学位项目都不设学历限制，

---

① 八所由大学教育资助委员会拨付公帑资助的院校分别为香港大学、香港中文大学、香港科技大学、香港城市大学、香港理工大学、香港浸会大学、岭南大学、香港教育学院。当中，香港教育学院尚未获授予"大学"的名衔。香港拥有亚太区多间最佳教学及学术研究成就的大学。上述八所接受大学教育资助委员会(教资会)资助的大学当中，香港大学、香港科技大学及香港中文大学排名稳站于亚洲区前五名及世界前 50 内。另外两所学院(香港城市大学及香港理工大学)亦排名于世界 200 名之内。另一间由公帑资助的院校是香港演艺学院。

任何人士只要年满 17 岁，即可报读。各学院提供的远程项目，如同普遍的全日制学士学位项目，是一个专业学历资格，例如社会科学学士、工商管理学士、应用科学（生物及化学）理学士等。项目之下，有多门不同的课程。各个项目都规定了指定修读的课程内容、范围以及学分数目，而且项目一般也没有设定时限，不论共花多少年，只要学生完成所需学分，便可取得学历。

一般而言，远程学习是指一种自学方式，远程项目一般没有入学门槛，学生可自行决定学习时间。学生收取大学提供的教材，包括印刷单元、参考读物及作业题目，然后自行学习。香港公开大学就采取多媒体方法进行系统教学和通信联系。大学采用多元化的教学媒体，包括影音材料、电脑软件、互动电脑光盘、电视广播节目等，促进互动学习。另外，所有科目都采用网上学习系统，让学生参与网上讨论或是在网上阅读教材，搜寻相关的参考资料。此外，香港公开大学的远程项目还会为学生提供多方面的支持。学生修读的课程都有相关的专家担当课程主任，负责统筹项目及课程的开办事宜，提供协助。而且，大学在每一门课程会为每名学生分配一位辅导教师。辅导教师会指导学生学习，批改学生的作业、给予评语，通过电话、电子邮件或网上学习系统辅助学生，并和同学沟通、交流。导修课亦会于平日晚上或周末，在香港公开大学校舍或校舍以外的导修中心举行，学生可自行选择参加。因此，即使是远程学习模式，学生也可以经常与教员接触、与同学交流，从而提升学习成果。

四、学术质量保证

香港公开大学十分注重各个项目及教学支持服务的学术水准。学术质量保证成为大学贯彻办学宗旨，力求卓越的关键支柱。香港公开大学自成立开始就设有严谨的质量保证机制，借此建立学术质量保证文化，确保项目质量优良，符合公认的标准。另外，大学透过对课程教材、学生成绩的监察，致力于建立社会对远程教育学历广泛的认同，以确保大学的项目具有高的认可度和接受性。

香港公开大学的质量保证一方面要遵循香港政府推行的"资历框架"

标准，另一方面要确立并执行院校本身的自我评审制度。质量保证评审范围分为两个层面，包括院校层面以及项目课程层面。院校层面是指大学本身的质量，即就管理架构、师资、设施、制度等方面而言，大学是否有能力提供课程；项目课程层面是指大学提供的个别项目及其组成部分的质量。在香港，名为"大学"的院校均有"自我评审"资格。虽然如此，各大学仍必须接受质量保证单位的审核监察，而作为自资院校的香港公开大学就由香港学术及职业资历评审局（简称"评审局"，英文为 The Hong Kong Council for Accreditation of Academic and Vocational Qualifications，HKCAAVQ）进行的质量监察。

五、资历框架与评审局的质量保证角色

香港政府于 2008 年正式推出资历框架，为教育、职业培训和持续进修等资历制订标准，并设有质量保证机制，借客观标准以评审在香港取得资历的质量。香港资历框架按香港各项资历的情况，再参考海外的资历制度而设，以成果为本的模式运行。资历框架将学历分为七个资历等级（最高第七级为博士程度），按"知识及智力技能""过程""应用能力、自主性及问责性"及"沟通能力、运用信息技术能力及运算能力"四个范畴，为各个资历等级订下通用指标。各级的能力标准列明了资历持有人应该具备的知识及能力。例如，第五级资历（如学士学位）程度的"知识及智力技能"范畴其中包括以下三个通用指标[①]，学员透过课程应能够：

• 指出及分析日常及抽象的专业问题及事项，并能作出以理论为基础的回应；

• 分析、重新组织及评估各种不同的资料；

• 批判性地分析、评估及/或整合构思、概念、资料及事项。

这些通用指标列出资历等级的区别，并成为评定课程级别的指引。资历框架的重点在于学习成果，通用指标以"达到特定能力"的形式设定标准，强调学习表现与成果。在资历框架以成果为本的原则下，香港各大学均在教与学上实施成果为本的评价模式，以确保项目的学习目标符

---

① "资历级别通用指标"详情见于 http：//www.hkqf.gov.hk/media/HKQF_GLD.pdf.

合资历级别通用指标。例如，策划一个学士课程时，项目计划书需订立并列明与第五级资历的指标相符的项目目标。就"知识及智力技能"范畴，计划书可以指出学生需要各种不同的专门技术，以及创意或概念性的技能去完成整个项目。当学生获得相关技能时，就能够分析该领域的理论、概念，探究日常的议题。另外，计划书亦需要说明，预计学生能够在项目完结时评估各种不同的资料以及批判性地分析不同事项，作出以理论为基础的回应。

评审局每五至六年到大学进行一次质量评审，全面检视大学以下各个范畴：

- 管理和体制架构；
- 质量保证机制；
- 项目设计、制作及实施；
- 学术决策和规划；
- 学生录取及教学方法；
- 学生支持服务；
- 教学人员的聘任及其专业发展；
- 院校、教学人员及学生的学术活动；
- 资源的使用与调配。

评审工作一般需要多个月的事前准备，其间大学提交报告文件，评审局作出初步分析意见，然后派出由其特地从海外及本地聘任的学术专家团（约六人）到校三天与相关人员会面（包括管理层、相关的委员会和小组、教职员代表、参与项目和课程质量保证校外专家代表、学生等），作出评审。

六、课程开发与质量保证机制

香港公开大学有自行审批项目的资格，已常设质量保证制度。审批机制涵盖项目、课程的设计，以及内容的审核、监察和评估程序。项目开发的质量保证机制可分为项目审批及其定期评估，以及课程审批及其持续评估。大学设有规划及质量保证制度管理整个程序。又编撰了《学术质量保证手册》(2014)让大学内部有统一的参考依据，让大学能严格、有效地执行质量保证工作。

在进入质量保证程序前,项目开发需要先考虑一些因素,包括项目是否符合社会发展需要、社会对该项目学位的需求程度以及其他院校的开设相关情况、大学本身有什么相关资源提供支持、新项目是否与大学既有的项目产生协同效应、大学服务对象的特征和需要。

七、开设项目的评审程序

当大学内一所学院计划开发一个新项目时,首先要成立一个项目小组,负责研究及实施项目开发。项目小组通常由 3 至 6 位教学员组成,当中须有 1 位高级教职员(副教授①或以上的职级)担任主席。项目小组负责拟定项目架构与内容,然后准备项目的详细资料及建议书交予各审核委员会和评审人员批核。

根据质量保证机制,开设新项目必须经过两个阶段的审批,见图 6。首先,项目开发小组需撰写一份项目大纲建议书(Outline Programme Proposal,简称 OPP),列明项目及项目层次、项目结构目标、项目目标及预期学习成果、修读要求、授课模式、评核方法等。经负责学院的院务委员会批准后,项目小组会呈交初步建议书予教务会审批。教务会是大学学术事务的最高决策单位。OPP 经教务会初步核准后,项目小组需要撰写另一份详细建议书(Detailed Programme Proposal,简称 DPP)。

DPP 除了涵盖项目纲要,还要列明项目之下所有选修课程的内容,包括课程大纲、授课教材、评核方法、预期的学习成果等。项目小组需要向校外顾问团(Advisory Peer Group,简称 APG)咨询意见,以作参考。APG 的评审员来自与项目相关的校外专家及相关专业的资深高级人员,项目小组跟进顾问团的意见后,先向学院提交 DPP 申请核准,再交予校内学术评审委员会(Internal Validation Committee,简称 IVC)审阅。IVC 是保障校内学术质量的重要角色,由学术副校长主持,负责批核香港公开大学所有项目,并提出相关建议。项目小组跟进 IVC 的意见后,具有专业知识和相关经验的校外项目评审员会(External Programme

---

① 在香港,副教授属较高级教学人员,教学入职的职级一般为助理讲师或讲师,然后可升为助理教授,再升为副教授,表现十分杰出者可升为教授。

Assessor，简称 EPA)检阅已修订的 DPP，就项目设计、内容向大学提供一份报告，提供意见。然后，项目小组把经过修订的 DPP 和校外评审员的报告提交给项目评估及评审委员会(Programme Review and Validation Committee，简称 PRVC)复核。PRVC 的主席为香港公开大学的校长，其他成员为大学内部各个学院的院长，以及六位香港其他大学的高级学术人员。项目小组主席和 EPA 需要出席 PRVC 的复审会议，回应委员会的问题。DPP 获得 PRVC 的通过后，会交由教务会作最终审批。

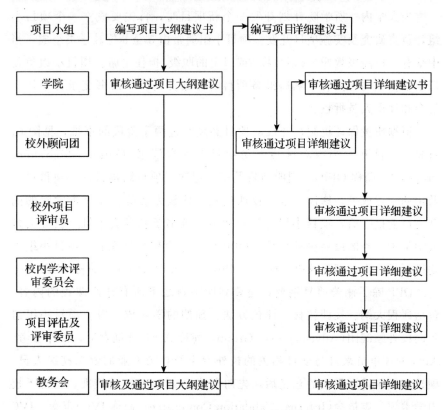

图 6　香港公开大学开设项目的评审程序

八、项目持续检查

所有获准开办的项目必须定期接受重新检查审批或复检，以确保项目的质量及项目能达致预期的学习成果。160 学分的学士学位项目每隔 6 年会有一次重审，少于 160 学分的学位项目就 5 年一次，而副学位(副学士、高级文凭及专业文凭项目)则 3 年一次。项目开发小组要准备项目评估的报告,全面评估项目的实施情况,包括项目的成效、项目进度、学生的学习表现等,并制订项目的未来发展计划。报告须附上学生成绩与毕业人数的统计数据、教职员与教学质量分析、教师与校外评核主任的意见、学生意见等资料文件。项目复检的程序与项目开设的首轮评审类同,评估报告同样要经过 APG、IVC、EPA 的检阅。最后,PRVC 按学术水平与质量以及学习成果作出评估,再呈交教务会通过。

九、课程开发与质量保证机制

一个远程学位项目由不同的课程组成,通过各课程设定的知识内容、技能范围的教与学,达到项目的目标。就课程而言,香港公开大学强调两个层面的质量保证,分别是教材以及远程教与学,原因是它们直接影响到学生的学习效率与成效。所有新课程都设立了开发小组,负责项目设计、监管的工作。课程开发小组的成员包括学院中具相关课程知识的教学人员,一位教学设计员(来自教育科技出版部),以及课程的撰写人员(校内或校外)。其中一名香港公开大学的教学人员会被指定为课程开发小组的统筹人,负责领导小组的运作。除此之外,香港公开大学会委任一名校外课程评审员为各门课程的发展提供意见,参与课程的评审。

形成一门新课程之前,课程开发小组需要分 4 个阶段(见图 7)准备以下的文件,按以下次序逐步呈交该学院院长核准:

(1)课程大纲的蓝本,编订该课程的目标与预期的学习成果、成绩评价的策略、教学内容及进度表。

(2)课程概览以及一个学习单元的内容详情作为范例。

(3)前十二星期的学习教材及其他相关材料,包括邮递或网上系统的所有教材。

(4)其余教材,包括其他学习单元的教材、考试与作业的样本、评价指引。

教务会按 IVC 主席(即学术副校长)的建议审核相关文件,建议获通过后,新课程就可以正式开授。

学期完结时,香港公开大学会对所有课程进行评估与评鉴。课程开

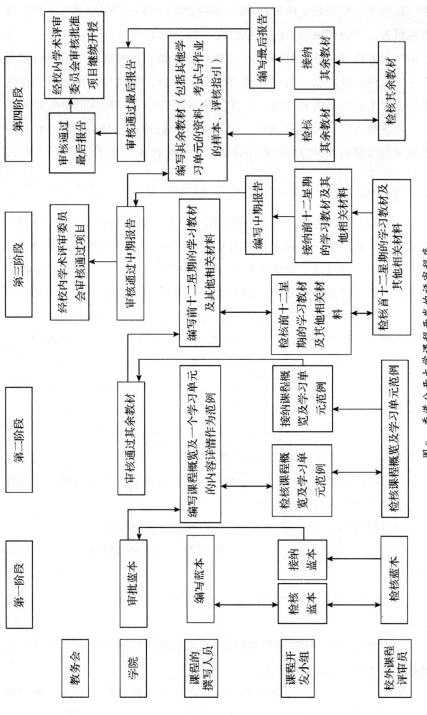

图 5 • 香港公开大学课程开发的评审程序

发小组的统筹主任须撰写一份报告，交由该课程所属的项目开发小组检核。在"成果为本"的教学模式下，课程检查着重学生的表现及学习成果。每个学期期终考试以后，大学会对各门课程进行问卷调查，设定教材、导师、支持服务、学习评核方法等评价范围，收集学生对项目学与教的意见。项目报告需要汇报问卷调查的结果及学生对该课程的评价、建议，还有对学生作业、考试表现的分析。学术水平评估组会主持评估会议，就着项目评估文件，讨论过去一个学期的项目开发，影响教学质量的事宜，再综合意见向教务会汇报。

十、"成果为本"的教学模式：项目成果

香港公开大学的质量保证机制以学习成果为本进行评鉴，项目的评审与复核都按学习成果是否符合学习目标为主要原则。因此，设计项目时，项目必须订立预期帮助学生达到的成果，项目的每个学习成果说明学生在完成项目时应有的能力。用于评估项目的学习成果，须为可观察到及作评估的，一般以行动动词开始，例如，为说明学习项目的知识技能后，学生应该能够做什么，一个社会语言学项目的学习成果可能包括：分析语言接触现象以及对本土语的影响；阐释语言的社会变异的表现形式和结果；又或提出改变某某现象的可能方法等（见表2）。

项目成果决定了项目的教学内容与学习评价。除了配合资历框架的能力标准，项目成果须吻合大学的办学宗旨，结合大学制定的教育成果。所有呈交评审、评估的项目文件要清楚列明项目成果与大学教育成果的关系。项目开发小组通常会用表格的形式阐明项目成果与大学目标的结合。表3是结合配对的一个例子（假设有（1）到（7）个预期项目成果）。

另外，各课程的预期成果需要配合所属学位项目的预期成果。项目、课程开发组需制定项目和课程的共通学习成果，在项目建议书、评估文件中阐明成果配对。表2是项目和课程成果结合配对的例子。

表 2　项目和大学整体教育的共通成果(例子)

香港公开大学的教育成果(对毕业生的期望)	项目成果
具备学术及相关专业方面的专长	(1)至(6)
坚持终身学习的理念	(2),(3),(5)
作批判性思考及分析问题,并具有创意思维	(1),(2),(4),(6)
善于沟通	(3),(4)
在团队中作出贡献,包括担任领导角色	(4),(5),(7)
成为有责任的公民,随时为社会作出贡献	(3),(5),(6)
以国际视野和多元文化角度,思考相关问题	(1),(7)

表 3　项目和课程的共通学习成果(例子)

课程	预期的项目学习成果						
	(1)	(2)	(3)	(4)	(5)	(6)	(7)
1	✓	✓			✓		
2	✓			✓	✓		✓
3	✓			✓		✓	✓
4		✓	✓			✓	
5	✓	✓	✓				
6	✓	✓	✓				
7		✓	✓				✓
8			✓			✓	

十一、远程教育质量保证的困难和挑战

　　香港公开大学严谨的质量保证制度对大学实践使命、促进远程教育发展,发挥强大的作用。学生对项目有很高评价,评审局过去每次评审后的报告都认可香港公开大学具高学术质量及稳健的保证机制。香港公开大学颁授的学历亦获得很高的本地及国际认可度。

　　然而,在实践远程教学质量保证上,香港公开大学仍面临一些挑战。远程教育特别重视成本效益,质量保证包含确保宝贵的教学资源适切地使用。尤其是实施网上教学的远程项目,由于制作成本一般较高,其质

量和使用规模得更多关注(Cook，2014；Luschei，2014；Meyer，2014)。由于质量保证的评审不需要项目小组提供财务投入资料，各参与评审的委员会无法指出项目开发的财务可行性及成本效益。

在教学过程中，教学模式和质量影响到学生的学习效率与成果(Cybinski & Selvanathan，2005，Wrzesien & Raya，2010)。远程教育不同于传统教育模式，远程教育着重学习的灵活性，多利用创新通信技术与跨媒体方式传授知识和技能。参与远程教育质量保证的评审人员需要对远程教育的教学模式有基本认识及相关经验。就此，香港公开大学为校内学术人员提供相关培训，以加强他们对远程教育中不同教学媒体应用的了解，保障教学质量。然而，远程教育在香港是独特的教学模式，具有相关知识及教学经验的校外评审员很少。若就香港公开大学开发跨媒体课程而言，校外评审员的经验更为有限，海外大学拥有丰富教学经验的学术人员却又不熟悉香港的情况。因此，从其他大学专业学术人士得到的意见，可能与现实脱节。配套的教学模式介绍或培训，有其必要性。

另外，要维持完善的质量需要大学校内相关人员全体参与，建立良好的质量保证文化(El-Khawas，2014)。香港公开大学的项目小组成员是由资深教学人员组成，项目建议书和检查文件也是由他们编订的。他们十分熟悉质量保证机制的程序与要求，然而因为繁忙的学术工作，质量评审程序容易变为处理文件及举行会议的硬性工作，削弱了质量保证制度的效用。所以，大学要加强学术人员和管理人员对质量保证相关事宜的了解，建立一个有效运作的团队；增加校内其他教学人员对整个项目和课程审批的了解，不单要学习质量保证机制评鉴项目的程序，更要理解质量保证的重要意义和价值，以发挥质量保证制度的积极功能。

其实，质量保证制度的有效运作与大学本身的组织文化密不可分(Paul，2012)。有效的教育质量保证机制需要一个具备弹性的组织文化。参与教学评审的学术人员不能局限于现行有效的质量保证制度，应与时俱进，发展更完善的质量监控制度。项目审批参与者需要批判地思考与分析，研究如何改进项目以及提升教学质量，以发挥检查与复审项目质量的作用。所以，良好的组织文化不但有助校内的学术人员有足够的时间、空间进行改良，更能提升大学的学术质量保证水平。

参考文献

[1]Cook，D. A. (2014). The value of online learning and MRI: Finding a niche for expensive technologies. *Medical teacher*，36(11)，965—972.

[2]Cybinski，P. and Selvanathan，S. (2005). Learning experience and learning effectiveness in undergraduate statistics: modeling performance in traditional and flexible learning environment. *Decision Sciences Journal of Innovative Education*. 3/2，pp. 251—271.

[3]El-Khawas，E. (2014). Inside quality reform: early results on using outcomes for improvement. *Quality in Higher Education*，20(2)，183—194.

[4]Luschei，T. F. (2014). Assessing the Costs and Benefits of Educational Technology. In *Handbook of Research on Educational Communications and Technology* (pp. 239—248). Springer New York.

[5]Meyer，K. A. (2014). An Analysis of the Cost and Cost-Effectiveness of Faculty Development for Online Teaching. *Online Learning: Official Journal of the Online Learning Consortium*，18(1). Retrieved from: http: //olj. onlinelearningconsortium. org/index. php/jaln/article/view/389/80.

[6]Paul，R. (2012). University Governance and Institutional Culture: A Canadian President's Perspective. *University Governance and Reform: Policy，Fads，and Experience in International Perspective*，63—76.

[7]The Open University of Hong Kong. (2014). OUHK Quality Assurance Handbook.

[8]Wrzesien，M. & Raya，M. A. (2010). Learning in serious virtual worlds: Evaluation of learning effectiveness and appeal to students in the e-junior project. *Computers & Education*. 55，178—187.

[9]专上院校(2012). 教育局，香港特别行政区政府. 2012 年 10 月 15 日，取自 http: //www. edb. gov. hk/tc/edu-system/postsecondary/local-higher-edu/institutions/index. html.

[10]资料及统计数字 (2015). 香港公学大学. 2015 年 1 月 23 日，取自 http: //www. ouhk. edu. hk/wcsprd/Satellite? pagename = OUHK/tcSubWeb&c = C _ WCM2004 &cid=1385170375448&lang=eng&l=C _ PAU&lid=1385172188417.

[11]资历级别通用指标(2008). 资历框架，教育局，香港特别行政区政府. 2012 年 2 月 21 日，取自 http: //www. hkqf. gov. hk/guic/HKQF _ GLD. asp.

【评述】

香港公开大学的前身香港公开进修学院 1989 年由香港政府创建，是香港首所开展远程教育的大学。香港公开大学致力于开放和灵活教育，以为所有人提供高等教育为使命。不到 30 年的时间，香港公开大学优质的教育、服务质量声名远播，已然成为了亚洲开放大学的杰出代表。当前，香港公开大学共有 5 个学院，拥有远程教育学生约 12000 名，全日制学生 7000 多名。

香港公开大学的远程学习实施"开放入学"，大部分学位项目不设学历限制，年满 17 岁即可报读，学习过程一般也没有时限，完成学分即可取得学历。为了保证质量，香港公开大学建立了严谨的质量保证机制。

从外部质量保证机制来看，香港公开大学遵循香港政府推行的"资历框架"标准；同时还接受香港学术及职业资历评审局(简称评审局)的质量监察。

香港的资历框架分为 7 个等级，按照"知识及智力技能""过程"等 4 个范畴进行各资历等级下通用指标的制定。通用指标明确了资历持有人应该具备的知识和能力，强调学习表现和结果。这样，服务于某个等级的项目目标就必须与对应资历等级的指标相符，从而形成项目级别评定的参考依据。

评审局每 5～6 年一次的大学质量评审涵盖管理体制架构、质量保证机制、项目设计实施、学术规划决策、学生学习与支持、教师聘任及发展等多方面内容，大学除要提交相关的报告外，还要接受学术专家团的到校检查。评审局的工作为资历框架提供了质量保证。

从内部看，香港公开大学设立和实施自我审查制度。主要表现为有明确的项目和课程的评审及复审程序，各程序阶段流程清晰，内容目标明确，不同来源、职能、层级部门的人员多方参与。同时，编撰的《学术质量保证手册》为大学内部提供了统一的参考依据，有助于质量保证工作严格、有效执行。

香港公开大学的质量保证以"成果为本"，项目的评审和复核都按学习成果是否符合学习目标为主要原则。项目的学习成果对应的是学生完成学习后可观察和可评估的能力，这样就形成了与资历框架能力标准的配合。同时，这些成果还要呼应大学的办学宗旨及成果要求，比如善于沟通、成为有责任的公民等。可见对于项目成果的要求既细致又全面。

可以看到，香港公开大学内外部质量保证机制协同作用的运转模式与英国开放大学很相似，一套纵向贯通，横向可比的资历框架；一个专业的外部审查机构，评审报告加进校评估；学校内部在专业（或项目）和课程两个层面严格评审和复查，把好课程材料和远程教学两道关……不敢说这是"成功模式"，但至少成功的学校运行在这种模式下，对于还处于探索发展阶段的国家和学校，颇具参考意义。

巴基斯坦虚拟大学内部质量保证体系

Mubashar Majeed Qadri Naveed A. Malik，Sc. D.

谢 洵 译

1991 年，国际高等教育质量保证机构联合体（International Network for Quality Assurance Agencies in Higher Education）成立。至今，已有 100 多个国家加入该联合体中。亚太地区质量联合体（Asian-Pacific Quality Network）成立于 2003 年，至今已有来自 40 多个国家的 53 个质量保证机构加入其中。2006 年，巴基斯坦开始从国家层面主动构建质量保证系统。本文将介绍巴基斯坦将质量保证引入高等教育机构的过程，尤其将着重介绍巴基斯坦虚拟大学（The Virtual University of Pakistan ，VUP）实施内部质量保证系统的相关活动。

一、巴基斯坦虚拟大学

巴基斯坦虚拟大学成立于 2002 年，是一所公立的、联邦特许的、且有学位授予资格的大学。大学的目标：①使学习者在家就可接受费用合理的、统一的、世界级的教育。②为专业学者和专业人员（无论其是否正式隶属于高校研究机构）提供远程教学机会，使学习者有机会获得其专业知识，以缓解巴基斯坦有资质的教学人员严重短缺的现状。巴基斯坦虚拟大学成立之时，已有一些公立或私立的传统大学，如阿拉玛·伊克巴尔开放大学（Allama Iqbal Open University）采用了远程教育模式。巴基斯坦虚拟大学的成立旨在满足潜在学习者日益增长的学习需要，帮助他们解决学习费用高昂、家校距离过远、教育资源不公与不足等问题，即如果学习者无法克服这种种障碍进入大学，那么大学将送课上门。基于巴基斯坦虚拟大学独特的在线学习环境，这个想法得以实现。巴基斯坦虚拟大学是巴基斯坦第一所配备最先进的信息与通信技术的大学。

巴基斯坦虚拟大学最初仅开设了四个学术项目，现已提供涉及多学科的一系列学位项目。迄今为止，巴基斯坦虚拟大学已建立计算机科学与信息技术、管理学、科学与技术、艺术和教育五个学院，这些学院提供 2 年至 4 年不等的本科学位项目和 2 年的专科学位项目。大约 10 万名学生参与到这些项目中。巴基斯坦虚拟大学采用视频教学模式，以在线交互方式提供支持。该模式具有三个核心要素：课程设计与实施、学术评价与评估以及机构的支持。

(一)课程设计与实施

这种电子化学习模式的第一核心要素是课程设计与实施。首先，学校认可并接受各种优秀学者、专家作为教师，不论他们属于哪个机构，身处什么地理位置。这些专家受邀按照巴基斯坦高等教育委员会批准的教学大纲设计课程。在根据书面脚本排练预演及仔细检查之后，教师录制一系列时长为 1 小时的讲座。通常，巴基斯坦虚拟大学提供的 3 学分课程包含 45 个这样的视频讲座。讲座在学校自有的专业演播室中录制，经后期制作(包括幻灯片、电影片段等其他材料的插入与编辑)后，按照发放给学习者的播放时间表(纸质或电子材料形式)，通过免费接收的卫星电视传递给学习者。

巴基斯坦虚拟大学拥有并运营着 4 个免费的卫星电视频道和一个地面接收站，以保证 7×24 小时无间断地播放讲座。学习者可通过三种方式获取讲座内容：①通过碟形接收器接收讲座内容或从当地有线电视运营商处订阅讲座内容；②在线观看讲座内容或购买 CD、DVD 光盘；③通过学习管理系统以及大学公开课网站(http：//ocw.vu.edu.pk)点播讲座内容，该网站在 2012 年被大学开放课程联盟(OCW Consortium)评为卓越公开课优秀新站。

远程教育的影响力随着教学技术的应用而不断提升。随着师生交互越来越受鼓励，学习过程越来越积极活跃，远程教育也发生着变化。巴基斯坦虚拟大学采用了灵活的学习模式以优化管理和增强师生互动(包括师生共享在线交互多媒体资源等)。该校服务器上运行的综合学习管理系统接入了互联网，可提供异步交互，灵活性很强。大学设计、开发的这个定制的学习管理系统是一款强大的在线工具，为学习者提供正式的高等教育。该系统通过主持式讨论板和点对点方式向师生提供双向交流的机会；此外，设计开发的用以支持学习者学习或评估学习者学业进步的各类学科相关材料或补充材料，也通过该系统在师生间共享和交换。除了邮件、网络电话、电话等方式，学习者也被鼓励实地参观校园以增强师生交互和获得个性化的关注。

(二)学业成绩评价与评估

在教育文献，尤其是远程教育著作中经常强调高质量的学业成绩评价与评估的重要性，因为公共媒体认为学业成绩的评价与评估具有可变性和人为性。因此，巴基斯坦虚拟大学对学业成绩评价与评估这一环节极其重视。根据布鲁姆教学目标分类理论的不同认知层次，该校设计制定的期中、期末考试包含任务、项目、测验、分级讨论、测验库、问题库等，以此来评估学习者的应用能力和批判性思维能力。每一项评价工具都经过同行评审以保持高质量标准。

每学期都会在考试中心举行正式的、监考严格的考试。大学精心挑选的监考员会根据事先确定的协议来监考。灵活性是远程教育的真正本质，巴基斯坦虚拟大学的远程教育具有很高的灵活性。该校研发了一套世界一流的考试系统。在考试通知发布之后，每个学生都可自行设定自己的考试时间，因为该考试系统可为每位学生生成一份唯一的测试试卷；同时，在考试评分过程中，该系统也保持了考生的匿名性，以确保考试评分过程的客观。

(三)机构的支持

大学在线学习模式的可持续性取决于机构在资金、时间、灵活度方面的持续支持。以多种格式呈现的课程内容增加了学习者观看讲座的灵活度和频次，这是传统的面对面教学环境所无法实现的。学习者也可在遍布全国的指定的学习中心(也称虚拟校园)观看讲座，目前全国已建成200多个虚拟校园。这些虚拟校园部分由巴基斯坦虚拟大学出资建立，部分由政府与私人合作建立。虚拟校园提供了实体空间和基础设施，学生可在此观看讲座或在多媒体计算机实验室上网。巴基斯坦虚拟大学指定了大量专业辅导教师为学习者提供辅导与在线支持、给予个人关注，也为教师和学生提供了线上线下的技术支持。学生支持服务办公室负责处理学生提出的问题，并加快问题解决进程。为了加强和促进大学社区的发展，学校积极建设各类网站，包括校友会、校园职业网、校园社区、校园媒体、校园在线杂志等，提升创造力，鼓励社会交互，也提供个性化的发展机会。

总而言之，大学的在线学习环境为老师和学生提供了绝好的机会来实现他们的学习目标，优化他们的职业生涯。

二、区域的质量保证

远程教育领域中，各种形式的质量监督、评估和审查，通常简称为质量保证，质量保证的完整闭环还包括至关重要的质量改进。一般来说，质量保证过程包括两部分：自我评估和外部评估。自我评估的目的是达到规定的标准，而外部评估是强制性的，旨在确保所有机构都符合标准。自我评估机制可以设定为满足机构自身的期望；而外部评估机制则必须符合当地、国内和国际的趋势。

具有重要意义的国际高等教育质量保证机构联合体成立于 1991 年，之后，一些联合体在发达国家快速发展起来。23 年来，国际高等教育质量保证机构联合体从最初建立仅 18 个成员发展至今，已拥有 176 个正式成员和 96 个其他类型成员，成员来自 100 多个国家，这表明该联合体很受欢迎。国际高等教育质量保证机构联合体的大多数成员是各国的质量保证机构，联合体成员的快速增长反映出了人们对质量保证重要性的高度认知，及质量保证对全世界高等教育的重要影响。

在世界人口最多的地区成立的亚太地区质量联合体（成立于 2003 年）是最受欢迎的质量保证机构联合体。在该地区，多种语言环境、不同的社会政治结构、多变的经济条件、复杂的法律制度和多元的文化价值观共存，这些因素影响着该地区各国高等教育的组织形式和质量保证系统，导致质量保证措施多种多样。亚太地区质量保证联合体旨在避免质量保证措施的多余和重复，确保该地区不同质量保证措施间的一致性。目前，亚太地区质量保证联合体有成员 53 个，分别来自 40 多个国家。

在巴基斯坦、香港、印度尼西亚、新加坡、斯里兰卡和马来西亚，国家质量保证机构不仅监管传统高校，也监管公立或私立的远程教育机构。这些质量保证机构采用同样的质量标准和手段来管理传统高校和远程教育机构。在亚太地区的一些国家，内部质量保证过程已经实施到项目层次，而外部质量保证（由外部机构认证）尚在初步建设阶段。

巴基斯坦的内部质量保证在国家质量保证机构的指导下实施。国家质量保证机构为机构和项目层次的自我评估提供标准、指南和绩效指标。在国际层面上，除了加强合作，巴基斯坦质量保证机构联合体致力于制定指导方针、原则、政策、工具包和手册等，囊括了当前被认为不可或缺的关键要素，以便在该地区落实一套针对高等教育机构的质量保证系统。在此背景下，类似于 2006 年国际高等教育质量保证机构联合体制定的《质量保证优秀实践指南》(*Guidelines of Good Practice in Quality Assurance*，GGP)以及 2005 年欧洲高等教育质量保证协会制定的《欧洲质量保证标准和指南》(*European Quality Assurance Standards and Guidelines*，EQASG)，亚太地区高等教育质量保证机构联合体制定了《亚太地区高等教育质量保证原则》(*Higher Education Quality Assurance Principles for the Asia-Pacific Region*)。该原则于 2008 年在日本千叶市举行的布里斯班公报研讨会上被提出，亚太地区 17 个国家的 35 位代表出席该会议。这些原则，也被称为"千叶原则"，重点关注三个方面：内部质量保证、质量评估和质量保证机构。这些原则的前提是高等教育机构自身是质量保证的责任主体，而不是任何其他外部机构。因此，形式化的实施过程是不够的。质量保证机制还必须促进形成一种质量文化，以实现质量的持续改进。

三、巴基斯坦的质量保证

在巴基斯坦，各高校根据 2002 年成立的高等教育委员会制定的各项规则运行。高等教育委员会的任务包括：高等教育政策的制定与实施、质量保证框架和指导方针的制定、学位认证与验证、促进标准化和透明性、识别和发展新的学科或机构并促进机构的完善。巴基斯坦强大的质量保证系统是由 2005 年成立的国家质量保证机构来管理和调控，该系统旨在清晰地解决高等教育面临的各项挑战。

巴基斯坦国家质量保证机构建立了一个质量保证委员会，以解决高等教育机构中出现的各种内部质量问题。该委员会建议每个机构都建立各自的质量改良小组。这将确保国家质量保证机构所制定的国家层面的质量框架、标准能够实现高质量学习的目标。质量改良小组不仅帮助所在机构达到巴基斯坦质量保证机构所制定的指导方针，而且在巴基斯坦国家质量保证机构的管理、指导和监管下，达到国际高等教育质量标准。巴基斯坦高等教育委员会为各质量改良小组的平稳运行提供经济支持。巴基斯坦国家质量保证机构制定了一个质量保证框架，质量改进小组是该框架的重要组成单元。如何系统实施该框架非常重要，关系着能否在机构和项目层面与国际接轨，并提升国际竞争力。

巴基斯坦质量保证框架分三步进行：第一步，制定标准、质量保证手册和指南；第二步，各机构确定内部的质量保证机制；第三步，建立外部质量保证机制（在当前已有的许多外部认证机构的基础上，继续建立新的认证机构）。各机构内部的质量保证框架也分两阶段实施：先是项目层面，然后是机构层面。

正如质量保证框架中所提到的，各机构必须对每个项目实施自我评价与评估，其结果是形成一份综合性自我评估报告，机构内不同的项目报告将基于不同的质量参数。经过认真分析后形成一份完整的自我评估报告，可以清晰地展现出各机构学术项目的目标、结构和内容，概述教学环境以及必要的机构设施与支持的总体可用性。

校内自我评估机制的支柱是确保效度的同行评审过程。自我评估报告要在两个阶段内进行验证：先是内部质量保证过程，然后是外部质量保证过程。在内部质量保证过程中，关键的内部评审方是高等教育机构和质量改良小组，而外部质量保证过程关键的评审方是国内、国际的认证委员会以及高等教育委员会自身。高等教育委员会扮演着"评审方的评审方"这一角色。认证委员会和高等教育委员会将以质量改良为目标持续发展和验证国际学术、项目和机构标准。尽管自我评估报告的验证被分为两个层面，但这些报告并不能代替机构层面的质量保证。因为，在机构层面上，还要考虑许多其他的方面，例如学习和研究的质量文化，治理，管理，基础设施和资金等。为确保各质量改良小组的正常运行，也为了评估内部质量保证系统的有效性，高等教育委员会制定了绩效指标来评级、排名和认可各质量改良小组和高等教育机构。每一项指标都很重要，每个机构必须达到所有指标才能获得高等教育质量合格证书。

虽然质量保证过程于 2006 年才开始实行，但随着资金的投入，高等教育委员会已包括越来越多的高校。巴基斯坦虚拟大学于 2009 年 11 月加入该过程，建立了质量改良小组。

四、巴基斯坦虚拟大学的质量保证

巴基斯坦虚拟大学从建立远程教育内部质量保证机制开始。学校并不是建立一个仅仅专注于满足既定标准的部门，而是扩大了范围，包括了质量保证的改进，并于 2011 年 8 月成立了质量改良理事会。除了基本的校内自我评估任务，该理事会还严格认真地从事各类活动以确保教学过程、学术项目、组织操作的质量，这些活动均被详细记录在案。

各学术项目的校内自我评估每两年进行一次。该校根据 8 项准则和 31 项标准，对各类学术项目进行了第一次评估。这些准则和标准包括：项目任务、课程体系的设计和组织、实验室和计算机设备情况、学生支持与咨询、过程控制（学生过程：入学、注册、过程监督、是否满足毕业要求；教师过程：资质、课程材料和教学过程的质量）、教员（数量、资质、流通、质量），机构设施和机构支持。为了生成准确的信息，大学会使用十项调查的数据，它们是：学生课程评估、教师课程审查报告，学生进步研究报告，提供项目的院系调查，教师档案、教师评估表、毕业生调查、教师调查、校友调查及雇主调查。

质量改良理事会负责项目评估过程中的规划、协调、执行、后续跟进等所有环节。为了项目的自我评估，项目组和评估组相继成立。项目组负责撰写自我评估报告，该组由特定院系的学者组成并参与评估。质量改良理事会审查该报告。然后学校成立评估组，评估组参考质量改良理事会的意见，与项目负责人协商。评估组成员来自其他各高校，评估组对报告进行同行评估。他们的评审结果基于客观和主观的评价，主观评价基于小组专家的经验和意见，而客观部分依照国家质量保证机构提供的红头文件进行。评估组提交评估报告之后，项目负责人须制订一份执行计划来完善评估组指出的不合格之处，而质量改良理事会须负责跟进该计划的后续执行过程。故该计划的执行有助于提高学术水平和高校质量，并且完成了第一次评估循环。

(一)当前模式的影响

尽管巴基斯坦虚拟大学的远程教育质量保证系统推行时间不长,但质量改良理事会作为质量改进及质量保证的监督团体所做的努力基本上被认可。经过高等教育委员会的周期性评估,巴基斯坦虚拟大学质量改良理事会连续三年排名第一。这大大增强了质量改良理事会内外利益相关者的信心,于是质量改良理事会在校内稳定地运行。巴基斯坦高等教育委员会根据学科、规模、类型(公立或私立)发布了传统大学的排名。在这种周期性的排名中,远程教育模式是唯一被排除在外的类型。原因是只有少量的机构采用这种模式。目前仅有阿拉玛·伊克巴尔开放大学和巴基斯坦虚拟大学两家机构。然而,为了完成为远程教育高校排名的构想,高等教育委员会指导 6 所规模较大、发展较好的公立大学开展远程教育,同时建立远程教育理事会;此外,3 所私立、有学位授予资质的传统大学也获得开展远程学习项目的资格。所有努力尚处于孕育期,但是充满希望。在不久的将来,这些远程教育机构之间的竞争将会强化对远程教育质量保证机制的需求。

(二)质量保证未来的发展方向

正如巴基斯坦国家远程教育质量保证模式中所指出的,在成功地建立内部质量保证过程之后,下一步是外部同行评审和国内外认证。就这一点而言,巴基斯坦虚拟大学采取了一些措施。巴基斯坦虚拟大学计划向相关的认证委员会提交正式申请,对商业和计算机科学的学科项目进行认证。初期工作已经完成,如搜集申请所需的必要信息。此外,学校正在研发适用于开放和远程学习机构的质量保证机制。这项工作包括机构和部门层面的质量保证工具包的开发和关键绩效指标的认定。学校向关心高等教育和远程教育的利益相关者们保证,学校将建设一套可持续的、可行的、协调的机制,提升高等教育的质量标准,以实现卓越,激发产业和大众对远程教育机构及其毕业生的信心。

(三)实施质量保证的挑战

不论从质量保证的概念,还是实施过程看,高等教育机构都面临着许多机遇与挑战,以下是巴基斯坦虚拟大学目前经历的挑战。

1. 关于质量的定义

首先，一直没有对质量的单一定义。国内和国际认证机构在他们的质量评估中，似乎强调的是质量的不同方面。因此，大学的不同项目想要通过质量层面竞争却并不确定能否获得认证机构的认可。当大多数认证机构没有认识到远程教育模式的独特性时，无单一质量定义就很成问题，特别是模式本身也在日益复杂化。由于远程教育领域处于快速革新过程中，给出单一质量定义会产生更多问题。这些变化很快就会超越单一静态的定义。总不能因为缺少一个公认的定义而限制了远程教育的积极变化。

2. 远程教育机构的系统设计

其次是缺乏专门针对远程教育机构的质量保证系统。远程教育机构在这个问题上的前景变化很大程度取决于实践过程中所用到的特定的教学法和技术手段，这些机构正在尝试通过实施质量保证来解决各种问题。同样，巴基斯坦虚拟大学也认识到实施外部质量保证系统的价值，并将获得外部机构的认证作为该校未来规划的核心部分。大多数认证机构都假设项目是有固定地点、以校园为中心、面对面的方式开展，而没有意识到远程教育机构实现同样目标的过程是不一样的。比如，外部质量保证机构的一项特色评审程序——实地考察，就很难在远程教育机构开展。巴基斯坦虚拟大学是地理位置上很分散的各中心教学活动的总和，所以对这些中心进行实地考察时，评估者很难去评估巴基斯坦虚拟大学整所学校的学习环境与物质资源的水平；同时，为了检查教学记录，想要到中心直接采访管理人员、教师、学生和校友以检验该校的自我评估报告也很难实行。然而，尽管没有特定的质量保证过程适用于远程教育环境，巴基斯坦虚拟大学正努力审视、选择不同的认证机构（当地或国际），以避免损害学校利益相关者的信心，并证明该校正努力培养杰出、优质的学生。

3. 缺乏质量保证技巧

质量保证工作中存在对质量保证的本质认识不足，对系统的概念认识不足，高等教育机构开发实施策略的能力不足等约束条件，影响着质量保证机构预期的实现。质量保证机构实施质量保证框架时，质量保证的有效实行依赖于从事这项工作的人——包括高等教育机构内部质量保证人员和执行国家层面外部质量保证系统的人员。在巴基斯坦，通常会任命职位较高、经验丰富的教职员去负责高校内部质量保证系统。这种任命至关重要，但这并不是一个人被任命负责质量保证系统的全部条件。一般来说，这些人具备的质量保证知识有限，通常需要深入了解高等教育、经常学习，并与其他质量保证机构进行互动，从中获得这方面的知识。除了任命负责人过程中存在不合理外，空缺的职位常常通过提供附加工资让教职员兼任、雇用临时工或合同工来填补。这些职位的酬劳常年保持不变，且不向市场开放。

负责实施质量保证框架的人需具备能力、知识、正直、公正、诚信和技能，如批判性思考和分析能力。然而，很明显，国家层面如质量保证机构、评审委员会和高等教育机构人员能力严重不足，这导致了具备合适技能、专业知识、专业经验的员工严重缺乏，即缺乏合格的、专业的评审员；员工缺乏收集准确数据的能力；外部评审员在实地考察时不重视交流；员工缺乏写技术性报告的专业知识。最重要的是，缺乏合适的培训材料和培训人员来解决这些问题。由于人员能力不足，质量保证框架的实施缓慢且进度不一。为了持续、快速而稳定的实施质量保证框架，高等教育机构和质量保证机构需要合格的领导、熟练的管理者、能力强的专家和经验丰富的技术人员。从长远来看，各类人才短缺问题可以通过在高等教育机构中引入质量保证学术项目来解决，这样有助于促进质量文化形成，成为人才引进的稳定、可靠的来源。

4. 质量保证的成本

另一个需要关心的问题是有效的质量保证过程所需的附加成本。巴基斯坦虚拟大学致力于发展一种质量文化，但实现这个目标给学校的财务健康带来了很大的压力。学校要维持 200 多个学习中心，运行大型的课程广播设施，遵守提供廉价优质教育的承诺，并提供高于市场平均水平的薪酬待遇，已经背负了高额的固定成本。

开发内部质量保证系统的主要成本是质量保证所需人员的层次和数量，数据管理质量，学校可接受的评审员的能力以及质量保证框架的广度和深度。此外，不仅建立内部质量保证过程需要资金，认证也是非常昂贵的活动。注册、实地考察、咨询、撰写技术报告及许多其他活动都需要费用，学校希望达到的标准越多，成本就会越高。为了获得足够的资金来实施质量保证，大学不仅需要高等教育委员会和巴基斯坦政府的支持，还需要就质量保证的实用性和潜在利益与拨款机构进行交流。

5. 创建质量文化

为了实施质量保证机构推荐的质量保证框架，大学设计出能够促进质量文化的质量保证系统非常重要。大学仅仅通过定期调查提供各方面的质量状态数据是不够的，建立一个改良系统同样重要，这能确保机构可以看到干预过程中所取得的成果。若没有改良系统，将滋生关于质量保证过程的冷嘲热讽，大学希望借助该过程来改进学校学生服务的热情也会减弱。

质量保证是一种深思熟虑、精心策划、协调配合和完全整合的活动，需要每个参与其中的人各司其职。然而，基于巴基斯坦虚拟大学作为质量改良小组成员的经验，很明显，这样的协调和整合是缺失的，其主要原因是领导缺乏热情、承诺不对称以及缺少机构和部门的支持。在高等教育委员会安排的各类正式交流活动中，来自不同高等教育机构的质量改良小组的代表们指出了共同的问题，比如领导不坚定，员工与教师不配合以及经济和技术资源不足。因此，高等教育机构无力挑战和改变，想要引入"质量文化"的人只能将这些政策和程序变成一纸空文。质量改良小组的代表们指出，很多高校做的只是面子工程，其所建立的质量改良小组职能范围模糊，不同部门之间配合不力、沟通不畅，这给执行各种任务带来许多障碍。这些问题将对后期的认证产生很大的阻碍。认证机构参与进来以后，机构需要雇用大量人力来配合认证机构的注册、咨询和实地考察。因此，如果管理层和执行层不能做到责任共担，质量保证将无法实施。

（四）同步内外部质量保证要求

人们普遍认为，内部质量保证过程中的校内自我评估、质量审核、同行评审被广泛而认真地执行。远程教育质量报告，作为内部质量保证过程的最终结果，被认为是整个远程教育质量保证系统的命脉，因为它包含了战略决策所需的大量信息。如果巴基斯坦虚拟大学想要进入下一阶段——外部质量保证，那么这些报告将会是起点。外部质量保证过程的成功取决于内部质量保证过程的效果和效率。然而，如果质量报告中的数据和评估不满足外部质量保证过程，或者如果内外部质量保证系统不协调，那么各种活动和资源的重复和冗余将导致时间成本和经济成本的增加。因此，大学可能会面临太多的技术故障，继而导致咨询费用、执行时间、行政工作量、人力资本的增加。为了避免这种情况，大学需要采取一些措施，以确保内外部质量保证要求的同步，以减轻质量保证实施过程中的挑战。

(五)共同承担高等教育质量保证的责任

一个重要问题是：谁承担着质量保证过程的主要责任？高等教育机构还是质量保证机构？高等教育机构认为质量保证机构是监督机构或某种意义上的入侵者，限制高等教育机构的自主权，对高等教育机构提要求。然而，质量保证机构认为高等教育机构必须将质量保证机构的存在视为一个机会，因为一个拥有技术技能、专业知识和授权的外部机构，可以帮助分担比较重和难的任务，比如设计质量保证系统、确定质量标准和质量审核标准、审计和认证，质量保证机构可以成为联系国内和国际利益相关者的桥梁。

质量保证机构和高等教育机构之间讨论的关键点在于：质量保证是自愿的活动还是强制性的活动？由于公立高等教育机构这类自治机构和质量保证机构都是由相同的政府特许管理的，所以公立高等教育机构是否还有必要进行质量保证？在这种情况下，公立高校是否应该寻求外部机构的认证？是否是通过由政府建立并管理的某个机构来设计质量保证过程，从而减少私立高等教育机构和公立高等教育机构之间的公开竞争？

巴基斯坦虚拟大学对于这些讨论的观点很明确。如果一个外部机构作为监督者强加一些规则，并相信这些规则会得到很好的遵守的话，那么质量改良过程将会受到阻碍，高等教育机构和外部质量保证机构的合作将会被削弱。相比建立一个单独的机构负责质量保证过程，更重要的是各高校共同承担质量保证的责任，扩大高校参与程度，在各高校力所能及的范围内积极参与，以达到质量保证的最低标准。高等教育机构的主要职责是向其学生提供优质服务，如果将发展质量文化的重点放在改进服务上，将有助于高校更好地履行对利益相关者的职责。

参考文献

[1]APQN. (2014). Retreived from http：//www. apqn. org/.

[2]INQAAHE. (2014). Retreived fromhttps：//www. inqaahe. org/.

[3]Jung，Insung. (2011). The dimensions of e-learning quality：from the learner's perspective. *Educational Technology Research and Development*，59(4)，445－464.

【评述】

巴基斯坦虚拟大学成立于 2002 年，是巴基斯坦的第一所完全基于现代信息和通信技术建立的公立非营利大学。其目标是为全国学生提供能够负担得起的世界级的教育。巴基斯坦虚拟大学面向全国遴选课程开发人员，使用免费的卫星电视广播和互联网来发送课程。一方面解决传统大学校园容量不足的问题，另一方面解决有资质的专业人员（教师）短缺的问题。目前建立了 5 个学院，提供本科和专科学位项目，在学人数近10 万人。

巴基斯坦虚拟大学质量保证的三个核心领域分别为：课程设计与实施、学业评价和学习支持。巴基斯坦虚拟大学最大的优点是充分考虑国情，灵活变通：有资质的教学人员不足，就广开门路，英雄不问出处，只要足够优秀，就予以招募；课程的发送，以免费卫星电视为主，同时提供光盘和网站点播服务；师生的交互共享，由定制开发的学习管理系统和遍布全国的 200 多个学习中心进行支撑；学业评价的设计，包含任务、项目、测验、讨论等多种形式，考试系统支持每个学生自行设定考试时间，一人一卷，匿名评审，加上考试中心正式、严格的监考，很好地回应了公共媒体对学业成绩可变性和人为性的质疑。

巴基斯坦建有国家质量保证体系：高等教育委员会负责高等教育政策、质量保证框架等的制定。国家质量保证机构负责质量保证体系的管理和调控。国家质量保证机构内设的质量保证委员会负责解决各高等教育机构内部的质量问题。各机构建有质量改良小组负责校内的质量评估和改进。高等教育委员会负责为质量改良小组提供经济支持的同时，也负责对质量改良小组及其所在的高等教育机构进行考核、评级和排名。巴基斯坦虚拟大学于 2009 年 11 月加入该过程，建立了质量改良小组

(2011年更名质量改良理事会)，接受高等教育委员会的周期性评估。

因为巴基斯坦只有少量机构采用远程教育模式，所以在高等教育委员会发布的机构排名中，并不包含这类机构。然而，巴基斯坦高等教育委员会正在通过指导更多的机构参与远程教育从而形成远程教育的竞争生态，进一步强化远程教育机构对质量保证机制的需求。

本文对远程教育所面临的质量挑战剖析得颇为全面：缺乏公认的质量定义；大量面向传统教育的认证机构缺乏对远程教育特殊性的认知和设计；具备合适技能、知识和经验的质量保证人员短缺；实施内外部质量保证的附加成本较高；管理层和执行层不能做到责任共担，沟通不畅，配合不力。这些挑战普遍存在且影响远程教育的发展，但多为实施层面问题，不同的机构，不同的国家，相似的问题，会有不同的解决方案。

然而，文章最后所点到的问题确是非常关键：①"谁应承担质量保证的主要责任？"；②"质量保证应是自愿还是强制？"这两个问题关乎着质量保证机构存在的意义和价值，并进一步界定出质量保证机构和高等教育机构的关系。巴基斯坦虚拟大学的观点很明确，承担监督职能的外部机构强加规则会阻碍质量改良的过程，相比建立一个单独的机构负责质量保证，更重要的是各高校共同承担、积极参与。

也许这就是"围城"，因为还有很多没有独立质量保证机构的国家，比如中国，正在呼吁建立。确定质量标准、建立质量保证体系、实施评估和认证、桥接国内和国际等这类事务皆需要专业知识、技能和经验，质量保证机构正好成为这些智慧和经验的凝结点和转化点。同时，作为监督机构引导和督促高等教育机构的质量提升有助于提高效率和效果。当然，巴基斯坦的实践也提醒了我们，质量保证机构的职能定位需要更技巧，相关规则的制定推广需要更策略，处理好与高等教育机构的关系是内外部质量保证体系发挥协同作用的关键。

印度英迪拉·甘地国立开放大学内部质量保证体系

Suresh Garg & Santosh Panda

沈欣忆 译

一、引言

1962 年，印度在高等教育领域开展函授教育，并取得了一定的成绩。1969 年，随着英国开放大学的建立，印度开始关注"开放教育"这个概念。1982 年，印度建立了第一个州立开放大学，即安得拉邦开放大学（Andhra Pradesh Open University），该大学是印度开放和远程学习机构的先驱。如今，开放和远程学习机构的学生占到高等教育总人数的五分之一，是印度高等教育的重要组成部分。本文将介绍印度质量保证的发展背景，英迪拉·甘地国立开放大学（Indira Gandhi National Open University，IGNOU；此后简称英迪拉·甘地开放大学）的发展历程以及质量保证过程，并总结了一系列印度依然面临的挑战。

二、英迪拉·甘地国立开放大学

英迪拉·甘地国立开放大学于 1985 年 9 月 20 日成立，是印度的巨型开放大学。印度议会审议建立英迪拉·甘地开放大学的提案时，当时的人力资源发展部部长讲道（Lok Sabha Debates，1985）：

> 我们正在寻找一个具有弹性的系统，能灵活应对不断变化的需求。现今越来越强调全民教育、终身教育……这部分曾经很长一段时间被忽视的教育得到了大力的关注。

以上这段话突显了政府的意愿，即让高等教育普及到社会的各个层次，包括生活在社会边缘的弱势群体，通过开放和远程学习促进教育公平。英迪拉·甘地开放大学拥有相当惊人的学习者规模和专业规模，从人文、社会科学领域到工程、管理、健康科学、法律、计算机和食品技术，并有不同层次的学历证书（证书、文凭、本科学位、硕士和博士学位）。此外，英迪拉·甘地开放大学运行在一个非常复杂的社会、政治和经济环境下。作为大学，英迪拉·甘地开放大学使用各种现代的工具和技术，提供了不同层次和不同领域的基于需求的专业；作为监管机构，英迪拉·甘地开放大学监控和确认专业的标准，在国家层面提升和协调开放和远程学习系统（IGNOU Act，1985）。

1987 年，英迪拉·甘地开放大学提供了两个专业的学历教育，分别是管理和远程教育。最开始有 4528 名学习者，主要是有工作的成年人。之后，学习者数量开始持续增长（Garg et al.，2006；Srivastava，2012，2015），现今英迪拉·甘地开放大学的学习者群体非常多样化，从监狱服刑人员、残疾人到高中毕业的学生、非常顶尖的专业人士。2014—2015学年，英迪拉·甘地开放大学有 228 个专业，738693 位学生入学（如图 8 所示），几乎一半的高中毕业生参与到远程学习中。英迪拉·甘地开放大学现在是全世界第二大远程教育机构，累计招收学生人数达到 3074377 人（截至 2014 年 3 月 31 日），2236098 位学生已经获得了本科、硕士或博士的学位证书（Khare，2014）。

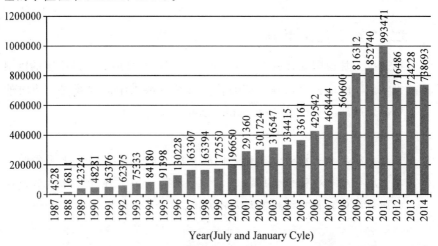

图 8　学习者的增长（1987—2015）

通过开发与经济和就业相关的项目，英迪拉·甘地开放大学获得了国家层面对开放和远程学习广泛的好评和声誉，甚至获得了全球的认可，并被认为是一流的大学。它遵循以学习者为中心的理念来促进主动学习，提供了多种媒体教学包，包括印刷电子学习材料、作业以及在指定学习中心面对面的辅导。这些学习中心设在公认的大学、大学部门和工作/技能中心。

在开始的几年中，英迪拉·甘地开放大学一直遵循公平、灵活、实用和创新这几个原则，大学利用这些原则促进全面系统发展，获得国家认可和社会接受。为了能被同类大学接受，从需求评估到课程的科学设计和开发，从教师的构思到第一次实施，英迪拉·甘地开放大学制定了严格的制度。各种大学之外的权威机构参与分析每个项目的条件。英迪拉·甘地开放大学质量保证的关注点包括学习材料开发和学生支持服务。来自全国各地的知名学者和专家参与课程的设计和开发，一流的机构参与教育和培训的支持服务。使用一系列教育技术和教学设计的原则和理念开发高质量的自主学习材料，通过入门或导学项目与传统教育的同行交流，得到关于学术项目质量的反馈以及学生如何接受这些项目的信息。这些活动帮助大学评估和反思各种学习支持服务的质量。

除了提供传统的不同知识领域的自由主义教育项目，大学特别重视新兴的与社会问题相关的项目，如人权、妇女权利、知识产权、公司管理、环境和可持续发展、灾害管理、旅游和酒店管理、艾滋病毒/艾滋病、（非侵入性的）社区心脏病学、航海科学、社会工作及医疗废弃物管理。英迪拉·甘地开放大学遵循学习者为中心的理念，提供符合国家经济优先级和相关就业需求的项目，该大学已然成为了人民的大学。在大学愿景的指引下，英迪拉·甘地开放大学努力培养对国家、地区和全球市场有用的人力资本（Garg et al.，2006；Srivastava，2012）。1991—1992年，英迪拉·甘地开放大学被学习共同体誉为"卓越中心"。

随着学生数量的增长，大学慢慢意识到教育质量的重要性，并在质量保证政策制定上确保所有利益相关者参与其中。它鼓励以集体决策和民主的方式制定条例和法规，通过协作和分享的方式提高远程教育质量。接下来以科学项目为例对质量保证过程进行介绍，尽管针对不同项目的具体特征会有相应的变化，但质量保证方法适用于所有的项目。

三、科学项目的质量保证过程

英迪拉·甘地开放大学有 21 个学院提供项目。科学学院成立于 1987 年，开展基础科学项目。1992 年 1 月英迪拉·甘地开放大学发起了本科生科学项目(学士)，从全国各地招收了 1210 名学生，以后招收新生的数量逐年上涨，2014 年招收达 11030 名学生，截至 2015 年 3 月 31 日累计招生人数达到 105195 名。其中，2014 年 3 月召开的毕业典礼上只有 10026 名学生被授予学位。分析 2006 年入学以来的学生比例发现，大约 69％是男性，63％来自城市，只有 16％的学生是在职的。这个比例让我们觉得非常意外，因为该系统最初是为了上班族而设计的(Vijayshri et al.，1998)。

科学本科项目有最低入学条件，即通过科学学科的高中(普通水平)或同等水平考试，这对科学领域来说是非常必要的。参与该项目的群体非常多样化，包括小学教师、实验室技师、小型企业家、家庭主妇、高中毕业生、自主创业者或传统学校辍学学生。科学项目的学生支持服务由 68 个地区中心和 165 个学习中心来开展，这些中心依托于全国各地知名的高等教育机构。

英迪拉·甘地开放大学本科项目的课程结构分为三层：基础课、选修课、面向应用的课程。科学技术基础课程(FST-1)和人文社会科学基础课程(FHS-1)希望为课程体系内容提供宽泛的基础，包括从历史视角来审视当前的社会问题。这些课程的目的是使学生思考民族团结和素养等社会问题，培养学生科学的定位和取向，提升学生对公平发展、和平和裁军的认识，学会感恩。另外，基础课程是选修课的基础，解决基本的语言能力。所有学生需要获得 24 个基础课程的学分(1 个学分等于 30 个学时)，包括两个 8 学分的基础课程，两个 4 学分的英语或印度语或 11 种地区语言之一的课程。选修课可以选择化学、生活科学、数学和物理。

科学学院非常重视项目评估、理论研究以及学习者对课程内容和学习支持服务的反馈。机构项目评估要求包括学生对质量、效率、相关性、可接受性和有效性的评估，以及课程和服务如何影响了利益相关者、有什么附加值（Garg et al.，1992，Vijayshri et al.，1998；Khare et al.，2004；Fozdar et al.，2006；Mishra，2008；Mishra et al.，2009，2010）。科学项目自25年前首次提供后一直在发展。随着时间的推移，已有多种方法在使用。例如，在起初的那些年，学生需要在第一年完成所有的基础课程，但考虑到学生的经验是随时间逐步增长，后来慢慢变为两年完成基础课程，第一年学生学习科学技术基础课程，第二年学生学习人文社会科学基础课程。

质量保证机制主要包含以下几个维度：项目设计、开发、发送和评价。一项研究调查了《物理学》选修课第一学年的学生工作量（Garg et al.，1992），发现实际的工作量比计划量多，是计划量的1.5倍。该研究非常有意义，可以帮助第二年、第三年进行更好地设计和开发课程。另外，福斯达和他的同事（Fozdar et al.，2006）研究了项目质量的影响因素。为了培养学生工作技能，提升就业概率，学院近期决定放松基础课程，重视面向应用的课程。

最初计划科学项目的时候，英迪拉·甘地开放大学的设计人员在设计课程的时候，一方面考虑传统大学的本科生课程教学，另一方面考虑了远程学习的特殊性，综合全面设计课程以消除其他大学和雇主对远程教育的偏见。一般来说，偏见包括：①远程教育的科学教育不如传统面对面教学有效；②远程教育的学生不如传统院校毕业的学生；③远程教育的学生往往是被传统院校拒之门外的。英迪拉·甘地开放大学开始利用全国的专家资源。从那时起，组建专家委员会成为英迪拉·甘地开放大学的标准实践。专家委员会由知名教授、研究者和专家组成，他们的专业知识被用于课程体系和课程的设计，以及内容的开发。英迪拉·甘地开放大学相关学科的、拥有相应专业知识的教师也是这些专家委员会的成员。在这个过程中，大学联合了多样化的实践，丰富了其学习材料的内容。

在英迪拉·甘地开放大学，项目审核是一个多层次、严格和费时的过程（Panda & Garg，2006）。专家委员会提供基本框架以及内容范围，各专家委员会设计项目和课程结构，课程设计委员会负责在课程提交给学校法定机构之前对课程进行审核，学校法定机构包括学校董事会，规划委员会和学术委员会(或它们的常务委员会)。在获得大学学术委员会正式批准之后,课程设计和开发的工作才真正开始。

通过与远程教育专家的培训会议和广泛交流,让课程编写者熟悉英迪拉·甘地开放大学系统的要求,明白针对远程学习者的材料的编写原则和策略。最开始几年里,这些会议包括与多媒体专家进行电子媒体交互讨论,这有助于课程编写者明白视听演示的好处。因此,每门课程都会考虑多媒体元素,同时考虑系统的限制,比如内部教师有限,人员缺乏培训,严格的项目周期等。一旦远程教育投入完成,课程编写者需要不断地跟课程团队包括内部员工沟通,由内部员工来判断课程的内容难度是否合适、内容是否连贯等问题,接着由外部专家对内容进行编辑,教学设计人员对语言和格式进行编辑。整个过程是非常严格的,有时候,课程材料会让学习者试用,然后根据评审会的反馈对草案进行修改(Panda & Garg,2003)。总体来讲,英迪拉·甘地开放大学采用了一系列的策略和投入来为学习者提供高质量的自主学习材料。

科学概念的理解需要面对面的交流和交互,大学提供了学术咨询,每4学分的课程提供5次咨询,每次咨询时间为两个半小时,这些服务由学习中心提供。可汗(Khan,2005)研究了学生参与咨询是否影响了学生最终的学习成绩,她发现参与咨询的频率和学业成绩高度正相关,所以她建议强制学生至少参与60%的咨询会议。针对科学课程的学生,米升拉(Mishra,2008)也做过类似的研究。

英迪拉·甘地开放大学的学生评价包括30%的过程性评价和70%的总结性评价。过去,4学分的课程学生需要完成两次作业,8学分的课程学生需要完成3次作业。现在,作业次数已降为一次,做出这个决定是因为他们意识到作业并不是有效的教学工具,学习者不能及时得到反馈。考试每年安排2次,分别在六月和十二月。大学遵循严格的出题、调试和评估过程。很多经验丰富的教师,包括内部教师,都会参与整个过程。

在本科课程结构中,实验非常重要。专家分析了传统学校实验课程的问题,避免了重复、无效的预设实验。此外,他们设计了开放性实验和演示实验来促进主动学习,培养创造力。

卡尔等人(Khare,2004)和米升拉等人(Mishra,2010)研究了本科各种选修课的成功率，研究揭示：①学生在实验课中的表现和成绩比理论课上更好；②学生在生活科学和化学中的表现和成绩比在物理和数学课程中好，物理和数学需要更高的分析能力。

四、国家远程教育质量保证流程

印度有各种各样的高等教育评估和认证机构。除了大学拨款委员会（University Grants Commission，UGC），还有 15 个委员会，这些委员会的职责和功能相对分散，有时又相互重叠。英迪拉·甘地开放大学法案（1985）提出国家远程教育大学是提升、协调和确定开放和远程学习标准的机构，大学内部建立了远程教育委员会，该委员会负责提升开放大学远程教育系统，协调其发展，确定其标准（IGNOU Act，5(2)）。直到1991 年，大学跟州立开放大学（State Open Universities，SOUs）和大学拨款委员会一起对函授机构（the correspondence course institutions，CCIs）进行监管。尽管在国家层面建立一个质量管理机构非常复杂，需要涉及方方面面，包括机构、州、中央政府，但是英迪拉·甘地开放大学最终成功协调多方利益，形成了一个统一的框架和程序。

远程教育委员会（1995）是一个独特的、开拓性的创造，集合了各个远程教育管理机构的功能。随着远程教育委员会的建立，对远程教育系统的监控、管理和资助都落到了英迪拉·甘地开放大学。最开始，委员会对国立开放大学和双模式传统大学提供资金援助。从 2001 年开始使用英迪拉·甘地开放大学的评估和认证方案对各类机构教育产品（印刷材料、是视音频、技术应用、学习者支持系统）的质量进行评估。因为这个方案是为大学设置的，并不适合各种各样的远程教育机构。为了更好地完成提升远程教育质量的使命，委员会修改了这一战略，进一步研究和了解大学拨款委员会和其他委员会对远程教育质量评估的标准和制度。

2004 年，大学拨款委员会、全印度技术教育委员会和远程教育委员会发布了一个联合协议。这获得了广泛接受，各种远程教育实施机构（双重模式大学、私立大学、知名大学）无论是提供普通教育项目还是技术教育项目，都要通过远程教育委员会的审查，努力提升其质量（学习材料质量、咨询支持质量、评估质量、信息技术的应用质量）。一些机构采用或改编英迪拉·甘地开放大学的课程，或者在委员会专家的指导下开发自己的课程。委员会自身进行了一些首创性的活动，比如开设联合项目、合作开发评估标准。

在设计认证远程教育机构和项目的策略和流程时，应考虑远程教育的特殊性，包括教学语言、技术使用、学生支持系统等。此外，他们的运作遵循传统大学的"无缝衔接"，提供学习中心共享物理基础设施，如实验室、教室、教师、行政和后勤人员等。鉴于这种差异，远程教育委员会2004年制定了三步骤流程：

（1）获取机构信息来确保机构在基础设施、员工、课程发送系统和学生支持系统等方面达到基本要求。

（2）评估课程材料，包括课程内容、课程的真实性和关联性、清晰度和理解力、语言和水平，格式和编排等。

（3）远程教育委员会专家实地考察，在一些情况下，英迪拉·甘地开放大学地区中心的服务是确认和解决对学生支持中心的投诉。远程教育委员会参考专家委员会的报告，做出决定后传达给相关的机构。

139个远程教育机构提供了3000多个项目，只有大约200个项目能够获得远程教育委员会的评估。其中，只有26所大学的47个项目通过了评估，140个项目建议修订和重新提交，其余项目被专家委员会拒绝通过。鉴于项目的通过率较低，质量一般，远程教育委员会强制要求所有机构使用英迪拉·甘地开放大学的材料或者是由远程教育委员会批准通过的机构所开发的材料。这样一来，几个开放大学开始使用英迪拉·甘地开放大学材料，而一些传统大学与英迪拉·甘地开放大学合作提供联合学位课程，许多其他的机构在委员会专家的帮助下修改和开发他们的材料。

2007年，远程教育委员会的审批从"项目审批"转向"机构审批"，随后国家评估和认证委员会对常规大学的审批也进行了相应的转向。2008年，远程教育委员会联合国家评估和认证委员会开发制定了开放与远程学习机构认证手册，手册可以在远程教育委员会网站上找到。发布公开的通知是为了告知机构他们实施的项目应该经过远程教育委员会的认可。在给予机构认证之前，委员会需要评估机构的学术组织、课程开发流程、多媒体运用、学生支持系统、教学方法和学习材料、开放和远程教学和学习的承诺。认证过程如下：

(1)学习材料应根据已获得法定机构审批的课程来制定。

(2)打印的材料应符合远程教育委员会发布的自主学习设计版式。

(3)根据委员会的指导方针、课程开展中必须有核心教师。

(4)如果是专业课程，应注意审查入学规范、课程周期等信息。

机构层面的认证政策旨在让所有的开放和远程学习机构进行系统的自我组织和自我定位，使得机构能开发合格的学习材料和构建学习者支持系统。为了进一步简化流程，2007年5月远程教育委员会、大学拨款委员会和全印度技术教育委员会达成了一项协议，由联合委员会对机构和项目进行认证，有200个开放和远程学习机构申请认证（DEC，2010；Srivastava，2012）。认证手册随之进行了改编，认证流程有了些许变化：

(1)每所院校会根据给定的格式提交其机构的投入情况。院校需要支付100 000卢比的申请费给IGNOU。

(2)远程教育委员会主席组建一个评估委员会，实地考察机构课程计划和筹备。如果是评估所有的大学，大学拨款委员会的成员需要在评估委员会中；如果是私立机构，全印度技术教育委员会的成员需要在评估委员会中。

(3)远程教育委员会主席如需查访委员会成员，由联合委员会来做决定。

若联合委员会无法正常工作，远程教育委员会处理认证相关事宜以履行其"法定义务"。远程教育委员会从认证模式转向评估，与州立开放大学合作，根据远程教育实施机构的学术成果和质量保证对其进行排序（DEC，2009a），前提条件是它要通过远程教育委员会的认可，并已运行了五年或五年以上。远程教育委员会提出强制性认证，在2009年至2010年之间将认证与资金支持紧密联系在一起。它建议各远程教育机构应建立内部质量保证中心，以便形成内在系统化的管理体制。

然而，远程教育委员会隶属于英迪拉·甘地开放大学受到了其他大学的抗争，他们认为这违背大学自治的原则，因为（国家）大学判断和监督的另一个（中央/州）大学的项目，大学评判大学是不合理的。因此，远程教育委员会慢慢从英迪拉·甘地开放大学脱离，这是各个大学利益斗争的结果。

人力资源发展部发现了远程教育认证中的一些问题，于 2009 年 8 月 31 日发布了一些新的指导方针，计划组建一个委员会，采用学分管理的方式来监管开放和远程学习系统。2011 年，该委员会(GoI，2011)提出在没有出现一个无所不包的高等教育权威评审机构之前，远程教育由大学拨款委员会监管。也许有人会说推翻印度议会的决定是违反法律的，然而，2013 年英迪拉·甘地开放大学提出解散远程教育委员会。截至目前，拥有 25％高等教育学习者、230 所双重模式大学（Ahmed & Garg，2015）、一个国立开放大学和 14 所州立开放大学的开放和远程学习系统正处于转型阶段。在该阶段，我们考虑重建远程教育委员会，该委员会是一个独立的法定机构。为了使系统能够再度充满活力，需要有适当的人力资源，充足的基础设施和财政支持使其能够对远程教育系统进行监控、认证和质量保证。

五、开放和远程学习系统的成就

尽管存在各种批评、谴责甚至嘲笑，印度的开放和远程教育系统一直在前进、在发展。如今，可以通过开放和远程教育系统传授高质量的教育和培训各类技能，该系统逐渐变得充满生机与活力。该系统能够在一个良好的学习环境下提供统一标准的、高品质的个性化教学，它带来的另外一个好处是由全国顶尖的专家参与形成了高质量的学习材料，这些学习材料也可供传统学校的学生学习。通过这种方式，该系统已成功地缩小了印度高等教育的巨大差距。然而，远程教育依然存在着许多挑战。

六、开放远程学习系统面临的挑战

印度开放远程学习系统，特别是开放大学，在维持系统当前和未来的质量方面面临着一些严峻的挑战。

(一)质疑

开放大学面临的最大挑战是对这些机构所授予学位的质疑和偏见。

印度的传统大学和其他高等教育机构一般都只为开放大学的毕业生提供第二优先权。这种偏见不仅对个人来说不公平，对于被创建作为校园模式补充形式的开放远程学习系统来说也不公平。

对开放远程学习系统所用培训方法的无知不应该影响到优秀个体的未来发展。通常人们都不能清楚地了解远教育系统如何运行，不了解远程教育学习过程中的严格要求，这导致了他们对认证过程缺乏信心，甚至产生一些误解。因此开放远程学习系统的毕业生会被怀疑，会受到来自传统教育系统毕业生的排挤。

内部挑战包括远程学习者的低成功率和高退学率。除了个别特例，成功率、保持率和自学者的素质仍然是根深蒂固的问题。例如，印度英迪拉·甘地国立开放大学科学、人文和计算机教育项目本科学习者的成功率为 30%～40%，而教师培训（Sangai & Garg，2009）、企业管理和信息技术的成功率高达 90%，这是因为这些专业能够为职业发展带来即时效益，所以学习者有强大的学习动机。在威凯希等人（Venkaiah & Salawu，2009）的调查中，他们指出开放大学的本科学生退学率达到了 84%～95%。与之类似的一个调查，米升拉等人（Mishra et al. 2009）指出印度甘地国立开放大学的本科项目也有 73% 的学习者在他们首次注册之后的三年内辍学。很显然，这些调查结果给远程教育的相关人员提出了挑战，他们需要找到解决这一问题的有效途径。虽然这能证明远程教育实践者在给学习者提供学习机会时不会在标准上妥协，但仍然需要让这些机构能够更多地反省，找到一个更加令人满意的途径，使其不会产生这种高失败率。

(二)缺乏机构学生支持系统

其中一个挑战是缺乏远程教育学生支持系统，机构期望、学生热情和学生支持中心人员专业程度之间存在差距。开放远程学习系统是教育和一系列教学活动的工业化形式，包括发放入学日程安排表、确认录取、分发学习资料、安排辅导讲座和考试以及宣布考试成绩，这些都会带来巨大的挑战。同样，通过咨询和评价政策来填补这个差距也非常具有挑战性，尤其是针对作业方面，包括回执、教师批改质量、解题周期和成绩的计算。对学生支持服务的有效管理对于提升学习者满意度、保持时间、动机、表现和成功来说至关重要，学生支持服务最鲜明的特点是"持续关心"。远程学习者的学习过程从收到学习资料开始，因此，及时分配这些资料是学生支持的一个首要任务。教学相关人员，其他辅助服务和学习支持人员需要严格持续的训练，这样他们可以培养学习者的敏感性，共同努力使得结果最优化。我们不仅需要一个组织良好的系统，同时也需要专业的人员服务学生，并且帮助这个系统更顺利更有效地运行。

（三）有限的课程设计和开发经验

一个更大的挑战是开发自学课件经验有限，包括缺少对课程的远程交互、远程学习者的学习风格和学习习惯的研究。其中一部分原因是大多数州立开放大学和函授机构都缺少固定人员的职位，管理者没有意识到一个项目在课程材料开发完了之后也必须持续跟进，不能把这些工作都推给学习支持人员和辅导教师。目前，大多开放远程学习系统内的远程教育者都来自于传统教育系统，他们最后总想回到他们之前所在的教育系统中。因此吸引和留住人才也是一个非常大的挑战。这个问题可以通过一些途径得到部分解决，例如针对员工的动机、自我提升、能力构建和职业发展制定一些创新的条款，同时增强远程开放学习系统中的智力资本。

（四）系统问题

开放远程学习系统的规模和复杂性，它对传统机构的依赖性，公众缺少对它的认识，以及对其质量的质疑都是它成为一个有效系统的重大阻碍。

1. 可变化性

开放远程学习系统的可变化性本身就是一项主要的挑战。他们生搬硬套传统大学的教学材料，尽管现在卫星技术很发达，却没有任何一所开放大学融入了哪怕一点媒体技术来开发他们自己的教学材料，例如广播和电视。一些开放大学在使用电视广播课程学习时融合对网络的一些初步使用。英迪拉·甘地国立开放大学总体上使用电脑实施管理事务，但是很少运用到网络。他们需要升级系统以便与国际发展和水平相一致，同时又能够满足只能通过学习中心和咖啡吧接触电脑或者网络的学生需求。开放远程学习系统必须与学生的步调一致，但是不能走在太前端，超出大多数学生的学习条件。同时，改善系统工作的延迟通常都与缺少购买基础设施和人员培训的资金有更大的关系，而非是缺少对这一问题的研究。

2. 和传统大学的关系

开放远程学习系统的结构也对其发展提出了挑战。印度开放大学主要依靠传统教育系统的学术支持和设备支持，这一关系在一定程度上限制了开放远程学习系统的范围和质量。最突出的一点是开放远程学习系统的项目是由传统教育机构的核心价值决定的。尽管在创建学生支持中心的时候已经给予了足够的关注，实践表明学习支持中心的人员没有任何责任认定，而且大多数情况下学习支持中心对远程学习者都没有额外价值(Garg et al.，2013)。结果就是，支持服务的质量不尽人意。

对于传统设备的过度依赖阻碍了创新。例如，设计 BSc 项目(前面提到过)，英迪拉·甘地国立开放大学引进了一些新的实验室实验。最初几年，学习支持中心拥有必要的设备，同时他们希望可以不使用传统大学的资金就能购置自己相应课程所需的设备。然而一旦首批设备出了问题，这些仪器既没有维修也没有被替换，从而导致那些实验不能继续进行。学习者被迫使用传统实验室中任何可用的仪器继续完成实验。

3. 支持农村偏远地区学习者

开放大学在为他们的非传统项目确认学习中心和顾问方面也面临着严重的问题。

阿加瓦尔等人(Agarwal & Ghosh 2014)进一步指出在他们在接触农村偏远学生的过程中发现，开放大学在那些地方创建学习支持中心，但是却期望他们拥有城市化的设备，例如配置有初始软件的电脑实验室，科学实验室，素质良好的老师等。显然这些无法获取的设备主要承担了弥补这些区域高等教育机构缺乏的责任。这是一个自相矛盾的情况。导致这一情况的原因是，大学对所有地区或者中心的所有项目都采取了统一的标准。阿加瓦尔等人(Agarwal & Ghosh，2014)认为这一策略使用不当，急需一套解决方案。他们认为这一限制是导致学生区域和性别分布不均的部分原因，包括地域差异，女性(30%)、农村人口(25%)以及拥有特殊需求的人群(1%)参与的不平衡。"少数民族女性"的参与度特别低。他们提倡利用直播电视卫星技术创建移动学习支持中心，同时定期开展老师与学生的面对面会议，可以在一定程度上帮助克服住在偏远农村地区以及教育资源缺乏地区的人们所受的限制。

4. 考试过程的完整性

对学习过程中表现的评价和对它的认证是非常敏感的问题，其真实性对大学老师更是至关重要。不公平手段，丑闻和虚假的评价都能摧毁一个机构及其学生的未来。因此，每一个开放远程学习机构的首要任务，尤其是对于开放大学来说，就是确保评价过程中，每一项工作的负责人都是合格人选。从出题到考试到打分再到发布成绩，然而，开放大学总是由于其学生人数巨大而受到限制，导致其必须依赖传统机构的教室和员工来监督考试的开展过程以及对作业的评价。为了防止不公平手段，形成安全完善的系统，建立一个机构外部的考试中介是一个明智之举。如果一个远程开放学习机构由于某些原因自己承担这项工作，它就不得不雇用大量的考务人员，如果它不能确保一个统一的评价机制，那就会对这个系统产生严重的阻碍。

5. 负面宣传

系统本身的失误给它带来负面影响和法律制裁。大学是学习组织，为了遵循这个理念，印度开放大学首先创设了研究型学位（MPhil/PhD）项目。1999 年英迪拉·甘地国立开放大学首次采用这种模式将学校外部的、经验丰富的学者和研究人员与本校的教学人员结合起来一起参与 PhD 项目，这样研究人员可以在不离开他们工作岗位的情况下跟进项目。这个计划同样也被州立开放大学采用。实践表明这个计划没有被很好地执行并且迅速退化，最后被广泛滥用。有些地方在没有指定全职教师的情况下也能授予学位。开放大学的教学人员几乎没有学术贡献，也没有得到任何成长。为了杜绝这种现象，大学拨款委员会发布了一个公报，撤销对开放大学学位的承认（UGC，2009）。最近，加尔各答高等法院针对开放大学授予的学位做出的一项决议，这进一步强化了这项决定，开放大学的处境堪忧。这对开放教育系统的可信性来说是一个严峻的挑战。

6. 平衡财政和创新

扩张已经成为高等教育发展的一个典型特征，尤其在发展中国家。

每一个国家都希望能让所有民众接受教育，同时吸引年轻人接受教育，实现包容性发展。社会福利国家的概念导致人们认为国家应该用最少的经费向民众提供高等教育。在开放教育的情境下，普遍的理解是它可以花费很少的经费向大量的人提供接受高质量的高等教育的机会。然而，（增长的）规模、（高）质量和（低）成本这三项构成丹尼尔铁三角模型的三个矢量从开放远程学习出现的早期就将其"圈禁"起来。远程教育专业专家认为铁三角模型会被发展的高等教育网络和电子课件通过电子知识库打破。然而，支持学习的技术是资本密集型的，技术所带来的收益也只被极少数人获得。技术是中性的，需要人类有智慧地使用才能获得收益，它可以帮助我们在规模、成本和质量这三者之间找到平衡点。

总之，这些挑战更加凸显了质量保证系统的重要性，它能够确保学生接受的是最好的教育，也是最有效的实现他们目标的途径，同时确保机构提供的教育质量符合民众的期望。与此同时，我们需要采取策略让公众了解开放远程学习的学生和系统所取得的成功，要实现这一目标，系统必须首先解决其内部质量问题，并且与传统系统明晰各自对远程学习者所需要承担的期望和责任。

七、结　论

各种项目的录取人数呈指数增长，可以说英迪拉·甘地国立开放大学在为全国各类学习者提供高等教育机会的方面取得了巨大的成果。但是，高退学率和低成功率对学生、项目开发者和大学来说都有着重要的影响。尽管课程资料的质量很高，实用性很强，与国内顶尖课程资料处于同一水平，但所有业内人士都强调现在需要做的是从多角度和提高学生的活动参与度方面改善这些材料的呈现形式。学习资源需要对学习者更友好，更加具有参与性，更加有深度，并且可以很好地适应其他技术辅助。对于学习、学习者、专业知识和技术促进的持续研究是设计任何信息和知识学习的先决条件。

尽管已取得巨大成功，印度开放远程学习系统面临着学术水平、产品的可接受程度、学位的认可和质量等方面的严峻挑战。人力资源发展的政策缺失也导致了质量的缺失（Prasad，2014）。近期可以预想到的调整包括：政策和管理、学习者支持、技术设计、管理和认证、研究和开发以及网络与合作。

参考文献

[1]Agrawal，S. R. and Ghosh，C. K. (2014)，"Inculcation of Values for Best Practices in Student Support Services in Open and Distance Learning—The IGNOU Experience"，*Journal of Human Values*，20(1)，95—111.

[2]Ahmed，F. And Garg，S. (2015)，*Higher Education in Knowledge Society：Innovation，Excellence and Values* (in press)，Viva：New Delhi.

[3]Basu，S. (2011)，Thinking Openness，*University News*，49(30)，21—24.

[4]DEC (2009)，*Recognition of Open and Distance Learning (ODL) Institutions*，New Delhi：DEC，Revised Publication，2nd Edition.

[5]DEC (2009a)，*Handbook of Assessment and Accreditation of ODL Institutions*，Unpublished document (quoted in Srivastava，M.，2012) New Delhi：DEC.

[6]DEC (2010)，Unpublished document (quoted in Srivastava，M.，2012) New Delhi：DEC.

[7]Fozdar，B. I.，Kumar，L. K. and Kannan，S. (2006) A survey of study on the reasons responsible for student dropout from the Bachelor of Science programme at Indira Gandhi National Open University，*International Review of Research in Open and Distance Learning*，7.

[8]Garg，S. (2011) 'Scholarship，Sustainability and Ethics in Open Learning：Some Reflections'，*Indian Journal of Open Learning*，20(3)，179—190.

[9]Garg，S.，Vijayshri and Panda，S. K. (1992)，A preliminary study of student workload for IGNOU physics electives，*Indian Journal of Open Learning*，1，19—25.

[10]Garg，S.，Ghosh，C. K. and Khare，P. (2013)，"On Adding Value to Learning Experiences through Support Services：A Case Study of IGNOU"，*Asian Journal of Distance Education*，http：//www. asianjde. org/2013v11. 1. Garg. pdf.

[11]Garg，S.，Venkaiah，V.，Puranik，P.，and Panda，S. (2006)，*Four Decades of Distance Education in India：Reflection on Policy and Practice*，Viva Books：New Delhi.

[12]GOI (2011)，*"Report of the N. R. Madhava Menon Committee to Suggest Measures to Regulate the Standards of Education Being Imparted through Distance Mode"*，New Delhi：Ministry of Human Resource Development.

[13]Khan, N. (2005), "Attendance in Personal Contact Programmes and Examination Performance of Distance Learners", *Indian Journal of Open Learning*, 14(2), 159—164.

[14]Khare, P. (2014) *Personal Communication*. Indira Gandhi National Open University.

[15]Khare, P., Saxena, A. And Garg, S. (2004), "Performance Analysis of IGNOU Science Students in Theory Courses through Data Mining", *Indian Journal of Open Learning*, 13, 29—49.

[16]LokSabha Debates (1985), *Indira Gandhi National Open University Bill*, New Delhi: Central Secretariat Library Documentation Centre, 26th August.

[17]MHRD (2013), *Rashtriya Uchchatar Shiksha Abhiyan* Report, New Delhi, Government of India.

[18]Mishra, A. (2008), *Evaluation of undergraduate physics programme of IGNOU and implications for learners*, PhD Thesis (Unpublished), IGNOU, New Delhi.

[19]Mishra, A., Vijayshri and Garg, S. (2009), "Evaluation of Undergraduate Physics Programme of Indira Gandhi National Open University-A Case Study", *International Review of Research in Open and Distance Learning*, 10(6), 106—123.

[20]Mishra, A., Vijayshri and Garg, S. (2010), "Undergraduate Physics Programme of IGNOU: Evaluation of Student Support Services", *Indian Journal Open Learning*, 19(3), pp. 159—181.

[21]Panda, S. and Garg, S. (2003), "Revisiting Distance Learning Course Development: Workshop Method for Development of Science Lab Courses", *Staff and Educational Development International*, 7, pp. 153—163.

[22]Panda, S. and Garg, S. (2006), "Models of Course Design and Development" (in Garg, S. et al., *Four Decades of Distance Education in India: Reflection on Policy and Practice*), Viva Books: New Delhi, pp. 107—126.

[23]Panda, S., Venkaiah, V., Garg, S. and Puranik, C. (2006), "Tracing the Historical Developments in Open and Distance Education" (in Garg, S. Et al., *Four Decades of Distance Education in India: Reflection on Policy and Practice*), Viva Books: New Delhi, p. 14.

[24]Prasad, V. S. (2014),"Towards Synergy of Quality Assurance in Higher Education", Public Lecture, Krishna University: Machilipatnam.

[25]Sangai, S. and Garg, S. (2009), "Evaluation of Bachelor of Education Programme

of IGNOU: An Appraisal by the Beneficiaries", *Indian Journal of Open Learning*, 18（3），149—265.

[26]Srivastava, M.（2012），*Open Universities: India's Answer to Challenges in Higher Education*, New Delhi: Vikas, p. 27.

[27]Srivastava, M.（2015），Restructuring of Indian Open Universities: Need of the Hour!, *University News*, 53（2），pp. 13—22.

[28]UGC（2009），"UGC（Minimum Standards and Procedures for Award of MPhil/PhD Degree），Regulations-2009", Gazette Of India, Part-III, Section 4, 1st June, 2009.

[29]Venkaiah, V. and Salawu, I. O.（2009），"Student Attrition in Dr. B. R. Ambedkar Open University", *Indian Journal Open Learning*, 18（3），139—148.

[30]Vijayshri, Garg, S. , & Panda, S.（1998）. Teaching science at the Indira Gandhi National Open University（in *Science and technology through open and distance education* by S. Garg, S. Panda, & Vijayshri（Eds. ），pp. 109 — 172. New Delhi: Aravali Books International.

附录

英迪拉·甘地开放大学的质量保证政策

序

质量是知识社会的一个界定元素，意味着向卓越不断迈进。然而，如何看待质量却与角度和环境相关。因此，质量不是绝对的。英迪拉·甘地开放大学立志在开放远程学习领域成为世界领先机构。它将通过在教学、研究和社区服务上的出色表现来不断提高自身水平。因此，大学应该为学习者入学、评估和评价、研究生学习和研究、员工发展和绩效奖励，以及社区服务拟定条目清晰的政策和具体的实施方案。该方案应在既有规定下，由设计合理的工具辅助实施。

从一个机构的角度来看，质量保证政策属于战略方案，并在机构的愿景、使命和核心价值上有所反映。然而质量保证政策必须与当下主流的国际趋势和实践、国家需求、优先性以及社会期望保持一致。此外，政策必须仔细考虑现有实践，评估资源（人力、财力和基础设施）的可用性，还要帮助机构为内部审计，以及评估和认证做准备。英迪拉·甘开放大学质量保证政策的目的在于将教育送到家门口，在教与学上追求卓越，并通过合作创造高质量的学习资源和基础设施，来研究和支持开放远程学习系统。大学必须培养出可信又具有竞争力的毕业生，才能因为他们出色的分析能力、毅力和心脑素质获得国际认可。

目标

英迪拉·甘地开放大学质量保证政策旨在加速其追求卓越，通过提供框架建立有效、务实的规则和程序系统。

• 建立和培养质量保证文化。

• 鼓励创造一个实用的质量保证和管理系统。

• 激励各水平的学习者努力实现人生目标，取得卓越表现，发挥自我潜能。

• 激励员工推进质量保证程序的开展，并获得专业发展。

• 在员工、院系和服务部门协调和监控质量保证行为。

• 协调和保持通过开放远程学习系统提供的教育的标准。

• 根据国家认证逐步形成可接受的机构质量保证职责指南。

质量保证方法

质量保证旨在识别和解决影响学习者表现、妨碍机构法案中所列目标实现的差距。它包括指导学校教师/学院/中心/部门/处/科的政策、程序和机制，以确保质量规格和标准得到保持和提升。因此，质量保证是一种工具，用来对现行实践进行持续规划、反思、评估和修正，目的是加强各类学术和学习者支持服务。

• 对大学提供的不同层次的项目的增加、修订、整改和终止的程序做持续的审核。

• 在将大学向社区推广时，持续评估政策、程序和机制的可用性、效率、适用性和有效性。

• 持续审核学习者注册、监督、考试、评估、结果的及时发布、学习者成绩和成功率分析等程序。增强质量的主流机制是由教职工个人和集体来评估离既定目标还有多远。所有项目的相关机制都会被进一步加强，并严格执行。

• 传授根植于民族精神和文化的教育，来培养有责任心、效率高、有能力的毕业生。

· 教师、学者和其他工作人员将会接受培训，通过持续的职业发展规划，习得所有必要的教学技巧，提高自身能力和对学习者的敏感度。

· 在决定学术工作量和描绘预期时，每位教职工将给出最好的、明确的参考意见。

· 正如大学在绩效考核政策中所设想的，自我评估和同行审查将作为质量保证的主要机制得到加强。（于此，先决条件是要意识到绩效考核政策在发展中起的作用，以使每个员工主动重视目标/结果导向的方法。）

· 在适当的时候，大学要开发机制，建立内部学术部门和出版年度报告。

· 大学计划从全国范围内吸引、雇用和培养人才。为了实现这一目标，大学实施积极的职业发展政策。

· 我们所生活的时代里，知识倍增周期为五年到十年。因此，为了保证教学和学习质量，为了不断提升教学与学习水平，我们将基于学习者的反馈，每五年修订一次本科生和研究生课程和学习材料，去适应知识的更新变化。

· 教学和研究互相强化。大学将适时增加研究生和博士项目。此外，强调促进个人研究，这样一来，教师同时也是研究者。

· 在教育传播上应用技术已经悄然在教育方式上引起了一次范式转移，即课程可以用来交易。大学将会努力建造技术基础设施，增强与国内外基金会及其他大学的合作。

质量保证管理

学习型组织开展机构功能和服务的自评至少每五年进行一次，由它的学术和服务部门面向不同的利益相关者，根据战略目标，基于可接受的相关标准进行。如有必要的话，这个过程会有一个行动计划，来解决评估中发现的薄弱点。

· 为了平稳运作，财务往来要透明。根据《大学法》规定，外部审计结束后，大学要向人力资源开发部汇报财务和人力资源（教师，职工和学习者）相关信息。

· 大学应遵循《招聘章程》上规定的程序，从可用的资源库中招聘最有能力的人。

· 各类管理/治理机构和咨询机构都要遵守与学术/服务机构同样的质量保证原则。

· 机构质量保证系统的管理责任属于(学术)副校长。

· 质量保证政策的规定适用于大学所有业务部门的所有业务。

· 为了跟上多变的趋势和实践,该政策至少每五年修订一次。

【评述】

英迪拉·甘地开放大学是世界上第二大远程教育机构,也是印度远程教育的中枢。截至 2014 年 3 月,其专业从最初的 2 个发展为 228 个,其学历从单一层次发展为本科、硕士和博士研究生的完整结构,累计招生人数达到 300 多万人。遵循以学习者为中心的理念,制定严格的质量保证制度,提供符合国家经济和就业需求的项目,培养服务国家、地区和全球市场的人力资本,英迪拉·甘地开放大学获得了国家层面的好评,甚至全球的认可。

作为一个运行在民族信仰多样,贫富差距悬殊,社会、政治和经济环境复杂国家的规模巨大的国立开放大学,英迪拉·甘地开放大学肩负着双重使命。首先,作为大学,英迪拉·甘地开放大学要确保自身质量,满足不同社会需求,并为同类大学所接受;其次,作为开放和远程教育的监管机构,需要确立质量标准和制度,通过评估、认证、建议等方式提升和协调开放和远程学习系统。

从文中提供的科学项目案例可以看到,英迪拉·甘地开放大学质量保证机制主要覆盖项目设计、开发、发送和评价。英迪拉·甘地开放大学的每个项目在进入课程设计之前要经过多层、严格的审查,直至获得大学学术委员会的批准。在项目和课程的结构设计、开发过程中发挥重要作用的是由来自全国的知名专家、教授所组成的专家委员会。课程由课程团队共同开发完成,对编写者会先进行远程学习材料的编写原则和策略的培训。提供支持保障的地区中心和学习中心依托全国各地知名高校建立。英迪拉·甘地开放大学重视项目的评估和学习者的反馈,这些评估和反馈使得学校的课程结构、学习任务安排、学习要求、考核方式等越来越符合社会的发展和学生的需求。

英迪拉·甘地开放大学更重要的贡献在于它对整个印度远程和开放教育的影响。自1985年在英迪拉·甘地开放大学内部建立远程教育委员会，承担远程教育系统的监控、管理和资助职能开始，英迪拉·甘地开放大学一度扮演着"国标"角色：它的评估和认证方案引领着印度所有开放和远程学习机构的方向，其学习材料曾经是其他开放大学的"标准材料"，一些传统大学竞相与它合作。这段独特的历史，使得英迪拉·甘地开放大学在学习材料开发、学生支持系统构建等方面的优秀经验快速普及、推广，提升了印度整体的远程教育质量。

2013年，英迪拉·甘地开放大学提出解散远程教育委员会。远程教育委员会近30年的存在是没有意义的吗？绝对不是。对远程教育系统进行指导、评估、认证是远程教育健康发展的必须。当前印度正在考虑以独立法定机构的形式重建远程教育委员会。独立的评估认证机构也是中国实践努力的方向，网校审批权的取消和下放使更多机构有机会成为网络教育的服务提供者，迫切需要有相应的制度和标准来进行协调和指引。然而，从印度的实践也可以看到，要建立一个为大众所信任和接受的国家层面的质量管理机构是非常困难的，因为涉及从中央到地方，从政府到机构，方方面面。反观英迪拉·甘地开放大学曾经成功协调过多方利益，形成过统一的框架和程序，其经验和教训非常值得借鉴。

远程教育在各国所面临的挑战大抵相似，英迪拉·甘地开放大学带给我们最有启发的一条经验是：远程教育机构要减少自身的失误，避免舆论和法律所带来的负面影响。这一点，对于当下的中国实践尤其有意义。在国内学历补偿教育快发挥到极致的时候，很多呼声希望开放在线的硕士、甚至博士教育，我们的政策、制度、标准、机构、教师和学生是否真的做好了准备？印度开放大学的前车之鉴值得我们深思。

英国开放大学内部质量保证体系

Diana Stammers

谢 洵 译

英国开放大学的前身是开放与远程学习大学。自 1969 年成立以来，其学习材料的质量及辅导教师的奉献精神为其赢得了令人羡慕的声誉，其高含金量的学位及毕业生质量也为其在国际上赢得了广泛的认可。例如，在 2013 年英国全国学生调查中，开放大学获得了 92% 的学生满意度。其成功的原因，很大程度在于开放大学一直以来对质量保证过程的密切关注。多年来，开放大学的质量保证过程被各种出版物记载。本章将描述开放大学目前的内部质量审查系统和过程。

一、开放大学

开放大学面向所有学生开放，大部分本科专业对入学学生的学历不作要求。它通过"有支持的开放学习"实行完全的远程教学。开放大学一直强调对话的重要性，并希望可以 "提供有助于学习者获取信息、建构知识的学习方法，而不仅仅是发送使学生感到孤独的课程讲义"（Weinbren，2015）。大多数学生都是兼职或全职工作，还需要承担家庭或其他责任。他们可以在自己家学习或者使用当地的学习中心。通过回顾开放大学的历史，丹尼尔·温布莱认为开放大学的价值建立在这些方法的基础上（2015）：

> 开放大学的教学方法一开始是内外部持续争论的焦点。开放大学对教职工进行了培训与评估，将学生作为研究对象来研究教学方法的有效性。在 20 世纪 90 年代，开放大学完成了从基于"知识管理"的教学向"有指导和帮助"的教学转变。越来越多的教育工作者开始关注并了解学生的兴趣爱好，并基于这些信息整合相关的学习活动。

随着在线技术的出现，开放大学尝试采用协作的方式来进行学习和知识创造。最初关注的重点是学生与辅导教师之间的对话及建设性反馈，但随着在线技术的发展，小组互动成为了可能，这种方式鼓励学生们互相帮助、合作学习，辅导教师负责监督和支持讨论。不过，学生与帮助他们学习和评估作业的人员之间的定期互动仍然具有重要核心价值。

学校为每个学生分配一位当地的兼职辅导教师，为学生提供常规的学习支持、特定的辅导活动（面对面或在线），给学生评分，并对已完成的作业进行反馈。辅导教师能够在他们的工作中获得支持，高级职员会通过监控系统对辅导教师的教学和评分过程提出建议，并为他们提供专业发展机会。课程团队负责制定每门课程的教学和评估策略，为辅导教师提供详细的评分指南，有时会提供标准答案（Weinbren，2015）。

二、英国高等教育质量保证总署

和其他英国的大学一样，开放大学也需要服从英国高等教育质量保证总署的要求。质量保证总署负责对开放大学进行定期的外部评估，评估其制定和维护学术标准的机制、保证和增强学生学习机会质量的机制，审查大学内部对项目、教学及支持服务的质量和标准的评估过程。

从一开始，开放大学"就已经制定出健全的内部质量保证过程，并对外部质量保证总署负责。"（Mills，2006）。在 2005 年的机构审核中，质量保证总署评论了开放大学在以下几个方面的优秀实践：开放大学对学术标准安全性的监控方式；系统全面地收集和利用学生反馈；任命、监督和支持兼职辅导教师；为学生提供学术指导和支持时的积极态度（Mills，2006）。

由于需要在质量保证总署制定的框架内运作，开放大学根据英国高等教育质量准则规划了自身的质量保证过程，以确保能够达到英国政府的所有要求，并为提升质量提供内部基准——这项任务由大学质量保证与提升委员会负责。委员会需要向大学的内部管理机构述职，确保大学建立和实施了恰当的质量保证安排，鼓励质量改进，并确保所有过程都安排到位以回应质量保证总署的评估要求。

目前，公众对远程教育普遍报以怀疑态度。因此，为了迅速获得公信力和学术信誉，开放大学开发了一套用以监督和强化核心教学和学习过程的系统，包括：①课程学习材料，包括学习材料的准备、评估、作业评分或建设性反馈和考试过程；②辅导，涉及辅导教师的选拔、培训和监控，以确保质量与教学评估水平一致、学习支持服务和学生反馈程序一致；③管理和操作流程，涉及流程相关标准与政策的制定，例如回复学生的咨询、处理作业、及时提供材料，以及教师、辅导教师、支持人员和行政管理人员在确保持续关注质量文化过程中应该扮演的角色。

就像密尔斯(Mills，2006)写的那样，"很显然，质量保证不能强加于人'它必须由相关人员自愿参与；反过来，相关工作人员必须认清质量保证过程与自己反思性实践之间的关系"。1997年，开放大学任命了一位副校长专门负责质量保证工作，即"开发内部质量保证系统，以作为外部评估过程的补充"(Brennan，J.；Holloway，J.，& Shah，T.，1997)。自此，学校一直都有一位专门负责质量保证的副校长。拥有一套健全的系统至关重要，但更重要的是学校教职工对机构使命的支持，一切为学生着想，通过改进工作流程，确保学位标准、学习支持活动及毕业生的质量。

三、质量保证过程

内部质量保证包括以下过程。

(1)监督学生的招募、保持、表现和进步。

(2)监控学生对资格认证、模块(开放大学所说的"模块"是指课程，"项目"是指组成学位资格的课程集)及服务的满意度。

(3)要求外部评估者对开发中的课程进行审查，外部检查者基于在用课程对学生的表现进行评审。

(4)接受来自校外顾问的反馈，校外顾问负责对资格认证过程进行审查，以确保成功取证的学生达到了预期的学习结果、课程符合国家的标准；校外顾问也负责对毕业生就业准备的质量进行评估，尤其是职业培训。

(5)接收课程团队成员和教职工的意见。

(6)监督辅导教师作业批改的评分和评语。

以上过程说明，质量保证和提升过程是由三部分组成的系统。它关注项目质量以及外部对项目毕业生质量的感知、课程材料的质量、教学和学生支持服务的质量。

教师和专家在每个阶段的反馈有助于确保学习材料为寻求认证的学生提供相关的技能和知识。反馈还包括同行间的评估，以保证教师教学策略与学生反馈类型和频率的相关性。对该系统的反馈分为三个层次：项目与资格认证层次、课程层次以及学生服务层次。

四、项目与资格认证层次

本层次的重点是资格认证的质量，由项目委员会负责。他们的职责包括：关注由外部组织和专业机构决定的资格认证的变化；其他大学相应项目的结构及招生人数；以及可能会对资格认证产生影响的政府政策变化。为了有效监管学生质量，他们主要获取以下三类信息：

首先，他们获取各类项目数据，包括每门课程的注册人数，近期获得资格认证的毕业生人数，每门课程的评分、评级情况，以及学位授予类型。

其次，他们获取校外顾问对项目资格认证的年度反馈。校外专家负责评价资格认证的课程结构及其他相关配置的合理性；每门课程的目标及对资格认证的贡献；与其他机构授予的类似学位相比，开放大学所授学位的有效性；以及获得不同类别学位资格认证的学生的情况。

最后，每门课程都有一个设计团队，由创建该门课程的教师及专业支持人员组成。考试评估委员会负责设置课程的考试和评分方案。设计团队和考试评估委员会成员共同评估相关数据：对比前一年的数据，回顾外部评审专家的意见，分析当年学生的进步情况及通过率；分析前一年的评审结果以及评审有效性；审查辅导和评估策略的有效性，描述并分享优秀的教学和学习策略；根据学生数据和外部评估者的评价，确定课程的调整方案。

(一)年度项目报告

项目委员会每年都会就上文提及的所有事宜向校委员会及大学资格审查委员会提交年度报告，包括：评估现行课程的实用性，与该领域的外部标准的契合度以及针对课程变更的短期或长期建议。报告还包括学生体验的质量与质量提升计划。项目委员会还要在资格认证方面时刻与质量保证总署的要求保持一致，必要时提出一些变更建议。

(二)项目审查周期

除了这些年度项目审查活动外，学校也实施六年一周期的项目审查。虽然项目审查只是内部进行，但学校会指定至少一个外部团队成员参与。评审包含项目员工的自评，主要关注学生满意度、学生表现和项目成果数据。这项定期审查采用了全面视角，即：不仅评估学生对支持服务及信息的体验，还评估课程和教学本身。这帮助学校形成了独立、批判性的课程审查文化。

五、课程层次

学生进步和资格认证年度审查报告由课程设计团队和考试评估委员会(上文已提到)共同完成。该报告是课程变更的基础，用以保持课程的实用性和有效性。此外，在课程的整个生命周期中，还有两次阶段性审查。

第一次审查发生在课程首次提供后。此次审查涉及对课程实际运行的评估，以确定是否按原计划继续进行。该过程包括审查课程达成学习结果和学生保持的有效性。同时还会进行商业审查，即检查最初的市场假设及成本预算是否准确。审查结果将会反馈给项目委员会及负责该课程的教务长，后者可能会根据审查结果提出一些课程变更建议。

第二次审查是"生命周期审查"，通常是在课程首次审查后的第四年，此次审查将决定是结束、修订还是拓展这一课程的生命周期。同样，审查会采用质量审查与商业审查相结合的方式，并将课程未来可能的发展情况分析反馈给项目委员会和教务长。审查团队会基于先前搜集的证据来评估课程学术实用性、达成学习结果(包括工作量)的有效性，结合市场考虑学习者的保持和表现，以及课程对学校资格认证的贡献。审查结果将会在课程变更的各类提案中发挥作用，包括对学习材料或课程生命周期的变更。对于生命周期得到拓展的课程，至少每4到5年还会做生命周期审查。

在上述的两次预定的审查时间节点之间，如果某门课程表现尤为出色，或者低于学生保持、学习成果、和/或满意度阈值，将接受"异常审查"，作为年度监测的补充。

评价课程质量的一个方面就是评价作业评分质量。评分监控在开放大学的质量保证过程中是不可或缺的一步。这个过程有四个目的：首先，重点确保不同的辅导教师评分具有一致性且服从考试委员会制定的评分标准。确保每位辅导教师与学生的教学互动都能够保质、保量，并且证明辅导教师充分了解课程的学习结果、课程内容和学生需求。这些活动结果为大学的员工发展提供了相关信息，为考试委员会提供了学生和辅导教师如何理解和解读作业的数据信息。该监控过程基于单个辅导教师对每份作业的个人评分模式数据，以及该辅导教师与其他辅导教师评分模式的对比数据。这些数据能够体现出哪些辅导教师评分更严格，哪些较为宽松。同时，审查人员也能看到评过分的作业是否及时改进。

六、学生服务层次

除了课程和项目审查，开放大学还负责对非学术学生支持服务开展定期的内部审查。这些审查通常涉及学生体验的质量以及学生信息是否包含在课程和项目的审查过程中。这个层次的审查可能会涉及：课程咨询、辅导支持、计算支持，及时准确的信息及课程材料服务。

七、调查和其他数据

以下数据资源被用于质量保证和提升审查中。开放大学制定了一系列与数据使用道德相关的政策来指导这些信息的合理使用。

结课调查：信息来源之一是年度辅导教师和学生结课调查。这些调查提供了关于教学、学习与学生服务满意度的信息和反馈。开放大学的大量学生基数可以为绩效指标提供发展趋势数据，确定可以提升和继续拓展的领域。专门搜集的课程层次的信息，可以帮助教师确定课程中哪些地方做得好，哪些地方比较弱。这项研究由教育技术研究所的一个团队完成。这些数据是质量保证和提升的重要依据，与其他的内部调查（如资格认证新起点的调查）与外部调查（如全国学生调查）结合使用。

学生关系管理：另外一个数据来源是电子客户关系管理系统（CRM），

该系统记录了开放大学的咨询者、学生和辅导教师之间的每一次互动，包括所问的问题、提供的信息和建议等。对这些数据进行分析可以发现一些常见的问题或瓶颈。回复的速度与准确性、遇到的困难是指导性表格的基础，可以帮助员工优化与学生的交互。分析领域的最新发展，使开放大学能够"实时"监控学生的学习，包括参与开放大学的虚拟教学环境及其他学习活动，以便为学生提供灵活迅速、针对性强的学习支持，并帮助大学反思其课程的改进。

投诉和申诉：该部门负责对正式投诉和申诉的案例提供建议、进行监控和报告。收集整理历年投诉的数量和原因，可以成为提供学生体验质量的另一个信息来源。

总之，所有这些来源的信息以及学生保持、进步和资格获取信息，都被用于确定和监测学生服务活动质量对大学整体达标情况的贡献。数据收集与监测费用昂贵但必不可少，因为它们能够向公众和拨款机构证明：大学认识到自己对学生的职责并重视学生的福利。

八、面临的挑战

多年来，开放大学已经针对学生资格认证、项目、课程和学生服务建立了一整套的质量审查和提升系统。系统持续接受审查以响应内部建议和外部质量保证机构要求的变化。这些政策和程序对确保开放大学的课程与项目质量大有帮助，但最终系统依赖的还是开放大学的员工间、员工与学生及咨询者之间的个性化交互。从一开始，开放大学就强调为学生服务是其检验标准，开放大学也正是因为一直坚持质量文化而得到了广泛的认可。

参考文献

[1]Brennan，J.，Holloway，J.，& Shah，T. Open University（undated）. The United Kingdom.

[2]OECD/IMHE. http：//www. oecd. org/education/skills-beyond-school/1871706. pdf，R.（2006）. *Quality Assurance in Distance Education-Towards a Culture of Quality：A Case Study of the Open University*，United Kingdom（OUUK）. In B. Koul & A Kamwar（Eds.），Towards a Culture of Quality，（pp. 135—148）. Vancouver：

Commonwealth of Learning.

[3] The Quality Office. Quality and Standards at the The Open University. Fact Sheet Series. Milton Keynes，UK：The Open University. http：//intranet. open. ac. uk/ strategy-unit/offices/quality/index. shtml.

[4] Weinbren，D. (2015). *The Open University A History*. Manchester，UK & The Open University，Milton Keynes，UK：Manchester University Press.

【评述】

英国开放大学是国际上认可度非常高的远程教育机构之一。开放大学的理念、结构和运营模式对世界上很多远程教育机构的建立和发展产生了深远的影响。开放大学拥有近 20 万学生，是英国最大的大学，同时也是英国学生满意度最高的大学之一。在 2014 年全国的学生满意度调查中，开放大学位居全国前十。

开放大学有一句名言叫"open to all"（面向所有人开放），即大部分的本科课程没有入学要求。事实上，完整的含义是："我们致力于促进机会均等，同时密切监测以确保达到我们的理想。"开放大学想要通过提供高质量的大学教育来促进机会均等和社会公平，其对质量的追求和设计使之成为了远程教育领域的标杆。

早在 20 世纪 90 年代，开放大学就完成了从"知识管理"的教学向"有指导和帮助"的教学转变，强调学生与辅导教师之间的对话和建设性反馈。在线技术发展后，开放大学进一步鼓励学生之间的互助和协作，辅导教师的角色更多转换为监督和支持。

开放大学在英国高等教育质量总署的框架下运作，根据英国高等教育质量准则规划自身的质量保证过程，设有专门的质量保证与提升委员会负责协调内部，响应外部的质量要求。为了提升公信力和学术信誉，开放大学监督和强化核心教学过程的着力点有三个：课程学习材料的准备、应用、评估和反馈；辅导教师的选拔、培训和监控；以及管理、操作的政策、标准和流程的制定与实施。

从整体上看，开放大学的质量保证过程分为三个层次：项目与资格层次、课程层次以及学生服务层次。在项目、资格层次，开放大学设有项目委员会通过获取各类项目数据、校外顾问的年度反馈，以及课程及课程学习的评估数据来进行质量监管。在课程层次，通过"首次供应审查"和"生命周期审查"两次阶段性审查来监控课程的教学表现和商业表现，从而确保课程的实用性和有效性。在学生服务层次，通过定期的内部审查来保障非学术支持服务的质量。

开放大学的一个突出特点是"用数据说话"。它在数据资源的搜集和监测方面做了很多设计，比如各类项目数据（注册人数、毕业生数等）、课程数据（评分、评级数据、学生通过率等）、辅导教师数据（评分模式数据、对比数据等）、学生数据（服务满意度、与教师互动数据、投诉申诉数据）等。这些数据为学校的决策提供了可靠的依据，实现了对学校动向和瓶颈的及时识别，"实时"监控着学生的学习和教师的工作，对确保开放大学的项目和课程质量大有帮助，同时也向公众和拨款机构有力地证明了开放大学在质量上的不懈努力。

开放大学一直是中国远程教育机构学习和效仿的楷模。相比于开放大学，中国的实践有两项比较薄弱的环节。一是辅导教师。虽然中国对辅导教师的研究非常普遍，对辅导教师的重要作用也形成了共识。但真正实践中，辅导教师的选拔、培训、任用、考核和发展等各方面的机制还不完善。另一项是内部质量保证。中国绝大多数的远程教育机构没有设立专门的内部质量保证机构。质量保证本身是专业性工作，建立专门的机构有利于汇聚具有专业知识和经验的人员，促进相关事务的规划、设计和实施，提升质量改进和完善的效率和效力。

中国国家开放大学内部质量保证体系

杨亭亭

一、国家开放大学概况

国家开放大学是教育部直属，以现代信息技术为支撑，学历继续教育与非学历继续教育并举，实施远程开放教育的新型高等大学。国家开放大学前身是中央广播电视大学。广播电视大学是邓小平同志在 1978 年 2 月亲自倡导并批准创办的。1979 年 2 月 6 日，中央广播电视大学与全国 28 所省级电大同时开学(中央广播电视大学，2014)。2012 年 6 月，教育部批复同意在中央广播电视大学基础上建立国家开放大学。将中央广播电视大学、北京、上海、江苏、广东、云南等电大列为"探索开放大学建设模式"试点单位。

国家开放大学现设文法教学部、经济管理教学部、理工教学部、教育教学部、外语教学部、农林医药教学部、艺术教学部、教育研究院、北京实验学院、中等职业学校、社会教育与职业培训部以及八一学院、总参学院、空军学院、西藏学院、残疾人教育学院等，还设有中国电视师范学院、中国燎原广播电视学校、中央广播电视中等专业学校和教育部社区教育研究培训中心。现有教职工 513 人，并先后从清华大学、北京大学、中国人民大学等 100 多所高校和科研院所聘请了 1300 多名教授、专家担任课程主讲教师和教材主编。数以万计的教授、专家参与了国家开放大学的专业建设和课程资源建设工作。

国家开放大学是在广播电视大学基础上组建而成的。办学组织体系跨行业、跨省(市)、跨区域，立体覆盖全国城乡，包括总部(中央电大)、分部(省级电大)、学院和学习中心(地市电大、县电大)，依托各种社会力量，与国内外一流大学、部委行业、知名企业、中心城市，建立支持与合作联盟。同时广播电视大学已经发展成为一个包括中央电大、44 所省级电大、1748 所地市级电大分校(工作站)、1713 所县级电大工作站共同组成了覆盖全国城乡的远程教育系统，成为国家公共教育事业的重要资源，中国高等教育和终身教育体系的重要组成部分（国家开放大学，2014）。

国家开放大学体系内部实行总部、分部两级管理体制，按照"统一战略、共同平台、资源共享、相对独立、错位发展、各具特色"原则运行（国家开放大学，2014）。国家开放大学（总部）和地方省广播电视大学（分部）在国家行政体制上是相互独立的高等教育大学，归属不同层级政府主管。在管理机制上，按照"一统三分"，即统筹规划、分级办学、分级管理、分工合作模式运行。在办学业务上，遵循"五统一"的规范管理，即统一教学计划、统一课程名称、统一教材、统一考试、统一评分标准。全国电大开放教育学生统一发放中央电大或国家开放大学毕业证书。

国家开放大学的学习者以在职从业人员为主体，在校生中在职从业人员比例约为 76.81%（不含自由职业者）（王迎、赵婷婷等，2013）。目前，根据 2013 年数据统计，国家开放大学在籍生总规模 366.73 万，其中，本科生 105.78 万，专科生 260.95 万，包括 18.63 万农民学生、10.04 万部队士官学生和 5035 名残疾人学生（国家开放大学，2014）。累计为社会培养了 1052.87 万本专科毕业生，开展各种类非学历继续教育近亿人次。

国家开放大学秉持"开放、责任、质量、多样化、国际化"办学理念。强调适应国家经济社会发展和人全面发展的需要，重点关注广大基层、农村、边疆和少数民族地区的教育需求，通过集聚、推送优质教育资源，提供灵活多样的教育机会和服务，承担社会责任、促进教育公平。

国家开放大学致力于探索科技与教育的深度融合，推进教育创新，提升办学能力、教育质量和管理水平，促进优质教育资源为社会成员共享和教育公平。国家开放大学将依托高水平 IT 企业，建造远程教育云平台；借助虚拟专网、互联网、教育科研网、移动通信网和卫星网等，实现总部与分部安全、高速互联；研发国家开放大学移动互联学习终端，促进社会成员的泛在学习。搭建强大的远程教育信息化支撑平台，为学习者提供学习支持与服务。

国家开放大学与 38 个国家和地区的 128 所高校和教育机构建立了教

育合作关系，是世界远程开放教育理事会(ICDE)执委会成员单位、亚洲开放大学协会理事单位。与美国密歇根州立大学合作建立全球第一家网络孔子学院，对外汉语教学覆盖100多个国家和地区，在线境外学生近万人。

二、国家开放大学教育类型

(一)学科专业

国家开放大学面向全国开设理学、工学、农学、医学、文学、法学、经济学、管理学、教育学等9大学科101个本科、专科专业。其中开设本科专业26个，专科专业75个。专业开设根据经济发展方式转变和产业结构调整的需要，结合行业、企业和区域经济特点，科学、合理、灵活地设置新专业，建设优质特色学历课程。举办各种形式多样、内容丰富的职业资格证书教育、社区教育、老年人教育、技能培训等，开设休闲娱乐、兴趣爱好等非学历课程。

(二)培养目标

国家开放大学人才培养目标(张曼茵等，2014)：适应全民终身学习型社会建设的要求，以学习者为中心，以社会需求为导向，以完善的办学组织体系为支撑，以学习者职业能力提升和可持续发展为重点，借助现代信息网络技术，构建多样化、多层次、广覆盖的职业性、实用型人才体系。

本科教育人才培养目标：培养具有较强的专业理论基础、实践技能和应用能力并服务于生产、建设、管理第一线的技术型人才。

专科教育人才培养目标：具有必要的专业理论知识、较强的实际操作能力，能够在基层岗位从事生产、经营、管理的技术技能人才。

非学历教育人才培养目标：满足在职人员职业知识和技能更新的需要，提升职业发展能力和终身学习能力，促进全体社会成员个人素养、科学素养、文化素养以及幸福指数的提高。

(三)课程设置与教学内容

国家开放大学作为新型大学，它的教育目标应该服从于国家大众化教育的需要，培养职业性、应用型或技术技能型人才以及高素质的劳动者。对于普遍来自基层生产、服务和管理等一线岗位的学习者，提供的课程内容必须与职业岗位高度相关的，教学内容和组织方式要不断向实践性教学发展和过渡。

(四)课程体系

根据社会经济发展变化带来的职业岗位变化的实际需要，以培养职业适应能力和提高综合职业素质为主线设计、打造课程体系，加大课程体系中实践教学的比例，制定综合实践、课程实践和实践教学标准，制定符合学生能力发展需要的实践教学方案。深化与行业协会、企事业单位等产学相结合的合作办学模式。学历教育、证书教育和岗位培训相互衔接。共建具有行业特色、区域特色的专业，共建实训基地。

(五)培养模式

实行注册入学、弹性学习、宽进严出的学习制度，推进以学习者为中心，基于网络自主学习、远程支持服务与面授相结合的学习模式。每个学习者拥有个人学习空间，享有个性化的远程学习支持服务，学习成果时时测评，形成性与终结性考核相结合，保证教学过程的学习质量。

(六)学分银行

通过具备学分认证、转换、存取等功能的学分银行，为学习者建立个人终身学习档案，对学习者各种学习成果进行认定、换算和兑换，授予相应证书。实现学历与非学历继续教育之间的学分互认与转换，不同类型学习成果之间的沟通与衔接。

三、国家开放大学质量保证

(一)办学宗旨

国家开放大学面向全体社会成员，充分利用现代信息技术而建立，旨在使全体社会成员都能够共享优质教育资源，满足老百姓多样化的学习需求，促进教育公平；适应国家经济、社会发展和人全面发展的需要，促进终身教育体系建设，促进全民学习、终身学习的学习型社会形成(中央广播电视大学，2011)。实现人人皆学、时时能学、处处可学的学习理想。

质量方针。汇集国内外名师名校的优质资源，以人为本的个性化学习支持服务，教学全过程多样化的质量管理，建立终身开放教育学习体系（杨亭亭等，2006）。

质量目标。满足社会需要，为提高全民族素质和改变社会人才结构做出贡献。满足当地经济发展需要，培养人才得到社会的认可和获得较高的满意度。满足学习者需要，提高学习者的综合能力和文化素养，建立终身学习的思想，培养自主学习的能力，促进学习者不断得到发展，并对远程开放学习得到较高的满意度。满足国家开放大学持续发展的需要，在向下延伸高等教育和终身教育，扩大教育规模，提高教育质量同时，保持广播电视大学系统办学效益增长趋势，使远程开放教育稳定发展（杨亭亭等，2006）。

(二)质量环节

国家开放大学内部的教学流程及关键的质量环节有（黄传慧等，2014；王丽娜等，2014）：人才培养专业和课程开设的质量环节、基于网络多样化教学过程的质量环节、学生个性化学习支持服务的质量环节、一体化教学信息管理的质量环节、人才培养质量保证体系运行流程等。

(1)人才培养专业设置、课程开设的质量环节。主要有：专业论证、培养目标、教学内容、课程体系、教学大纲、文字教材、录像教材、网络课程、网络学习平台、作业与考试平台等论证、设计、编写和制作的环节。

质量把关主要依托高校学科的专家、教授，行业企业的专业技术人员，学校媒体设计专家等。对专业设置、教学大纲、文字教材和网络课程等进行论证、修改和审批，以确保课程开设质量的科学性、适应性和合理性。

(2)基于网络多样化教学过程的质量环节。主要有：教师资格标准、聘任评审、教学培训、教学准备、线上和线下的教学、作业评判、网络答疑、考试准备、成绩分析、毕业指导等环节。

质量保证主要依靠总部、分部、学院和学习中心等办学系统的自我约束。下级根据上级的质量要求，教学管理部门、学科学院负责制定本学校的质量标准，并执行本学校质量标准，检查本学校和系统学校质量落实情况，发现质量问题及时纠正或解决问题。

(3)学生个性化学习支持服务的质量环节。主要有：学生报名指导、入学考试摸底、自主选课、教材发行、面授辅导、线上小组活动、网络作业、期末考试、教学实践、毕业答辩、结业和毕业等指导、服务、督促学生学习过程的环节。

以学生个性化学习为中心，教师、班主任、管理人员和技术人员对学生开展全方位、全过程的支持服务，追踪每位学生的学习过程，指导、督促和帮助每位学生的学习进步，真正落实学生参与各种学习过程，在学习过程中求发展。

(4)一体化教学信息管理的质量环节。主要有：学习中心建设、招生布点、电子注册、学籍管理、班主任配置、学生管理、教师团队管理、作业督促、考试管理、网络数据运行、教学督导、教学评估、毕业生质量评估等信息化、数据化、一体化管理的环节。

各级教学系统横向质量管理：涉及学习中心建设和招生工作的质量，因为关系到学校的生死存亡，质量和规模一直是学校发展的双刃剑；学生管理和教职工队伍发展是学校质量提升的核心。各级教学系统纵向质量管理：涉及基于信息技术发展的信息化质量管理，主要是管理系统的操作性、系统数据的流通性以及数据质量的真实、可靠程度。

(5)人才培养质量保证体系运行流程(黄传慧等，2014)。国家开放大学是人才培养质量保证体系运行主体。国家开放大学质量保证体系运行主体由总部、分部、学院、学习中心组成。各级的人才培养质量保证各自形成体系，同时各级人才培养质量保证体系之间又密切关联，合成一体作为国家开放大学人才培养质量保证体系。

①总部、分部、学院、学习中心的质量管理职责。国家开放大学总部设在北京，依托中央广播电视大学组建。从人才培养质量保证体系宏观的运行机制上讲，主要负责质量标准的制定，对质量标准执行的监控，以及对质量标准运行效果的检查评估。

分部则是依托各省级广播电视大学建立。分部作为国家开放大学办学系统的第二层级，在执行人才培养质量标准，推动区域开放教育系统建设，整合地方教育资源，组织远程教学和管理，控制教学质量等方面，起到了承上启下的纽带作用。分部根据总部的相关政策规定，研究、制定分部的具体发展规划和相关政策，制定分部相关质量标准及执行方案；设置、管理所属地方学院及学习中心，对地方学院和学习中心质量标准的执行进行监控并对质量标准运行效果进行评估与反馈。

国家开放大学学院是根据设置标准，在分部所属区域内设立若干直属和相对独立的地方学院。学院主要负责发展规划和政策、组织招生、考试和相关教学管理、质量检查工作。同时，还与学院所在地相关部门、企业等单位合作，充分利用国家开放大学各类学习资源和培训项目，大力开展相关职业教育、社区教育等非学历继续教育工作。

学习中心由分部在所辖区域内设立若干学习中心。学习中心的主要职责是在分部的指导下落实人才培养质量标准的执行计划，即实施教学工作；开展招生、考试和具体的教学管理、教学辅导和学习支持服务工作；组织实施各类培训项目和社区教育等工作。

国家开放大学多级办学、分级管理的办学体系，确保了人才培养质量保证体系运行的统一性（规定性）和局部的独立性（灵活性）。使事关全局的决策和规定，能在各分部得以贯彻执行；各分部在自己的职权范围内，又能对其教学组织形式及专业学科开发等进行自主选择。

②国家开放大学人才培养质量保证体系运行。根据其运行主体的系统结构特点与职责，按照"统一标准，共同目标、同一系统，多级互动、灵活自主，因地制宜、百花齐放，共同繁荣"原则运行。总部主要研究人才培养过程中各个环节的发展规划、方针政策、工作流程及标准的制定。同时，总部引领各个执行环节的监控、评估与反馈，以完善源头的标准制定和政策规划。分部在执行总部制定的各项标准及方针政策方面，起到了承上启下的纽带作用，是人才培养质量保证体系中至关重要的一环。学习中心是总部与分部所制定与细化执行的标准、方针政策等具体落实、体现效果的一环，在整个人才培养质量保证体系运行过程中既是终点，又是反馈与完善的起点。

（三）质量标准框架与标准内涵

根据国家开放大学人才培养目标、学习模式、办学条件和质量要求，研究确立了如下的国家开放大学人才培养质量标准框架（王丽娜等，2014），见图 9。人才培养质量标准一级指标设定为：培养目标、条件保障、招生入学、教学实施、教务管理、学生支持、科研与社会服务、过程监控、效果评价、质量改进。一级指标的主要质量标准内涵如下。

1. 培养目标质量内涵

质量准则。专业开设适应社会经济发展和个人发展的需求。在新专业开出前，有科学的专业需求调研与论证。根据专业调研与论证结果，制定明确可行的专业培养方案。依据学校规划和学生需求进行课程设计。专业培养方案、课程教学实施方案应明确可行，具有较强的可操作性，是教师开展教学工作的依据。

质量范围。专业开设过程，明确课程体系设置、教学计划和实施方案等。课程设计和建设过程，包括课程教学大纲设计、多种媒体一体化教材设计、课程教学设计、学习评价设计等。课程教学大纲应明确课程性质、教学目标、学时与学分、教学内容及基本要求等；多种媒体一体化教材设计应明确不同媒体之间的内容及相互关系，明确课程的学习支持服务及质量保证，提供明确的媒体使用建议等；课程教学设计应明确教学过程的组织、监督与管理，及具体的教学安排建议等；学习评价设计应明确评价的对象、方式、考核点及要求、评价标准等。

2. 条件保障质量内涵

(1)教学基础设施。

质量准则。具备基于Internet的计算机网络操作能力，具备校园局域网及其应用软件，能通过计算机网络接收、发布信息，进行网络教学和管理；有卫星电视接收系统，能接收VBI和IP教学信息并在校园网上共享。

质量范围。教学基础设施主要包括硬件和软件两大部分。硬件包括卫星接收设施、计算机网络、联网计算机、双向视频、视频录制室、多媒体教室、计算机网络教室等；软件主要指与硬件配套的系统软件和教学中必需的应用软件(如电大在线远程教学平台、教务管理系统、开放电子公务系统、网上考试系统等)。其他教学设施(如课桌、消防设备等)按相关规定配置。

(2)教师管理。

质量准则。学校应保证教师(专兼职)、教学管理人员、技术人员和

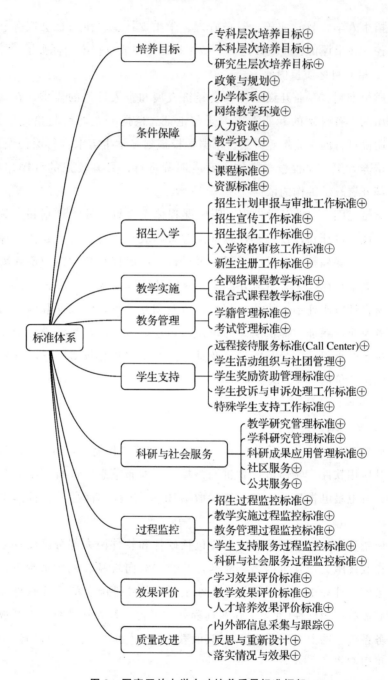

图 9 国家开放大学人才培养质量标准框架

科研人员的结构组成合理。与学校的在校生规模保持适当的比例。根据教学安排,为课程辅导、实践环节教学选聘适合的教师;为教师(含辅导教师、论文指导老师、社会实践教师)提供培训服务,确保聘用教师具有熟练运用教学所需的技能;为教师开展教学科研及教学改革工作提供资源、信息、后勤、技术等方面的支持服务,确保教师正常和顺利地开展教学工作;做好教师资源库的建立、更新与维护工作;开展教师评价工作,增强教师队伍的总体胜任能力。

质量范围。本办法适用于教师聘任、教师培训、教学科研活动、对教师的支持服务、教师考核与评价等教学、科研、管理工作。

3. 招生入学质量内涵

质量准则。规范招生工作,不违反国家开放大学(中央电大)招生管理的规定,并如期完成招生计划;确保招生工作顺利实施,为学生报名、咨询提供完善、精细的服务;提高服务质量,服务水平,让报名的学生满意;学习同行招生工作经验,了解招生市场趋向。

质量范围。适用于招生工作过程的市场调研和招生申报、招生宣传、招生咨询服务、招生报名、入学水平考试、入学资格审核、招生总结等诸多环节的服务与管理。

4. 教学实施质量内涵

质量准则。从专业培养方案、课程教学文件、教学资源、教师等方面为教师教学和学生学习做好准备;保证开课计划、面授辅导和网络教学的安排、调停课等课程教学安排的顺利实施,落实面向学生的入学教育、专业学习指导等环节;通过论坛、QQ、听课与调查问卷等途径了解学生学习困难和效果,为学生提供助学、促学服务,为学生学习(面授到课、形考作业、网上学习、学习小组活动)创造条件、提供保障;教师为学生提供课程辅导,明确规定面授辅导应占的学时比例;全过程指导学生完成专业社会实践和毕业论文。

质量范围。适用于分部、学院、学习中心在专业与课程教学文件准备、课程教学资源准备、入学教育、课程教学安排、助学服务、形成性考核、社会实践、毕业论文等环节的教学管理与学生学习服务工作。

5. 教务管理质量内涵

(1)学籍管理。

质量准则。保障学生课程注册的及时、准确和顺畅；确保学生顺利通过毕业及学位审核，并如期获取证书；为学生提供学籍信息咨询、转学、转专业、修改信息等服务；确保学生学籍档案的完整规范；为前端教学工作提供相关的数据统计分析的服务。

质量范围。适用于对总部、分部、学院、学习中心的新生注册、课程注册、学生基本信息管理、学籍异动、学历认证、图像采集、毕业审核、毕业证书管理、学位审核、学生信息数据统计等工作流程的准确操作和畅通运行。

(2)考试管理。

质量准则。考点组织管理机构健全，各项服务设施完善，考点的保密设施符合有关规定；考试命题规范、试题上报及时、校对准确无误、试题保管符合国家保密等级要求；试卷保管、领取、分发、回收符合要求，保证不发生任何泄密、失密现象；考前准备充分，监考认真负责，考场秩序井然，突发事件处理得当，保证考试工作顺利实施；阅卷工作组织严密，试卷评阅无错判、漏判，成绩统计准确，核分认真；做好各类成绩及时入库，成绩更动准确无误，成绩信息及时反馈教学部门；运用多种形式的考核、测量与评价手段来检查教与学的质量，统计分析成绩数据，并反馈给教学管理部门。

质量范围。适用于总部、分部、学院、学习中心学生各类型考试管理与服务工作。主要有：考点管理、考试命题、考试数据制作、考试报名、考场编排、试卷管理、考场管理、阅卷与成绩登录、教育部网考、学位英语考试、成绩管理等。

6. 学生支持质量内涵

(1)学生服务。

质量准则。学校聘请充足的、有资质的教学管理人员或班主任为学习者提供咨询与辅导。确保咨询辅导人员清楚自己的角色和职责。咨询辅导人员可通过多种方式与学习者进行联系(如电子邮件，电话会议，手机短信，电话，网络论坛或者其他的网络群组)。对学生的咨询和辅导要在最短的时间内进行反馈。学校为开展学生咨询与辅导提供充足的场地和设施设备，为咨询辅导人员和学生提供同步和异步的交流渠道。

质量范围。咨询辅导人员为学生提供教务、教学等答疑、辅导的服务。学校有多种便于学生选择的辅导模式。为开展学生辅导提供充足的设施设备。

(2)学生管理。

质量准则。加强校风、学风建设，培养学生健康的人格和心理；加强学生组织建设及班级管理，注重学生干部的培养；建立学生学习激励机制，注重学生综合素质、实际工作技能的培养；对某类特殊的学生予以必要帮助及人文关怀。

质量范围。适用于学生思想教育、班级建设、学生社团工作、续修生的服务、学生激励、咨询服务、学生资助等工作。

(3)技术支持。

质量准则。规划、管理与维护国家开放大学总部、分部的教学平台，维护教务系统数据库的正常运行，保证学生网上学习环境、教师网上教学环境和各级学校日常信息化办公环境的正常稳定。为国家开放大学所有在籍学生、所有当前学期任课教师、教学管理人员等提供技术咨询、技术服务。

质量范围。提供基于网络的技术培训、技术咨询、网络平台维护以及日常教学办公设备的维护等服务。

7. 科研与社会服务质量内涵

(1)科学研究。

质量准则。国家开放大学总部、分部、学院和学习中心具有清晰明确的科研政策。鼓励教职工开展学科、教学的研究，以及在工作岗位中问题的研究。总部、分部、学院和学习中心提供足够的时间、人力、财力支持产生高质量的、大量的远程教育研究成果。通过科研，总部、分部、学院和学习中心要鼓励员工将科研成果应用于实践，提升总部、分部、学院和学习中心整体人力资源的素质和水平。

质量范围。适用于国家开放大学总部、分部、学院、学习中心的教学、管理、技术和研究等人员。

(2)社会服务。

质量准则。与政府有关部门、行业协会、大型企事业单位、城市社区等合作成立若干培训学院(培训中心),开展线上、线下相结合的非学历教育培训。向公众和社区推广远程非学历教育项目,为本地社区的终身教育发展做出应有贡献。总部、分部、学院和学习中心安排充足的人员从事非学历教育社会服务活动,有清晰的对社会服务活动进行计划、实施和监控的指南。建立面向社会的学习成果认证体系,推动各级各类教育纵向衔接、横向沟通。

质量范围。适用于总部、分部、学院和学习中心开展与其使命相关的各种非学历教育培训、社区活动服务和"学分银行"服务。

8. 过程监控质量内涵

质量准则。规范教学检查流程,每年至少组织一次综合检查,1~2次专项重点检查,内容涉及资源配置、教学安排、面授教学、网上教学、形成性考核、社会实践、毕业论文等教学方面,并形成检查报告。

质量范围。适用于定期对教学过程进行检查督导,开展教学评价、评优活动,对教学工作质量进行控制,对学生满意度进行追踪。

9. 效果评价质量内涵

质量准则。国家开放大学总部、分部有定期的专业评估机制,通过各种有效的评估方法,检验教师的教学和学生的学习成果是否与专业的培养目标一致,保证专业的持续健康发展。总部、分部、学院和学习中心有完善、明确的课程评价机制和流程,保证课程的持续健康发展。总部、分部、学院和学习中心对每届或若干届学习者、毕业生开展追踪调查,以及时了解学习者的学习需求、学习期待及满意度等。

质量范围。适用于专业评估、课程评价、学习者调查、毕业生追踪调查等教育、教学的质量效果评价。

10. 质量改进质量内涵

质量准则。及时反馈和协助解决检查中发现的问题,对于整改工作要有要求、有监控;做好检查档案的建立工作,检查结果的应用,为教学研究和实验提供依据。专业评估、课程评价、学习者和毕业生追踪调查结果应及时公布。总部、分部、学院和学习中心应根据调查结果和学生反馈，对课程开发、专业设计以及教学和教学管理过程进行相应的调整。并对调整落实情况进行定期督导。

质量范围。适用于专业评估、课程评价、学习者调查、毕业生追踪调查等效果评价后期的工作改进及工作改进的质量检查。

四、国家开放大学经验总结

(一)基本经验与主要成绩

30多年来，经过广大师生员工的艰苦创业和努力奋斗，国家开放大学(电大)办学系统在创新中开拓前进，充分利用现代信息技术，探索建立了覆盖城乡的、世界最大规模之一的现代远程开放教育办学系统，培养了上千万本专科毕业生，开展各种类非学历继续教育近亿人次，为各行各业输送了大批应用型人才，成为我国高等教育、继续教育和现代远程教育中不可或缺的组成部分，在缩小教育差距、促进教育公平方面发挥了重要作用，为我国终身教育体系和学习型社会的建设与发展提供了重要支撑。国家开放大学(电大)办学系统坚持质量标准高要求、坚持质量管理全过程，取得的主要经验有四个方面(杨志坚，2014)。

一是坚持多级系统办学。广播电视大学的实践证明，只有依托四级电大共同组成的办学系统，才能够实现高等教育覆盖全国城乡，才能够将优质教育资源输送到广大农村、边远地区和少数民族地区。经过30多年的艰难努力，各级电大统一执行60%学分教学质量标准，各省电大因地制宜执行自制定的40%学分教学质量标准；统一执行60%学分质量标准是执行教学"五统一"质量制度；同时，多种媒体教学资源建设、教学过程控制、支持服务、教学管理、系统运作等五要素形成系统办学的质量保证体系。四级电大逐渐形成了一个分级办学、分工合作、运转有序、相互依存、富有特色的远程开放教育系统，远程教学基础设施、远程学习支持服务和质量保证体系建设等已有相当水平。这个系统发挥着中央和地方的积极性，实现了优质教育资源共建共享，提高了办学效益，已经成为我国国民教育体系中的重要财富。

二是坚持向下延伸办学。广播电视大学长期坚持"面向地方、面向基层、面向农村、面向边远和民族地区"的办学方向，关注基层、农村、边疆和少数民族地区以及特殊群体的教育需求与发展，利用信息技术通过远程教育来满足特定区域社会成员、特定群体和弱势群体的教育需求，促进教育公平。据 2013 年调查统计，基层电大在校生占比达 86% 以上，西部地区电大在校生占比为 26%。截至 2013 年年底，中央电大八一学院、总参学院、空军学院等共计培养毕业生 12.4 万人，残疾人教育学院毕业生 4092人，西藏学院毕业生 3150 人，"一村一名大学生"计划培养毕业生 10 多万人。广播电视大学毕业生为当地经济建设和发展尽职敬业，在工作岗位获得职业提升，改变当地高等人才结构，为地方发挥了不可磨灭的作用。

三是坚持优质资源共建共享。国家开放大学（中央电大）始终坚持与国内一流高校的名师合作建设专业和开发教学资源。从专业开设、课程建设、教学过程等一系列教学资源，一直由专家和学者的引领、论证、指导或主持教学工作。使国家开放大学的教学资源符合教育部专业质量标准，并使基层、边远地区学习者能够获得优质教学资源的学习。同时，广播电视大学系统始终坚持专、兼职结合的教师教学队伍。各类专业和课程的教学面授、网络辅导、学习活动、毕业指导等教学环节一直由各地方高校教师和本学校教师共同完成，使基层、边远地区学习者能够享受到优质师资的教学。国家开放大学（中央电大）多年坚持依靠社会的力量办学，形成优势互补、资源共建共享，与普通高校和社会教育机构等多方协同发展，确保优质教学资源的产出，并把优质资源输送到祖国各地。

四是坚持中国特色的开放教育。国家开放大学（中央电大）一直坚持教育教学改革和创新，注重办学的形式和内涵建设，坚持以培养应用型专门人才为目标，以服务于学习型社会建设为办学理念。实现了从阶段性学校教育向终身教育的转变，从传统校园式教育向现代远程开放教育的转变，从以教师和课堂为中心向以学生和自主学习为中心的教育观念的转变。以学习者职业能力提升和可持续发展为重点，探索和改革专业设置、教学内容和课程体系，加大课程实践、综合实践教学，培养职业性、应用型、技术技能型的高素质劳动者。多年来，电大的教育教学质量得到了社会的广泛认可，2005 年，中央电大在全国进行的毕业生追踪调查显示，被调查的 1 万多家用人单位，对电大毕业生质量的总体满意度达到 83.4%，证明了中央广播电视大学人才培养质量符合我国经济和社会建设的要求，肯定了中央电大开放式人才培养模式，在推进远程教育人才培养模式改革中所发挥的作用。

(二)问题与期待

由于广播电视大学在多年的办学发展中累积了诸多的问题和矛盾，如法律法规不健全、基层电大边缘化与教育质量受到质疑等问题，在系统开放大学转型升级过程中有所激化和凸显，引起了国家开放大学认真反思和高度重视。其主要问题梳理如下(杨志坚，2014；杨亭亭、李静，2014)。

1. 广播电视大学办学体制问题

多年来，各级电大之间是办学上的合作关系，地方电大的设置是地方政府行为，地方电大人、财、物归属当地政府管理。由于实行办学、行政的二元管理，各地电大的设置标准不统一，系统建设规范力度不够。目前许多地方政府对基层电大的定位与作用的认识不充分，在整合地方教育资源的过程中，对基层电大的行政级别给予相对随意划分、撤销以及合并。据2013年广播电视大学系统现状调查显示，广播电视大学系统中独立设置的基层电大已低于50％。55％的地市级电大、78％的县级电大被整合到其他教育结构。整合后，基层电大的经费往往被挪用，教学投入严重不足，影响了教育质量；法人地位和办学自主权往往被撤销，对办学运行和规范管理造成了困难，影响了电大系统的正常办学。

对各级政府加强对广播电视大学领导的建议。广播电视大学的建设需要各级政府和教育主管部门的指导支持，需要社会各界的共同参与。政府应以行政手段，协调当地政府的政策及资金支持，使广播电视大学能深入到基层。保证各级电大系统的人、财、物的独立管理权，保证教学点的办学场所、设施设备、人员、财务的独立性，要保护独立设置电大的独立性(不与其他学校合并)。政府对电大政策支持需要自上而下，让地方政府能为支持电大发展找到政策依据，需要以政府名义下发文件，明确基层电大的独立办学地位、人员编制、基础设施建设标准、人员经费保障等。

2. 地市、县级电大(学习中心)建设问题

由于上述问题，导致学习中心存在以下主要问题。①办学主体地位

缺失。不少地方政府在整合当地教育资源中，将教学点（学习中心）与其他办学性质不同的学校合并，电大已不是独立的法人办学单位。②办学后劲严重不足。地方政府又没有将电大办学经费列入财政预算，现代远程教育设施不完善，服务功能不健全，使许多发展项目难以实施。③师资队伍不健全。学习中心一般人员编制都较少，主要承担教学管理的工作，专业和课程教师大量缺失，很难开展教研活动，对远程教学特点很少作深入研究，多种媒体资源也很难得到优化整合，教学支持服务跟不上学生的需求，致使教师职业发展停滞不前。④学生学习过程真正难以落实。学生的来源大多分散在乡镇以及各行各业，多数是待业青年或是打工者，经济基础较差。学生网络资源使用率较低，面授教学到课率也很低，导致面授辅导课的开设越来越少，有的几乎不组织面授教学，完全靠学生自学，使学习过程的质量难以保证（马良生，2009；徐茂平，2008；康小江，王红革，2013）。

对学习中心建设与发展一些建议。①省级政府应当将地市、县级电大建设纳入地市、县区主要领导年终教育督导考核内容；对地市、县级电大的建设，各级政府一定要给予高度重视和支持。在各地方教育资源整合中，各地政府在机构设置上要保持地市、县级电大相对独立性，地市、县级电大成为真正办学实体，确保其办学地位和办学自主权，并从制度上给予保障。②学习中心建设具有远程教育特色教师、管理人员、技术人员等专业化的队伍。借助社会力量，培养和发展自己的队伍；参加系统组建的课程教学团队，锻炼和培养学习中心的教师队伍、教学管理队伍和班主任队伍，促进队伍快速成长。③加大教学投入，对学生学习全过程给予教学和管理的服务。参加国家开放大学系统组建的学习支持服务团队，以一定的师生比开展基于网络学习全过程的、课程个性化的学习支持服务，实现有支持的远程开放学习，促进学习者学习过程的进步，保证教学质量全过程监控。

3. 师资力量薄弱及师资发展问题

电大教师由专职教师和兼职教师组成。专职教师队伍数量不足，专业化程度不高、教学和学习支持服务能力有所欠缺。基层电大教师缺乏稳定的职称评定渠道，影响工作积极性。专兼职教师队伍缺乏准入机制和必备的培训，导致新来教师、兼职教师对电大远程教育模式不熟悉，对于远程教学、网上交互、课程资源建设等教学环节的要求很难适应，影响教学工作质量。

对国家开放大学办学系统队伍建设的建议。国家开放大学办学系统需要以建立和发展专业化队伍为目标，共同建立专业化的教师、管理和技术等人员队伍；以课程教学团队建设为纽带，提高远程教育自己的专业化队伍；以职业培训和培养为手段，关注和培训自己队伍的特色人才，整体提升队伍素质；建立挂职学习机制，到办学发达地区挂职学习；同时，办学较好的地区学校为基层提供师资援助；逐步建立和完善远程开放教育职业发展评价体系，与国际远程开放教育发展接轨。

4. 国家开放大学人才培养问题

人才培养目标需要与社会实践紧密结合，需要适应区域社会经济发展的需要，需要培养职业型、应用型、技术技能型的专门人才。然而，目前国家开放大学人才培养的课程和学习内容与实际职业需求脱离较远，培养结果未能满足学习者发展的需要。学习者希望通过学习增强、提升自身的能力水平，尤其是增强岗位职责的胜任能力。学习者希望教学内容的实用性和职业性，希望课程内容能够更多地满足实际工作和个人职业未来发展的需要。

建议进一步加强国家开放大学人才培养模式改革。人才培养应该以提升学习者的职业技能为核心，优化专业设置，调整教学计划。在课程设置和教学内容设计、教学资源建设上应充分体现职业人教育的办学定位。减少理论说教，增加实践性教学。在资源类型上应注重对网络课程、模拟实践课件的开发与推广。在课程设置上，减少统设课比例，增加下放课程，让地方电大拥有更大的自主权。改革考试方式，增加形成性考核的比例，放宽对网上形考的时间限制，采取全部形考、调研报告、论文、开卷考试等多种考核形式。加强教学过程的统一管理，各学习中心负起对学生全程学习的服务与质量管理责任。

参考文献

[1]中央广播电视大学. 学校简介[EB/OL]. [2014-10-20]. http：//www. crtvu. edu. cn/.

[2]国家开放大学. 2013年国家开放大学教育统计年鉴. 2014年6月.

[3] 国家开放大学，关于国开．［EB/OE］．［2014-11-18］．http：//www. ouchn. edu. cn/.

[4] 王迎，赵婷婷等．国家开放大学学习者的特征初探［R］．国家开放大学教育研究院（科研处），2013 年 7 月．

[5] 张曼茵等．国家开放大学人才培养目标定位研究［R］．国家开放大学教育研究院（科研处），2014 年 7 月．

[6] 中央广播电视大学．国家开放大学建设方案［M］．北京：中央广播电视大学出版社，2011 年 7 月．

[7] 杨亭亭等．中国广播电视大学教学质量保证体系研究［M］．北京：中央广播电视大学出版社，2006 年 9 月．

[8] 杨亭亭，刘述等．远程教育学习中心支持服务管理规范的设计与应用研究报告［R］．中央广播电视大学现代远程教育研究所（科研处），2011 年 10 月．

[9] 韩仪等．国家开放大学教学过程管理研究报告［R］．中央广播电视大学现代远程教育研究所（科研处），2014 年 4 月．

[10] 黄传慧等．国家开放大学质量保证体系研究报告［R］．中央广播电视大学现代远程教育研究所（科研处），2014 年 4 月．

[11] 王丽娜等．国开人才培养质量标准体系研究报告［R］．中央广播电视大学现代远程教育研究所（科研处），2014 年 4 月．

[12] 国家开放大学．国家开放大学质量保证标准（2014 版）［S］．国家开放大学教学评估办公室，2014 年 5 月．

[13] 杨志坚．转型升级与体系建设——中国广播电视大学体系现状调研报告（2013）［M］．北京：中央广播电视大学出版社，2014 年 5 月．

[14] 杨亭亭，李静．远程教育基层教学点教职工职业发展研究报告［R］．中央广播电视大学现代远程教育研究所（科研处），2014 年 4 月．

[15] 马良生．县级电大发展的主要问题与当前任务［J］．现代远程教育研究，2009，（6）：10－13.

[16] 徐茂平．县级电大现状分析与未来发展的思考［J］．南京广播电视大学学报，2008，（3）：12－15.

[17] 康小江，王红革．远程教育教师专业发展研究［J］．河北广播电视大学学报，2013，（2）：29－30.

【评述】

2012 年，国家开放大学在中央广播电视大学的基础上正式建立，和北京、上海、江苏、广东和云南开放大学共同承担了"探索中国特色开放大学建设模式"的试点任务。对于开放大学，国家的期待是通过战略转型实现更加灵活便捷、公平开放的学习，丰富教育服务的层次和类别，支撑终身学习体系和学习型社会的建立，服务经济社会发展和人的全面发展。

国家开放大学具有不同于绝大多数开放大学的特征。首先是规模，国家开放大学的在籍学生规模有近 400 万，像这样的巨型大学，在国际上都是凤毛麟角；其次是学生群体来源，国家开放大学的学习者以在职成人为主，重点关注广大基层、农村、边疆和少数民族地区的教育需求；第三是组织管理方式，国家开放大学实行四级管理——总部、分部、学院和学习中心，能够深入地市县，覆盖全国城乡。

国家开放大学的格局是在近 40 年的不断发展中逐渐构建起来的，同时演进的还有质量保证体系运行的模式和方法。国家开放大学质量保证体系的运行由总部、分部、学院和学习中心共同支撑。总部主要负责质量标准的制定，对质量标准执行的监控，以及对质量标准运行效果的检查评估。分部负责执行总部的人才培养质量标准，同时结合区域和地方的实际情况，制定分部相关的质量标准及执行方案，对地方学院和学习中心的质量进行监控。

从某种意义上讲，国家开放大学各级的质量保证密切关联又自成体系，整体统一、局部灵活。将统一和灵活统筹起来的基础是一套贯穿培养目标、条件保障、招生入学、教学实施、教务管理、学生支持、过程监控和效果评价等关键环节的标准体系。还包括以评估、督导机构为主体的监控体系，以"五统一"（统一教学计划、统一课程标准、统一教材、统一考试和统一评分标准）为核心、"五要素"（教学资源、学习过程控制、学习支持服务、教学管理和系统运作）为主要内容的制度体系。

国家开放大学的实践为巨型大学的质量保证提供了一种参考模式。然而这种模式是一定历史条件下形成的具有中国特色的实践模式，这种模式也面临着一些困境。例如，当总部对分部、分部对学习中心没有人、财、物的决策权和处置权时，大学的质量标准如何贯彻与落实？是在终身学习和学习型社会的建设过程中发挥积极作用，强化自身价值，寻求影响力从而获得行政力量的支持和保障？还是在国家简政放权，激发活力和创造力的大背景下，寻找新的管理、合作机制，重新构建、完善总部与分部、分部与学习中心的关系？拟或是其他？试点探索的意义可能恰在于对此类问题的求解和求更优解。

北京开放大学内部质量保证体系

北京开放大学数字化教学指导中心

2012 年 6 月，教育部批复同意在北京广播电视大学基础上建立北京开放大学，并明确开放大学是以现代信息技术为支撑，面向人人开展远程开放教育的新型大学。北京开放大学秉承先进的办学理念，努力打造新型大学的核心竞争力，积极为北京地区，乃至全国培养优秀的新时代人才。

北京开放大学的办学理念为：①坚持全面开放：对学生入学开放、对课程选择开放、对教学人员开放、对教学理念开放、对学习环境开放、对学习媒体开放、对学习方法开放、对教学模式开放。②探索创新：把技术和教育的深度融合作为教学手段创新的核心要素，探索新的教学组织形式、教学内容和呈现方式，形成新型教与学关系，构建"有支持的自主学习"模式，实现教书育人的创新。③站在"巨人肩膀"上。与国内外高等教育界、工商界合作，形成知识的联盟、智慧的联盟，将最宝贵的知识、经验和技术传承推广。④以质量为生命线。以学科、行业优秀专家为核心，组成专家委员会和课程组，负责课程的建设、实施与质量保证；对教与学过程进行实时监测，确保教学质量。

北京开放大学打造新型大学的 6 个核心竞争力：适应经济社会发展，根据社会化、国际化、信息化的要求建设专业和课程的能力；与国内外高等教育界、工商界交流合作的能力；建设并开发、整合一流的课程和学习资源的能力；对大规模、多样化学习者的学习进行服务和支持的能力；跟踪、把握技术前沿，并能够将其创新性地应用于教育的能力；大规模、分布式办学的能力。

特色是立校的前提；质量是兴校的根本；责任和贡献是建校的基础。没有质量，开放大学的可持续发展就无从谈起。北京开放大学自成立以来，一直在思考和探索用什么样的模式、体制、机制、制度来保证开放大学的办学质量，并使其成为品牌（胡晓松，2011）。在近 3 年的实践探索中，已经初步形成了相对完善的质量保证体系。

一、学校定位与培养目标

学校坚持北京市委市政府为北京开放大学确立的办学方向和定位，坚持"服务全民学习、终身学习为根本宗旨"，坚持把学校办成"提供多样化、多层次的开放教育的新型大学"办学方向，坚持"服务全社会各类成员不断增长的多样化、个性化继续教育和终身学习需求，提供内容丰富、形式灵活、实用有效的学习机会和教育服务；针对行业、企业的职业培训和继续教育需求，提供高质量的有针对性的职业能力培训与教育服务；为京效农民、在京务工人员和残疾人群等提供教育机会"的办学定位[①]。

北京开放大学以"培养有持续职业发展能力的建设者、有追求更高生活品质能力的现代公民"为人才培养目标。在知识建立、能力发展和价值观培养并重的质量观之下，北京开放大学根据人才培养目标，确立了集中反映其人才培养要求与特色的人才培养框架。该框架描述了北京开放大学所培养的毕业生应具有的一系列能力特质，包含"知道和理解""分析和综合""评价和反思""沟通与协作""信息素养""自主学习""实践技能和职业道德""个人发展和职业规划"等八个维度的一级指标。这些指标综合体现了北京开放大学人才培养在知识、技能和态度上所具有的特性和应达到的水平，是基于开放大学自身特点和着眼于学习者多样化高等教育需求的大学教学质量目标系统。该框架在制度层面已经落实为《北京开放大学学生能力发展标准(试行)(2012)》，作为北京开放大学规划专业课程体系、衡量专业教学成效和学生学习成效的基准性依据。

二、教育质量标准

质量标准是质量管理工作的基础、依据。因此，抓质量，必须建立质量标准。为此，学校应根据自己的办学定位、办学特色、人才培养规格和各主要教学环节的具体情况，制定较为完善的质量标准体系，保证教学质量和人才培养目标的实现。

---

① 《北京市人民政府关于在北京广播电视大学基础上组建北京开放大学的函》(京政函[2012]33号)。

北京开放大学在强调应对社会需求、以学生能力发展为教学质量目标的质量观下，建立有别于传统高等教育的、更有针对性的质量标准体系。质量标准体系作用的对象构成了大学质量保证对象系统的基本要素。对于北京开放大学而言，标准涉及的办学要素包括教师、学生、专业课程、学习资源、教学管理、支持服务、技术平台等，相应的标准有《教师选聘及考核标准》《学生入学要求及考核标准》《专业课程建设标准》《教学管理人员职责与工作标准》《平台功能与性能标准》等。借助这些标准，明确教学运行各要素的质量要求，进而形成标准执行群体的绩效考核指标，能够"使每个部门领导、教师及管理、技术和教学辅助人员任务明确、职责清楚，按照质量标准要求去教学、去管理，去提供技术保障和后勤服务，并用统一标准进行控制、检查、监督，以保证教学质量、提高教学的效率和效益"（谭璐，2013）。

北京开放大学选择了同类型教育的相关外部标准作为参照，在兼顾国情校情和实际条件的前提下，以学校质量目标为直接依据，因时、因地制宜地制定合乎开放大学教学规律、办学特色和发展需求的质量标准。目前，北京开放大学在标准制定过程中，参考借鉴了大学的国际合作伙伴——英国开放大学、美国凤凰城大学在相关领域的质量标准，以及教育部出台的网络远程高等教育院校教育教学工作评估质量标准等；在操作层面上与香港大学专业进修学院合作研制了《质量保证工作手册》，提出从课程开发、教学过程到合作项目的一系列工作标准及评价指标。这样制定出的质量标准，既保证了其有效性和内外部认可度，又充分体现了大学质量保证实践的特色。

三、质量保证的组织机构

北京开放大学通过建立质量保证领导机构、落实机构和监控机构，确立承担质量保证政策制定、政策执行和检查监督三类角色的组织机构，通过三者之间的协同工作机制，确保人、财、物、管理等各种资源都集中到提高教育教学质量上来。

北京开放大学质量保证政策及关键制度的最终确立，要依托各类专家委员会进行。这些专家委员会是由校内外专家学者代表组成的学校业务评议和决策咨询机构，在确立的质量方针和各层次质量目标之下，指导制定各类政策、标准、流程，直接参与学校内部质量保证基本制度的确立、实施效果评价及持续改进，对质量保证体系运转的有效性和所需资源的充分性进行把关，充当了开放大学的质量保证决策系统。作为与学校内部行政管理系统平行的治理结构，专家委员会已经实质性地参与到北京开放大学的发展建设之中，充分体现了大学整合外部智力资源的办学特色。因此，建立健全各类校外专业人士从事大学教学运行、科学研究和人才发展等政策制定工作的长效机制，也成为北京开放大学质量保证工作的重点之一。

质量保证政策的执行机构是开放大学教学科研业务部门，包括各学院、科研部门和支持服务部门。这些部门依据相应的标准、流程和规范，借助质量管理系统平台操作流程开展工作，将质量保证制度真正地贯彻于日常教学运行各环节之中，并接受质量保证部门及专家委员会的监督与评价。同时，也需要参与有关制度的制定与修订，从更加切实的、专业化的视角，保证质量保证制度与学校的人才培养目标和部门工作实际相符合。

北京开放大学设立了专门的部门（质量管理部）负责质量保证工作的内部检查与督促。该部门需要全面了解制度产生和执行的效果，借助质量管理系统的质量保证功能，观察、追踪整个教学运行及管理状况，及时获取质量目标的达成情况和质量保证制度的落实情况，发现教学运行、政策执行，乃至制度设计本身的问题，并向政策制定机构和政策执行机构反馈相关信息，进一步帮助上述机构寻找问题产生的原因及内在根源，提出解决问题的意见建议。所以，开放大学的质量保证部门名为"检查督促"，实际上更倾向于一种服务的职能，旨在促进各类政策、标准、流程的落实以及质量保证制度的优化。

在北京开放大学的质量保证工作中，通过政策制定、政策执行与检查督促三类角色的设置及不同角色职责和权限的分配，构成了一个教学质量保证的组织系统。在决策系统与组织系统之间建立了良性互动，使三类角色能够有效地行使其职责，并形成相互之间的协同组织机制，确保了各项质量保证制度功能的充分发挥（见图10）。

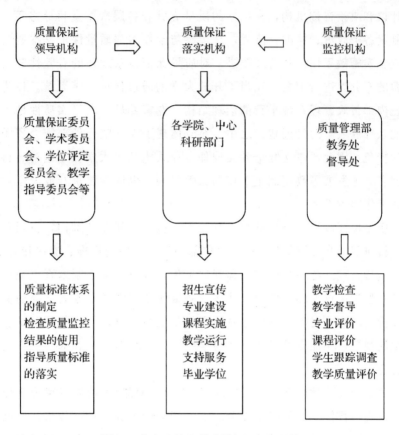

图 10　北京开放大学质量保证组织机构

北京开放大学内部质量保证工作在质量保证机构统一部署下进行，首先体现为人才培养过程质量的落实，即开放大学总部各职能部门和系统各办学单位，依据相关的质量标准，严格落实招生与学籍管理，教学准备，教学、管理与学习支持服务，学习测评等具体工作；然后由质量监控机构，吸收政府、社会、用人单位和学生的力量，依据人才培养过程质量标准和人才质量标准，对人才培养过程的主要环节和关键点进行过程性、全方位的教育教学质量监控，并将监控结果反馈给质量保证领导机构和相关职能部门；最后由质量保证领导机构和相关职能部门依据质量监控结果，调整、完善人才培养过程的相关标准和工作，形成内部质量保证的闭环，促进内部质量保证工作不断提高和人才培养质量的不断提升。

四、质量保证体系

北京开放大学的质量保证体系是质量观和质量标准得以落到实处的保证。该体系主要由5个系统组成（见图11）：①目标和标准系统；②教学过程系统；③教学资源条件系统；④督导监控系统；⑤反馈改进系统。

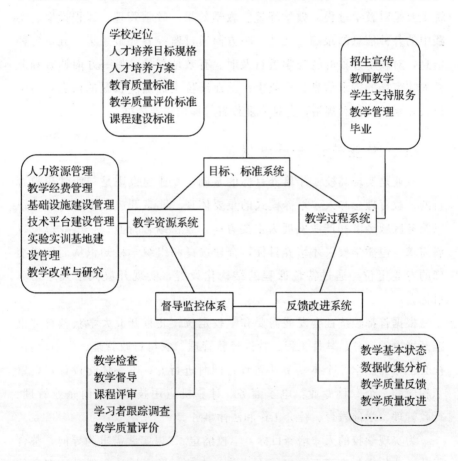

图 11　北京开放大学质量保证体系

北京开放大学质量保证体系的五个子系统分工明确，彼此相联，共同承担着学校人才培养质量的保障任务。目标和标准系统主要有学校质量保证的领导机构负责，他们主要把握学校办学目标、定位，人才培养目标规格，人才培养方案，教育质量标准等学校发展方向性、指导性以及规定性的目标和标准。目标与标准系统是整个质量保证系统的提纲，其他的子系统都是为了完成目标与标准系统的要求而努力。教学资源系统和教学管理系统是质量实现和达成的两个重要的子系统，它们主要由质量保证落实机构负责，具体就是由学校的各个学院、中心以及科研单位负责。质量监控系统主要由学校质量保证监控部门负责。反馈改进系统主要是对教学过程、教学环境、教学效果、教学管理、课程设置、实践中的各种信息的跟踪、反馈。一方面通过监控各环节采集、分析各种信息，对教学过程的教与学进行及时、有效地指导；另一方面调查和分析人才市场的需求信息、毕业生在就业岗位上的适应状况的信息，为学校人才培养目标和规格，包括专业设置等提供重要依据。

五、专业建设与质量保证

专业是实现高校人才培养目标的基础，专业建设则是一所学校教育目的、教育理念和人才培养模式的重要体现。北京开放大学的专业建设以服务区域经济和产业发展为主要方向，紧密结合行业、企事业单位发展需求，遵循学校人才培养目标，合理选择和组织学科知识从而形成准确的专业定位。通过特色课程的结构化设置，实现开放大学人才培养目标。

根据首都经济社会发展需要和学校定位，北京开放大学获教育部批准开展电子商务、软件工程、特许经营管理、农村行政管理、学前教育、社会工作和法学 7 个本科专业建设；同时进行专、本一体化设计，设置了相应的 7 个专科专业：电子商务、计算机应用技术、工商企业管理、行政管理、学前教育、社会工作和法律事务。

为实现学校的人才培养目标，学校确定了"以实践需求为导向，整合行业企业优质教育资源；以能力培养为本位，形成科学合理灵活多样的课程体系"的基本原则，学校成立了专业建设委员会，制定了系列文件，指导专业课程建设，规范专业课程建设质量。专业建设委员会主要负责专业调研论证、课程体系规划、标准制定、师资团队建设、案例充实及质量评价等重要工作。北京开放大学的专业建设标准主要有：专业设置符合社会需求，体现学校优势和特色；有相关的机制评估专业并及时动态调整；培养方案内容完整，详细说明专业培养目标、基本学制及修业年限、毕业标准及授予学位、课程设置、教学方式等内容；专业培养目标和人才培养规格符合成人学习者的需求和特点；培养方案中的课程设置及结构关系科学，确保人才培养目标的实现等。

北京开放大学申请开设新专业首先由市场部门进行充分的市场调研，形成较为明确的需求分析、产品服务定位等信息后生成正式的《市场调研报告》提交专业建设委员会，经专业建设委员会结合学校的定位、师资资源等进行可行性论证，通过后形成《关于开办××专业论证报告》和《专业建设实施方案》提交校务会审核。审核通过后，由专业建设委员会组织专家、教师构建《专业培养方案》，同时构建专业课程体系。《专业培养方案》完成后交由专家组成的外部评审委员会进行评审，评审通过后，编制《专业课程建设立项报告》，说明专业课程建设的资金预算、资金分配、课程建设的先后顺序等，完成后提交外部评审委员会评审，待评审通过后，撰写《专业课程规划》，进入专业课程建设阶段。

北京开放大学专业质量保证的规划中，预计以 5 年为周期引入第三方机构进行专业评估。在不满 5 年的过程中，如果遇到特殊情况需要对专业进行评估，将由市场部门、专业学院或质量保证中心向专业建设委员会提交正式申请，经校务会批准后启动。

六、课程建设与质量保证

北京开放大学的课程体系以能力为本，从各专业的人才培养定位出发，以职业能力谱系为参照进行调研与分析，借助行业专家、学科专家和教学专家的力量，建立了从"能力"到"课程体系"的工作方法、流程和基本工具，将学生能力培养逐步落实到专业课程规划和课程设计之中。通过四类课程（表 4）、三级设定（表 5）、三段修业（表 6）的培养体系和路径设计来实现学生多个维度能力的培养。

表 4　北京开放大学四类课程

课程类型	说明（根据高等专业人才的各类素养要求设定）
通识课	立足于提升在职学生综合职业素养，培养人文素养和科学精神，以基本知识、技能和态度为主要内容。通识课基本为一级课程。
常规课及既有经验认证课程	常规课程主要指专业核心理论课程。既有经验认证课程是对常规课程的特定课程，有相关工作经验的学习者可不修习常规课程，而是修习与其对应的既有经验认证课程。基本为一级和二级课程。
职业发展课	基于工作实践的课程，课程内容主要为促进学习者将所学应用于实际工作。职业发展课程基本为二级课程和三级课程。
项目与研究课	学习者在老师的指导下完成相关专业具体工作或研究项目，从而获得创造性地解决有关问题的能力，促进专业综合能力的提升。项目与研究课基本为三级课程。

表 5　北京开放大学三级课程

课程级别	知识型能力	认知型能力	基本技能	职业发展能力
一级	了解	简单解释和应用	初步掌握	对职业的初步规划
二级	展示和批判	批判性解释和应用	批判性应用	职业与学习关联规划
三级	展示、综合，创造	创造性解释和应用	创造性应用	所学促进职业发展

表 6　北京开放大学三段修业

课程阶段	目标	说明
第一阶段 强基础、重素养	有支持自主学习能力形成、专业基础构建和综合素养培养	通识课比例不低于50%，常规课比例不高于50%
第二阶段 强理论、重实践	强化专业核心知识和技能的构建，注重专业实践能力的培养	常规课比例不低于35%，职业发展课程比例不低于35%
第三阶段 强实践、重提升	进一步强化专业实践能力培养，培养创造性完成专业内相关任务的能力，相应学科进一步深造能力	职业发展课程比例不低于40%，项目与研究课比例不低于40%

　　为了确保课程建设的质量，北京开放大学制定了一套完整的标准、机制与流程，以保证现有及即将开设的课程具有始终如一的高质量与高水平。

北京开放大学就新课程的开发与评审，制定了严格的质量保证程序，建立多级、过程性评审制度，保证课程建设全过程受到监督和管理，及时对发现的问题进行修正。每个课程建设的关键环节设有评审环节，对该环节开展的课程建设活动成果及文件进行评审，如果评审不通过，无法进入下一个建设环节。

七、学习支持服务与质量保证

北京开放大学所提倡的"有支持的自主学习模式"具体为：六周模式、单科独进；在线小班、随时开学；学教与评、设计在先；学习辅导、助学支持；教学督导、保证质量。

北京开放大学学习支持服务的标准：为学生提供及时、准确的入学注册、学籍管理、信息管理等服务；为学生提供答疑、辅导、作业批改等支持服务，及时帮助学生解决学习中的问题；为学生提供学习技能培训，包括学习管理系统使用、自主学习技能、时间管理等，培养学生的自主学习能力；为学生提供媒体、技术支持，及时解决学习中的技术问题；通过多样化的渠道，促进师生之间、生生之间的互动；制定与学习目标相对应的科学、公平的学习评价标准；注重过程性评价，有过程性评价结果的反馈机制；建立健全的投诉机制和便捷的投诉渠道，保证学生的权益。

北京开放大学学生事务中心负责学生支持服务相关工作。包括图书馆（数字图书馆）的建设与管理，开展面向学生和系统的图书信息支持服务；远程接待中心建设与管理，通过电话、短信、在线客服、电子邮件等方式，为学生提供有效信息咨询和投诉受理等服务；围绕学生专业课程学习过程的导学、助学支持服务，组织开展各类学生活动；多种渠道筹措资金，开展各类奖、助学金和优秀毕业生的评选工作；开展学生学习需求调研，编制并发放《学生手册》；建设开放教育学生虚拟互动社区，为学生提供心理咨询和救助服务、职业规划和就业指导等服务。此外，建立校友联系渠道，开展校友联谊活动和毕业生校友跟踪服务工作。

为保证课程运行的质量，提高学习者的职业能力，每门课程师生比以 1：30 配备业内辅导教师，完成辅导教师的选聘与培训，包括课程内容、远程教学方法以及平台使用的培训。课程辅导教师按照教学要求完成每周的在线辅导任务，完成非实时辅导答疑、实时辅导答疑和其他网上教学活动。跟踪学生网上学习行为，通过短信、电话、邮件等方式，监控和督促学生学习。指导并按要求及时完成阶段性作业和终结性考核作业的批改，及时对辅导工作进行总结与反馈(王悦，2013)。

辅导教师每周必须在线和回复学生帖子的时间都有明确的规定。辅导教师在课程教学期间至少组织 2 次实时辅导答疑活动，包括学习辅导、作业讲解、重难点介绍等，内容主要以补充教材、学生工作生活亟须的相关内容为主。至少在讨论前 1 周告知学生讨论时间、主题和要求。

开放大学注重营造学习氛围，增强学生归属感，为学生组织开学典礼和入学教育，介绍北京开放大学的发展历史、学习项目的特色、后续的学历教育以及学习活动的相关安排。在学生进入网络课程学习之前会得到一张详细列出如何登录学习平台等具体操作步骤的说明，同时接受学校组织的网络学习平台技术培训，扫除在线学习的技术障碍。

学校为学生提供"开放学习指南"课程。该课程是引导和帮助每位学习者尽快适应远程学习需要，获得高质量的专业学习体验，成功完成专业学习而提供的首要课程(彭海蕾，2013)。开放学习指南包括六大主题：走进北京开放大学、走进专业与课程、开启学习历程、在线学习技能体验、学习策略和学习方法以及学习与职业发展规划。从学校理念环境、专业课程内容、学习流程周期、学习工具技能、学习策略方法、职业发展规划等多个方面为学生提供咨询、交流与服务。

开放大学以课程为单位实施招生和教学，30 人开班，每班都有指定的助学咨询师负责该班学生在该门课程整个学习周期内的全程非学术支持和管理。助学咨询师按照 7×16 小时的标准为学生提供助学咨询服务。在学生开始学习前，助学咨询师会先对学习内容进行测试，提交测试报告；告知学生学习平台地址、账号，为学生讲解学习规划；通知学生学习课程指南。在学生学习开始后，助学咨询师要负责提醒责任教师为学生分组；每周对学生进行考勤，统计；提醒学生提交作业、参加学习活动；为学生提供咨询服务，解决各类突发状况等。在学生学习结束后，提交各类统计表和课程报告。

学生可以通过远程接待中心、在线问卷、质量督导、助学咨询师等渠道进行投诉，除了在规定时间对学生的投诉进行应答外，质量督导会定期汇总学生投诉情况，反馈各相关部门，重大事件反馈至校务会。

八、师资建设与质量保证

北京开放大学目前有 300 多名正式的教职员工，专业技术人员为 268 人，约占教职工总数的 86%，作为开放大学教学队伍的骨干，其主要工作职责不是直接面向学生开展教学，而是进行专业课程的建设、运行、维护和推广，教学管理与质量保证，兼职辅导教师的管理与培训，以及开展学术和实践研究。其中，100 多名专任教师直接参与到专业课程的设计和开发、学习支持服务、课程运行支持以及相关的研究过程之中。而具体课程的在线教学辅导、作业批改、学习评价等面向学生的学术支持工作则由兼职辅导教师负责实施[①]。

通过对开放教育办学规律和国外先进开放大学的研究，结合学校办学实践，基本确立了北京开放大学的教师角色分类与职责分工。本着"专职为骨干、兼职为主体"的原则，建成了一支由学科专家、行业专家和大学教师构成的教师队伍，打造了专业建设、课程开发、教学实施、学习支持和业务运行管理的多个专业化团队。

在学术治理方面，每个本科专业（目前是 7 个自主本科专业）均成立由学科专家和行业专家构成的专家指导委员会，委员会在学校学术委员会指导下，按照各自章程开展专业调研论证、专业人才培养方案审定、课程开发及评审、师资引进、质量评价等方面工作，对专业课程建设的学术标准和整体质量进行把关。

在课程开发和运行过程中，按照不同的职责分工，研究确立的教师类型主要有：教学设计师、课程责任教师、辅导教师、入学咨询师、助学咨询师。

开放大学以课程为单位实施招生与教学。课程责任教师（即课程负责人）贯穿课程开发与运行的全过程。在网络课程建设阶段，课程责任教师

---

① 符合《北京市高等学校岗位设置管理指导意见》（京人发［2008］12 号）"普通本科院校教师岗位一般不低于岗位总量的 55%"的规定。

要统筹和领导课程组①，组织学科专家、行业专家、教学设计师、多媒体设计师等完成课程的开发与建设。在课程运行阶段，课程责任教师要协调辅导教师、咨询师，在学校统筹安排和统一管理之下组织课程的实施与运行工作，并负责课程内容的维护和更新。

教学设计师在课程开发阶段是课程组的重要成员，不排除部分辅导教师参与课程的建设。课程投入运行后，入学咨询师将学生引入其学习周期，之后，辅导教师在课程教学过程中，通过组织学习活动、论坛回帖、讨论答疑等方式，为学生提供在线学习辅导，并由辅导教师按照课程学习考核方案，对学生的学习活动和作业评定分数。助学咨询师则在课程学习的整个过程中提供最直接的非学术支持，帮助学生通过在线学习平台参与课程学习，实践"有支持的自主学习"模式，推进、保障课程的运行。当然，从办学角度来看，开放大学的教师队伍中还包括了教学管理人员、技术人员、科研人员、市场人员、质量保证人员等，对课程开发和运行的各个环节进行管理和支持，协调办学过程中出现的各类问题。

开放大学成立师资队伍建设专门委员会，旨在集中整合、规划、管理与发展教师资源，建立制度与机制，促进大学的教师队伍建设，优化学校教师队伍结构；组织筹办有关的教师培训活动，注重教师整体能力提升，培养具有创新精神和具备远程教学最佳实践能力的名师，为开放大学教育教学改革发展提供基本的人才保障。委员会的常设办事机构是教师发展中心。教师发展中心则设有兼职教师发展和专职教师发展两个研究室。北京开放大学制定学科专兼职教师及教师团队的分类、准入标准、能力标准以及评级标准；完成对各类兼职教师的招聘、培训和管理；为兼职教师提供教学业务咨询服务。定期对专职教师提供培训，帮助专职教师进行职业生涯规划和专业发展，对系统教师队伍建设进行宏观管理和指导，完善师资库建设，建立教师教学业务档案，评估教师教学业务发展状况等。教师发展中心先后制定了《北京开放大学教师手册》《北京开放大学教师队伍建设方案》《辅导教师职责与角色》等十余项制度和文

---

① 课程组是由学院组建的负责课程开发与实施的责任主体，通常情况下任命一名学院教师为课程责任教师。

件，使得北京开放大学教师工作逐步制度化与规范化(刘永权，2014)。比如，学校对助学咨询师选聘严格，对学历、教育行业工作经验，组织协调能力和口头书面表达能力，计算机操作水平等均有明确要求。学校制定有《助学咨询师管理制度》，针对学生所处的不同阶段，对助学咨询师的工作内容、工作进程、工作要求和工作记录等都有明确的要求。助学咨询师需要对所有工作相关的事件时间、事件来源、事件条件、事件行为和事件指向进行记录。助学咨询师的工作记录是考核助学咨询师和辅导教师的重要依据，同时也是改进课程建设、完善平台服务，危机学生发现与处理等。

九、信息系统建设与质量保证

学习平台是实现技术与教育融合的载体，是实现有支持自主学习模式的载体；是师生交流、教师交流、学生交流的平台，更是全校师生员工体验大学生活、共享学习生活和职业生活幸福感的精神家园。

北京开放大学学习平台于 2010 年 9 月与香港大学专修学院合作建成，是基于 Moodle 网络学习平台定制开发的 2.3 版。有了 Moodle 平台这样的技术实现手段，有可能开发真正意义上的以网络在线学习为主体的课程教学。随着 Moodle 网络教学平台版本的不断升级，功能和插件越来越丰富，为开展各种类型的网络教学提供了可能(丁兴富，2012)。

北京开放大学平台从业务、数据、应用和技术架构四个方面进行整体规划，由自动办公系统、教学管理平台和学习平台三部分协同作用，共同服务学校的各项需求。提供全面的课程管理、灵活的用户管理与权限管理、实用的角色切换功能、多元的成绩管理等行政和管理功能，为开放大学的教学教务管理及质量保证提供了信息化支撑。

学生事务中心应用该平台进行学生注册信息的管理和组建班级系统数据的维护。课程中心负责两个平台的应用支持，包括平台功能的建设与运维、平台使用培训和个别化指导、平台使用的问题解决等。技术中心主要负责硬件设备的运维支持(工作组，2014)。

北京开放大学的平台有多项功能设计来保证学习的顺利开展。其中包括课程内容功能(如课件、音视频资源、图书等)，学生学习功能(如学习笔记、思维导图、电子档案袋、Wiki 等），交流合作功能（如讨论区、博客、短信、电子白板、RSS 订阅等），作业和评估功能（如自测、在线作业、自动评分、互动评价等），行政管理功能（如教学日历、课程通知、角色和小组管理、成绩管理等）和质量保证功能（如学习活动追踪、问卷调查等）。

平台加强了教与学的功能，设置了不同的学习路径，为分层学习提供了可能；增强了 Wiki 的评分功能，促进了学生协作学习；完善了讨论区功能，突出榜样作用，提高学习者学习动机；增加了互动评价和量规评价的标准；定制开发了多个报表，加强对教学管理的支持力度（彭海蕾，2013）。

平台提供异步和同步两种交流功能，运用 Web 2.0 技术，提供了多种知识共建与共享的学习方式。随着 Web2.0 时代的到来，很多社会性学习支持工具得到了广泛应用，如 Blog、RSS 等。Moodle 平台已经融入了这些社会性学习软件，提升了平台的功能质量。

在平台功能中，设计了 9 项与质量保证密切相关的功能，包括：追踪学习活动、追踪教学过程、学生问卷调查、教师问卷调查、电子邮件反馈、课程意见反馈区、课程评级、进度跟踪和教学数据分析统计。为质量保证提供了有力的数据支撑。

基于平台日志及数据可以形成学校教学、管理所需的各类统计报表，如用户的在线学习时间统计表、学生参与学习活动情况统计表、学生浏览课程资源统计表、教学情况统计表、用户发帖情况统计表、教师回帖情况统计表、资源评分统计表、课程评分报表等。

开放大学学习平台初步具备了以下几个特性。

(1)灵活性。体现在两个方面：一是采用模块化开发方法，能够轻松地对功能进行更新、增加、减少；二是当新的需求和功能出现时，能够及时升级。

(2)开放性。体现两个方面：一是能够与有关的教学教务系统以及其他业务系统进行无缝接口，共同组成完整的能支撑学校教育信息化的统一应用系统；二是能够融入新的技术，包括移动学习、支持云计算等。

(3)互动性。体现在两个方面：一是平台功能支持基于建构主义思想的互动和协作学习，便于师生交互和生生交互，符合成人学习的特点；二是平台集成的超级开放课堂插件能提供基于学习的比较丰富的社交网络支持，营造用户间的虚拟网络社交空间。

（4）易用性。体现在三个方面：一是功能操作简单，符合用户使用习惯，用户体验良好；二是能够支持常规的操作系统和浏览器；三是能够支撑大规模用户在线学习，页面访问顺畅、响应速度快。根据面向学生的调查反馈，93.2%的学生对平台的易用性表示认可（工作组，2014）。

十、质量监测与反馈

在教学质量管理体系中，为保证教学质量管理体系的有效性，必须对在支持性过程中获得的有关教学质量信息进行检测和反馈，使教师、管理人员在获得这些有效信息后，及时改正自身在现阶段教学过程中所存在缺点，促进管理质量的提高，最大程度的满足学生的需求。北京开放大学建立了完善的教学质量检测和反馈的通道和机制。

1. 年度教学质量报告

为提高北京开放大学教育培养质量，主动接受社会对我校教育过程和质量的监督，学校建立了质量年度报告发布制度。每年编写并向社会公开发布《北京开放大学年度本科教学质量报告》（以下简称《质量报告》）。《质量报告》的发布，既立足于主动履行北京开放大学人才培养的使命，也希冀收获全社会的关心、理解和支持，以更好地汇聚资源，不断提升我校办学水平。本科教学质量报告内容主要包括：①教育教学的基本概况；②人才培养模式改革；③教学基本建设；④师资队伍建设；⑤教学效果分析与质量管理；⑥经验、问题及对策；⑦典型案例分析。教学质量报告要围绕学校本科人才培养工作的关键要素，既反映高等教育人才培养的共性，又能充分反映我校自身的特性，展现学校本科教学的新思想、新政策、新措施、新成果。

2. 教学基本状态数据库

教学基本状态数据库建设是教育信息化的必然趋势，是提高人才培养质量的重要举措，是实施高等学校教学质量常态监测的重要内容，是建立高水平高等教育质量保证体系的重要工作。北京开放大学建立本科教学基本状态数据库，对学校的教学质量进行常态监测，并及时反馈教学信息，改进教学质量。在结构设计上，遵循学校教学工作内在规律，按照教学投入、教学过程、教学效果的基本思路，组织教师、学生、条件、专业与课程、教学管理、教学效果等数据群组。在实现方式上，为便于采集，按照高校职能部门的分工特点，分解成师资队伍、教育教学、教育经费、教学科研仪器、教学条件、学生基本情况、学生课外活动、科研情况、学科建设九类数据。每类数据再分解为若干数据采集表，每个采集表包含若干数据采集项。数据采集完成后，学校有专门的部门进行数据分析，产生报表，定期推送相关部门，对发现的问题及时的反馈处理。

3. 学生满意度调查

改进服务质量，提高学生满意度是北京开放大学质量管理和保障的重点之一。学校每年定期对在读以及毕业的学生进行满意度调查，撰写并发布《北京开放大学学生学习满意度调查报告》。学习满意度调查主要通过网络进行调查，调查范围包括学校在读学生以及毕业的学生。问卷的设计和具体执行和分析由学校质量管部门和具有资质的公司共同完成。每年 5 月开始，7 月之前回收完成问卷，利用所得信息进行数据处理，并邀请专家对结果进行分析，撰写报告。向校内教职工、学生以及公众有选择的进行公布。学生满意度调查表共包括七项一级指标：课程教学、评价反馈、学术支持、组织管理、学习资源、个人发展和总体满意度。学校对学生满意度调查结果进行分析，撰写报告，并进行有效的反馈和改进。学校相关院校、部门要认真分析满意度报告，针对问题，积极的做出反馈和改进，把改进的措施和结果上报学校质量管理部门，并提交分管业务的校长。

4. 反馈改进机制

学校建立了完整的质量反馈通道和改进机制，主要有学生评价信息反馈改进制度、学院整体教学质量评价制度、教学快报信息反馈制度等。学生评价信息反馈改进制度，将学生评教的结果作为评教的主要依据，将教师的教学评价结果及时而准确地反馈给教师，包括学生对教师的形成性评价、总结性评价，以及准备性评价等方面的评价，以便教师了解自己在教学过程中的优、缺点，促进教师的改进和提高。学院整体教学质量评价制度，便于学校从整体了解各个学院的教学质量状况，也便于各个学院进行比较，使得各学院领导了解自己教学质量状况，改进自己的劣势，发扬自己的优势，提高学院自身的教学质量，也可进一步提高学校的整体教学质量。教学简报信息反馈制度，学校不定期地将教学工作中出现的各种信息以简报形式下发，增强学院之间的相互了解，建立和完善教学信通报制度，加强学院之间的工作经验交流，整体提升学校的教学质量管理水平。学校通过建立健全教学质量反馈改进机制，使教师及教学管理人员对教学质量评价及其结果有一个深入正确的认识，不断找出教学中所存在的问题或不足，从而改进教学质量，提高教学水平，形成评价—反馈—改进—提高—再评价的良性循环。

参考文献

[1]胡晓松.开放大学的特色、质量与责任——北京开放大学建设的整体布置和基本思路[J].北京广播电视大学学报，2011，(5)：3－10.

[2]谭璐，李玉.北京开放大学网络课程质量标准的初步探索[J].北京广播电视大学学报，2013，(4)：36－40.

[3]王悦.基于职业能力提升的北京开放大学特许经营管理特色专业建设研究[J].成人教育，2013，(3)：91－93.

[4]彭海蕾.北京开放大学学习指南课程规划的基本构想[J].北京广播电视大学学报，2013，(5)：25－28.

[5]刘永权.北京开放大学教师发展中心[J].北京广播电视大学学报，2014，(10)：封底.

[6]丁兴富.北京开放大学网络平台建设和课程开发的若干思考[J].北京广播电视大学学报，2012，(4)：3－5.

[7]调研工作组.北京开放大学新课程试学项目调研报告[J].北京广播电视大学学报，2014，(5)：35－44.

【评述】

2012 年 6 月，北京开放大学在北京广播电视大学的基础上正式建立。北京市委市政府为北京开放大学确立了办学方向和定位，"提供多样化、多层次的开放教育的新型大学"。北京开放大学自身进一步明确了人才培养的目标，树立了知识建立、能力发展和价值观培养并重的质量目标，并以新专业的建设为契机尝试重新构建新的模式。

北京开放大学新的探索基本跳出了原来广播电视大学的模式。吸收、借鉴了国际上的一些相对成熟的经验，结合自身多年开展远程教育教学的积累，形成了一套中西结合的建设、管理和质量保证的模式。

北京开放大学是国内为数不多的注重质量保证机构建设的学校。有相应的质量保证领导机构(各类专家委员会)根据质量方针和质量目标指导制定各类政策、标准、流程和关键制度，有专门的质量保证机构(质量管理部)负责对落实机构(各教学科研业务部门)的质量保证工作进行检查、督导和反馈。组织系统的明确有助于职责的落实，也促进了质量保证闭环的形成。

北京开放大学的质量保证体系包含五个子系统：目标、标准系统，教学过程系统，教学资源系统，督导监控系统和反馈改进系统。核心环节表现在专业建设、课程建设、学习支持服务、师资建设、信息系统建设和质量的监测和与反馈。北京开放大学在核心环节的设计和管理上较多地参考了国际上颇具代表性的实践经验，如：

在专业和课程建设环节，北京开放大学所制定的标准、机制和流程中，均采用了多级、过程性、关键环节的评审制度；在学习支持服务环节，按照1∶30的师生比配备辅导教师，对辅导教师、助学咨询师等角色的工作任务进行分解和量化管理等；在师资建设环节，有明确的教师角色分类与职责分工，对教学设计师、助学咨询师等角色有明确的认知和认同；信息系统建设环节基于平台实现了教育教学过程、学生/教师满意度等相关质量数据的采集、统计、分析和呈现等。这些设计为北京开放大学提供了有力的质量保证基础。

北京开放大学当前的探索从某种意义上来讲属于"流程再造"。即通过变革管理、信息技术、组织结构、人员关系等来设计流程以期提高组织绩效。然而，组织结构的建立、制度流程的设计、平台系统的升级等都是外在形式上的推动和保证，核心的还是身处其中、执行实施的人员，他们对新的理念、过程及未来预期的理解、共识和支持。质量文化的建立向来不是一朝一夕之功，这需要新型大学在建立的过程中不断给予关注、调整和坚持。

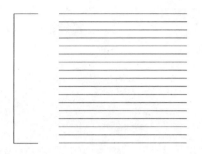

开放大学内部质量保证的外部制度环境

加拿大阿尔伯特省质量保证制度

Margaret Haughey

林世员　译

加拿大是联邦制国家，高等教育分属于各个省级政府管理。为此，加拿大的 10 个省和 3 个地区之间建立了共同的质量保证框架，以支撑各省开展质量保证工作。本文回顾了加拿大质量保证框架的由来，介绍了一些省的质量保证机构，并以阿尔伯特省质量管理委员会为例详细描述了这类机构的职能和工作程序。

在加拿大，质量保证"指达到教育机构、专家组织、政府或由政府所设机构制订的教育项目的质量标准"（CICIC，2009）。教育项目的质量对院校来说一直非常重要。20 世纪 80 年代以来，教育国际化引起国际社会和国内公众对教育项目质量的格外关注。除此之外，高等教育规模的扩大、高等教育产业化，以及公共管理模式的改变等因素都严重影响了社会对高等教育质量的信任（Amaral，A，2014）。

同时，高等教育办学机构的多元化，包括各类学位授予机构、高等教育跨校或跨国界服务、学生的流动，以及相关的国际条约等都需要提高公众对加拿大高等教育系统的认可。另外，北美自由贸易协定等国际条约，博洛尼亚协定和联合国教科文组织欧洲委员会里斯本公约等欧洲国家关于欧洲高等教育资格的认可制度，以及亚太组织对大学流动性的关注，都使公众强烈意识到在加拿大开展质量保证实践的重要性。

加拿大没有统一的高等教育管理系统。加拿大是由 10 个省和 3 个地区组成的联邦制国家，每个省或者地区的政府部门对本省或本地区的高等教育负责并实施管理。尽管高等教育是各省的责任，但每个省/区都认识到建立资质认证机制，对于促进加拿大学生在国内各省之间流动以及支持加拿大教育项目和证书的国际声誉都非常重要。2007 年，加拿大教育部长委员会通过了加拿大学位资历框架，确定了加拿大学位的类别和标准，以及评估新的学位项目和学位授予机构的程序和标准。2009 年，加拿大教育部长委员会又制定了学分转换协议。资历框架是加拿大质量保证制度的基础。

在加拿大的 10 个省里，共有 56 所公立大学。这些大学由法律、法规或宪法授权建立，它们有权通过董事会自我管理，并享有学术事务自治权。一般来说，省教育部门或其外设机构，例如：质量管理委员会，负责协调高等教育工作，教育部长负责审批新的高等教育项目。

一、质量管理委员会

在大多数省，质量保证由政府之外的独立机构来负责，这一机构通常被称作质量管理委员会、董事会或委员会。这些机构拥有类似的角色和职责。以下是它们工作、角色和职责的样例。

(一)不列颠哥伦比亚省学位质量评估董事会

2003 年，不列颠哥伦比亚省依据学位授予法案成立了学位质量评估董事会(Degree Quality Assessment Board)。董事会的角色是：监督质量评估过程，并就以下事务向教育部长提出建议：①同意省内外的高等教育机构以大学的名义提供学位项目，授予学位；②不列颠哥伦比亚公立高等教育机构提出的新学位项目计划；③不列颠哥伦比亚公立高等教育机构、私立高等教育机构和外省高等教育机构的免税资格。

(二)沿海诸省高等教育委员会

从 2005 年开始，作为大西洋总理委员会(the Council of Atlantic Premiers)的一个分支机构，沿海诸省高等教育委员会已经向主管高等教育的部长提出过许多建议，旨在帮助高等教育机构和政府改善高等教育环境。该委员会的使命是在各省教育部长的授权下，为区域内各省高等教育提供质量保证、数据和信息、合作、区域项目和相关服务。

沿海诸省高等教育委员会为新布伦瑞克、新斯科舍、爱德华王子岛等省的公立大学提供质量保证服务和为学位授予机构提供质量评估。具体包括学术项目实施前的评估，机构政策和工作程序的监督。当这两项职责结合起来就能确保质量的连续统一。项目评估可以向政府、学生、雇主和社会大众保证了项目整体上经过机构的设计，在实施前已满足既有的质量标准。项目监督过程保证了沿海诸省教育机构拥有有效的质量保证政策和程序，能够确保项目一旦实施就会有内部和外部的评审来实现持续的质量提升。

(三)阿尔伯特省质量管理委员会

阿尔伯特省质量管理委员会成立于2009年，被授权在2003年《高等教育学习法案》和2009年《学习项目规章》的基础上，作为质量保证机构对高等教育机构在阿尔伯特省提供的新学位项目申请进行论证，对已有学位项目进行定期评估，并将结果呈报给负责改革与发展的教育部长。除神学学位外，包括省外教育机构提供的学位在内，所有在阿尔伯特省提供的学位项目必须经过教育部长的批准。对于已批准的学位项目，委员会组织周期性评估以确保质量。

为充分履行其职责，委员会制定了评估的标准和程序，组建了项目评估团队。委员会的角色和职责是：①考察高等教育机构提供高质量教育项目的能力；②考察具体学位项目达到既定标准和条件的能力；③为部长的决策提供准确的依据；④建立分委员会、任务组和工作组以支持委员会履行职责，并对委员会负责；⑤积极开展与各类利益相关者的讨论，以提升阿尔伯特省高等教育的质量；⑥定期评估和审查委员会自身及其分委员会的表现以提升效力；⑦向教育部长提交年度报告，详细汇报委员会的主要活动、成绩以及工作计划和目标的完成情况。

(四)安大略省质量管理委员会

安大略省质量管理委员会是为了实施省级政府2010年颁布的质量保证框架而设立的。该框架的修改必须要有质量管理委员会和安大略学术委员会副会长的共同批准。安大略省质量管理委员会的角色和职责包括：①引导安大略公立大学持续对其学术项目实施质量保证；②审查和批准新的研究生和本科生项目方案；③通过定期审核，确保安大略公立大学遵循研究生和本科生项目的质量保证指南、政策和规则；④向负责培训和高等教育的部门汇报评估结果；⑤根据委员会在质量保证领域的经验和发展规划，评估和修订质量管理委员会的质量保证协议；⑥与其他质量保证机构保持联系；⑦定期开展独立的审核，时间间隔不超过8年；⑧引导安大略省公立大学对其学术项目实施持续的质量改进。

质量管理委员会的首要任务是确保高等教育机构设计和提供的教育

项目能够持续地达到一个明确的质量水平，尤其关注学习效果和学位水平的达标情况，并对机构进行定期的评估和监督，检查它是否遵循了机构自身拟定的质量保证流程。

这些质量管理委员会都是外部机构，其成员的选择根据能力，覆盖省内的各类高等教育机构，并由省教育部长任命。他们依据一系列的政策和规则开展工作，而这些政策和规则是经过省内各类机构的相关资深专家讨论所形成和发展起来的。对于已经建立的公立高等教育机构，主要关注项目质量保证；对于私立大学或境外教育机构，绝大多数委员会要求进行全面的机构审查和项目评估。

二、质量管理委员会的工作：阿尔伯特省为例

质量保证中的核心机制包括由内外审核构成的项目评估、专业项目的认证以及学分的转移和衔接。加拿大虽然只有阿萨巴斯卡大学和魁北克电视大学专门开展远程教育，但是绝大多数的传统高校都会提供一些在线的或其他形式的远程教育课程和项目。因为阿萨巴斯卡大学完全受阿尔伯特省质量管理委员会的管理，阿尔伯特省质量保证流程在这里的应用将被用作案例。

所有阿尔伯特省的公立高等教育机构都会根据发放的证书、科研的类型及水平、服务区域而被划分为六种类型：综合性大学、专科性大学、工艺学校、综合性社区学校、独立学院和文化艺术专业学校。阿尔伯特大学、卡尔加里大学、莱斯布里奇大学和阿萨巴斯卡大学属于第一种类型的学校，它们提供学士、硕士和博士学位；皇家山大学和麦考文大学属于第二种类型的学校，它们提供学士学位；有 2 所工艺学校提供应用学位；有 5 所独立学院提供本科和部分研究生学位；第六种类型的阿尔伯特艺术学校提供美术学位，包括学士和硕士两个层次。因此，质量管理委员会的工作覆盖了大部分类型的教育机构。另外，有 12 所非寄宿制的大学可提供特种学位。

质量管理委员会的职责包括：①评估教育部长交付的所有新申报的本科和研究生培养项目；②制定委员会评估标准和程序；③组建基于机构、项目或综合性的同行评估团队；④监控已批准的学位项目；⑤组织

综合评价；⑥审核已批准的外来项目；⑦开展相关研究以协助和促进委员会的工作；⑧根据对机构或学位项目组织的评审结果，向部长提出决策建议。委员会遵循一套操作规则来开展工作。

质量管理委员会下设 2 个工作委员会。它们是方案评审委员会和质量监督委员会。

方案评审委员会由委员会主席和 3 名委员组成。这个委员会的职责是：①根据质量管理委员会的政策和标准，受理办学项目的评审申请；②根据办学项目提交的书面材料组织评审；③收集质量管理委员会成员对项目的意见，并针对委员会、委员会主席和委员会秘书处特别关注的问题进行重点审核；④代表质量管理委员会向部长反馈肯定意见，否定意见须由质量管理委员会向部长反馈；⑤终审阶段，方案评审委员会须向质量管理委员会全体会议提交书面报告，汇报评审过程情况和评审结论建议。

质量监督委员会通常由委员会主席和 2 名委员组成。其职责是：①评估机构行为是否充分满足质量管理委员会关于学位项目的条件和预期目标；②代表质量管理委员会对高等教育机构的年度报告做出反馈；③代表质量管理委员会处理高等教育机构已批准项目的变更信息，例如课程、教师和发送方式等；④在终审阶段，质量监督委员会须向质量管理委员会全体会议提交书面报告，汇报评估过程情况和评估结论建议；⑤向质量管理委员会反馈其在开展质量监督评估中遇到的问题。

三、质量保证的实施程序

大学学位项目的完整审批过程由政府和质量管理委员会共同负责，通过五个步骤来完成：

(一)办学机构向政府部门提交项目评审申请

在向政府部门提交申请时，办学机构须填写一份在线报告，详细介绍项目学位层次、项目必要性、招生计划、项目如何契合机构使命、机构内部评审和批准过程、项目如何与其他高校的项目形成合力、潜在学习者的来源、为了保障项目质量学校会向教师和学生提供哪些支持等，报告还要包括学生需求和劳动市场分析，以及项目财政的可行性和可持续性。

(二)政府工作人员对申报项目的材料进行形式审查

形式审查的目的是确保项目材料齐全，与现有项目之间无冲突，并不违反政策。这一类型的审查由政府工作人员实施，重点审查项目的必要性，以及项目与阿尔伯特其他大学相关项目的协调问题。

在形式审查阶段，政府会邀请阿尔伯特省的其他高校对其他机构新申请的学位项目提出意见。一旦形式审查通过后，教育部长会正式请质量管理委员会进行内容评审。

(三)质量管理委员会负责组织内容评审

质量管理委员会的评审重点是：

(1)评估机构项目的战略规划、使命以及学习者和雇主的需求。

(2)评估项目对机构现有项目或阿尔伯特省其他高校项目的影响。

(3)审查大学关于项目的预算方案，包括财政的可持续性，以及项目对学生和纳税人的意义。

质量管理委员会的评审可能会采取以下三种方式中的一种来进行：

(1)全面内外部评审——针对新学位或者新水平学位项目的申请，质量管理委员会组织针对机构和项目两方面的评审，评审引入外部评估者。

(2)项目内外部评审——当质量管理委员会决定不对机构进行评审，只引入外部评估者对项目进行评审时会采取这一方式。必要时，质量管理委员会也会在项目评审时涉及申请机构的部分工作环节。

(3)全面内部评审——当质量管理委员会决定不需要引入外部评估者对机构和项目进行评审时，方案评审常务委员会将根据书面材料进行评审。

进入内容评审阶段，申请机构应向委员会提交新的文件，包括：

(1)5 份纸介和 1 份电子的项目方案(A、B 两部分)。A 部分必须反映申请机构落实形式审查中提出的问题的情况。B 部分是委员会需要的额外信息。这些信息包括项目的培养方案、培养目标，评价标准，录取的条件，学术进展的标准和要求，所用的教学方法和培养模式。该项目与阿尔伯特省，加拿大，乃至其他地方的类似项目在证书名称、入学要求、学习场所、毕业要求和所需学分总数等方面的对比分析。同时，还要提供项目实施计划、师资力量，以及技术基础设施要求(实验室、计算机)。

(2)16份自评报告，用于证明申请机构已经具备办学条件，例如：财务审计报告、发展规划报告、教师工作手册（或类似文件）、主要责任人的简历等。申请结构可以参考自评报告的模板，模板明确了自评报告中必须包括的11个方面的内容。自评报告是委员会外审专家团队重点参阅的文档。

(3)1份校长或董事会主席签名的申报材料真实性声明，以证实所提供的信息是完整、准确的，并反映了机构的真实情况。

(4)1份参与评估的机构或评估者的建议名单，包括他们的详细信息（职位、机构、专业领域、专业经验、联系方式等）、与申请机构先前关系的证明、推荐的原因等。申请机构不能与名单中的个人预先接触。评审者需签署一份回避声明，不建议任何与被评项目有关系的人参与项目评审。

(5)质量管理委员会通过网站可下载教学机构学位项目申请计划书模板，模板提供了项目申请所需信息的清单。

所有项目申请中，评估所需费用由申请机构承担。

一旦申请被受理，质量管理委员会将组织一个外部机构评审团队来评估机构是否做好开办新专业的准备工作，以及机构是否能够达到办学机构的评估标准。机构评审团队会先审阅申请机构提供的自评报告和其他材料，然后在入校检查过程中与申请机构的相关工作人员面谈。一旦机构评审团队的评审报告形成后，会发给申请机构征求意见。机构评审团队的报告和申请机构的反馈意见都会被提交委员会会议讨论。

完成对申请的评价后，质量管理委员会会组建一支外部学科评审团队，依据项目评估标准和本科项目评估框架，去评估所申请的学位项目的水平。学科评审团队检查项目培养方案，在入校检查期间约谈机构工作人员。学科评审团队的报告也将发给申请机构征求意见。学科评审团队的报告和申请机构的反馈意见都会被提交质量管理委员会会议讨论。

(四)质量管理委员会向教育部提交评审报告

在完成上述内容评审后，质量管理委员会将根据外部机构评审团队和外部学科评审团队的意见，撰写评审报告，评审报告要明确是否同意立项，并提供建议及依据。评审报告将以质量管理委员会的名义提交给教育部。

(五)教育部做出审批决定并反馈评审决定

教育部根据质量管理委员会的评审意见，做出是否批准项目的决定。教育部会以评审通知函的方式向申请机构宣布评审结果，如果项目被批准了，通知函内会列出与项目落实和监督相关的要求，评审过程同时自动结束。

四、混合式、分布式和远程教育项目的附加质量评估标准

阿尔伯特质量管理委员对学位项目进行评审时所遵循的原则是：教学方法可能不同，但质量期待相同。任何项目确保质量的关键在于：①能够有效促进学习；②基于高水平的学术研究；③运用先进有效的教学方法。

同面对面教学的学位项目一样，完全或部分通过混合方式实施教学的学位项目，必须符合质量管理委员会现有的本科和研究生项目评估标准。另外，这些项目还要符合专门针对混合式、分布式和远程学习的评审标准。

(一)标准

远程教育项目标准可归为以下几类：项目和课程的规划，学习者咨询服务，教职员工的专业发展，以及技术（安全、恢复、更新、培训）。这些条款是质量管理委员会提出的基本要求之外针对远程教育项目的附加要求。具体标准可参见本书第一个案例"内部质量保证：加拿大阿萨巴斯卡大学的案例研究"中的相关内容。

(二)监督

除了要评审新设立的学位项目外，质量管理委员会还要监督已批准的学位项目，确保这些项目能够持续符合机构和项目质量应达到的标准。

为了充分履行监督职能，持续评估已批准的学位项目的质量，质量管理委员会采取两种类型的阶段评估：综合评估和年度报告。

质量管理委员会的监督活动面向已经实施的办学项目或者要变更的办学项目。重点监督机构的办学能力，机构的内部质量保证制度、项目

实施情况，以及未来发展前景。

为了确保项目能够符合质量标准，阿尔伯特省质量管理委员会可能会监督项目目标和学习结果的达成情况、课程的受欢迎程度、生源变化对质量的影响、师资建设情况、个性化学生支持、学习者经验在研究和学习中的作用。对于机构的"范围"定位，质量管理委员会可能会采用不同的监控模式，可能是年度报告、综合评估或定期审核。

为了履行监督职能，质量管理委员会遵守以下原则：

（1）学术质量保证的负责主体是高等教育机构自身。

（2）质量管理委员会支持高校建立有效的内部质量保证机制，希望高校能不断提高质量意识，并向质量管理委员会展示它们拥有了确保项目质量的能力。内部质量保证制度的关键在于是否由独立专家实施的外部同行评审。

（3）持续按照质量管理委员会的质量标准开展实施办学项目是高校的责任，当不能达到标准要求时要向委员会报告。

（4）质量管理委员会依据阿尔伯特省教育问责框架履行其监督职责。

（5）办学机构提供同一水平学位项目，比如本科、硕士、博士等，或者相同或相近学习领域的项目在评审中会比较有利。例如，一个拥有人文学科领域文学学士项目的高校，其在历史学领域新批准的专业，或许比那些没有人文学科项目的高校接受的监督要少。另外，一个没有或者拥有很少研究生项目经验的高校，如果提供研究生项目，可能会接受委员会更加严密的监督。

（6）质量管理委员会尽力确保所采取的监督行为尽可能避免不必要的重复，以免提高成本。为此，质量管理委员会考虑参阅阿尔伯特省政府和其他来源的可参考信息。

（7）质量管理委员会的监督职能同样适用于各类机构间的合作项目。

在其网站（www.caqc.gov.ab.ca）和电子手册中，质量管理委员会提供其角色、职责、标准及程序的详细信息。其他省级委员会有类似的网站，不同程度地公开其信息。加拿大教育部长委员会的质量框架是各省质量管理委员会的基础，各省、各类委员之间的协调都要基于这个质量框架。

除必须要达到本省质量管理委员会的要求外，一些专业性较强的项目还需要通过相关学术组织的外部认证。这也需要进行项目评审，但不像质量管理委员会那样严格和深入。因为这些工作通常花费大量人力和成本，所以大学试图协调或至少使他们的申请符合这两类评审的要求。

在一些省，拥有悠久历史和良好声誉的高校不必遵从省质量保证机构的要求，而是期待他们持续保持承诺政府的高标准。在另外一些省，声誉好的教育机构可以被免去外部评审。在安大略省，安大略大学质量管理委员会主要负责监督已有学位项目和审查已经通过教育部外部评审的新学位项目。

五、学分转移系统促进了学生的流动

加拿大多数省的高等教育机构，已经在它们所提供的各种课程的学分互认之间形成了非正式的协议。学分转移系统使学生能够从一个机构转去另外一个机构，并且他们之前学习的课程能够在新的机构得到承认并获得相应的学分。在不列颠哥伦比亚和阿尔伯特，已经建立了两省之间正式的学分转移系统。两省的在线学分转移指南中包含学分转移规则。此外，机构间也通过协商达成了非正式的课程对课程、学生对学生的安排。安大略省虽然没有正式的学分转移系统，但政府鼓励学院和大学间建立正式的学位对接转换安排，这样学生在修读本科学位项目时，当取得足够的学分，可以获得专科文凭；或者，根据部分转换协议，专科学生可以获得一定数量的本科学位项目的学分，但不是全部。

六、质量管理委员会的自我约束

质量管理委员会也需要接受外部评估，评估过程通常由相关政府部门或来自其他质量保证机构的专家团队主导，并征求所有被评机构的意见。2013 年沿海诸省质量保证机构报告称，它们计划进行第二轮的评估以解决第一轮评估中存在的问题。该机构发现，大多数政策倾向于关注教师、资源以及质量保证过程，而并没有采取有意义的后续行动。由此导致的结果是，教的质量、学的质量以及学生的整体经验并没有进入大多数评估机构的核心评估过程。在北美教育中，学生参与学习已经成为一个重要的评价焦点，为此，质量保证机构将不断改进质量保证标准，以引导教育机构满足质量要求。

总之，对加拿大高等教育系统来说，质量保证对建立和保持大学质量的外部认可非常重要。质量保证机构的要求使大学更加意识到其他省相同项目的水平正在发生哪些变化，更了解当前的教学实践，更理解学生服务的发展。在较大的省份通过省级质量管理委员会，在较小的省份通过区域委员会，在有些省份借助大学与政府之间的直接关系，实现教育质量标准的公开，能够帮助建立和提升大学在省内、全国以及全世界的可信度。

这些外部评审机构必须在办学机构自身的质量标准和外部评审标准之间寻找到共识点，遇到问题，持续对话和共同协商对解决问题至关重要。

参考文献

[1]Amaral，A. "Where are Quality Frontiers moving to? In M. J. Rosa and A. Amaral，(Editors). Quality Assurance in Higher Education. Contemporary Debates. (pp. 13 — 22). Basingstoke，Hampshire，England：Palgrave Macmillan (e-book).

[2]British Columbia Degree Quality Assessment Board：http：//www. aved. gov. bc. ca/degree-authorization/board/welcome. htm.

[3]Campus Alberta Quality Council (2014)：www. caqc. gov. ab. ca.

[4]CAQC Handbook (2014)：http：//www. caqc. gov. ab. ca/media/4650/handbook _ july _ 2014. pdf.

[5]CICIC Quality Assurance Practices in Canada：An Overview (updated 2009)：http：//cicic. ca/658/quality-assurance. canada.

[6]Council of Ministers of Education，Canada：http：//www. cmec. ca/Publications/Lists/Publications/Attachments/95/QA-Statement-2007. en. pdf.

[7]Maritime Provinces Higher Education Commission：http：//www. mphec. ca/about/about. aspx.

[8]Ontario Quality Council：http：//oucqa. ca/what-we-do/what-we-do-in-quality-assurance/.

[9]Post-Secondary Learning Act，Statutes of Alberta (2013)：www. qp. alberta. ca.

【评述】

加拿大高等教育质量享有良好的国际声誉，是我国学生留学首选国家之一。加拿大高等教育质量的高声誉得益于构建了由三层质量保证制度构成的质量保证体系：①加拿大学位资历框架制度；②省级质量保证制度；③高等教育机构内部质量保证制度。本文重点介绍了省级高等教育质量保证制度的核心内容。

与我国当前高等教育发展的形势类似，自 20 世纪八十年代，加拿大高等教育呈现了国际化、多元化和产业化的发展趋势，如何保证产业化与多元化高等教育机构的质量？如何评判各种高等教育机构、各种培养项目的教学质量？如何实现学习成果的积累与转换等都给加拿大高等教育的管理提出了新的挑战。再由于，加拿大是由 10 个省和 3 个地区组成的联邦制国家，每个省或者地区的政府部门对本省或本地区的高等教育负责并实施管理。尽管高等教育是各省的责任，但如何支持加拿大学生在国内各省之间的流动也成为加拿大高等教育管理的新课题。最终，加拿大教育部选择了国际惯例的做法：构建质量保证体系，开展质量保证实践。

2007 年，由各省部长组成的加拿大教育部长委员会集体通过了加拿大学位资历框架制度。学位资历框架制度规定了加拿大学位的类别及其标准，以及评估新的学位项目和学位授予机构的程序和标准。资历框架制度是加拿大国家层次的质量保证制度，是各省建设省级质量保证制度的基础。资历框架制度不仅能够明确同一层次学位的水平要求，还能支撑不同层次学位的衔接。目前，多数发达国家和地区，例如：英国、欧盟、中国香港等都颁布了资历框架制度，并通过资历框架的对接，实现不同国家和地区间高等教育学习成果的认证和转换。遗憾的是，至今我国尚未考虑出台学位资历框架制度，我国高等学校本科教学评估制度仅相当于加拿大学位资历框架制度中本科教学部分的制度。学位资历框架制度的缺失造成我国无法判断其他国家高校学位项目的水平，无法向更多的办学机构开放办学权，无法帮助公众准确了解新型教育教学方式的培养质量，无法支撑高等教育机构间实现课程学分的转移与认可，进而，严重制约和影响了我国高等教育的高质量快速发展。因此，颁布国家学位资格框架迫在眉睫。

更值得关注的是，在学位资历框架制度的基础上，加拿大各省都建立了由第三方独立机构负责的省级质量保证制度。其中，包括设立省级质量管理委员会或组建跨省的质量管理委员会，建立严格的评审和过程监督机制。评审和过程监督机制中涉及对机构和项目两个层次的管理。评审标准中专门为混合式、分布式和远程学习增加了 18 条评审标准。其认识论基础是：教学方法可能不同，但质量要求一定相同。任何项目确保质量的关键在于：①能够有效促进学习；②基于高水平的学术研究；③运用先进有效的教学方法。这些原则反映了加拿大远程开放教育同一性质量观，即无论采取何种教学方式，同一层次课程或者学位的人才培养水平的要求应该是一致的。加拿大各省的质量管理委员会同时负责面对面教学和混合式教学的机构和项目的质量管理。

加拿大质量保证制度有四点值得我国读者借鉴：①质量保证制度必须以学位资历框架为基础，没有学位资历框架的质量保证制度无统一的依据，只能打造孤岛；②质量保证制度不仅包括入门评审机制，还应包括定期过程监督机制；③同一性质量观是远程开放教育获得公众认可的唯一选择；④第三方独立机构可以在政府简政放权的形势下帮助政府实施质量监管职能。

南非国际远程教育质量保证制度

Ephraim Mhlanga

张馨遐 译

一、引言

多数非洲国家现有面授教育机构并不能满足人们日益增长的接受高等教育的愿望。而远程教育颇具成本效益，它能够为人们接受高等教育节省成本。同时，远程教育所具有的灵活性，即人们可以随时随地自定步调的学习，恰巧符合大多数学生尤其是在职成人的学习需求。因此，远程教育在这些国家发挥着重要的作用。几十年以来，南非大学（University of South Africa，UNISA）是南非仅有的一所致力于远程教育的机构。如今，这一情况已发生改变，南非很多面授教育机构也向学生提供远程形式的课程。截至 2004 年，早在一项针对高等教育领域远程教育条款的政策颁布前，南非接受高等教育的学生中有超过三分之一是通过远程方式（Council on Higher Education，2004）。南非于 2012 年颁布了远程教育政策框架，该政策框架为南非所有提供远程教育的高等教育机构制定了相应的条款，它规定这些机构必须有完善的远程教育体系，所提供的远程课程必须经过高等教育委员会的认证，并且需要按照国家资格框架（National Qualifications Framework，NQF）在南非资格认定委员会（South African Qualifications Authority，SAQA）注册远程课程。

就非洲南部整体而言，远程教育的学生注册人数以及提供机构数量都呈迅猛增长之势。远程教育的迅猛发展的确可以使更多人接受高等教育，但同时远程教育一定要保证高质量，尤其要保证课程设计、资源开发、学生支持和评估方面的质量（the Draft Policy Framework for the Provision of Distance Education in South African Universities，2012）。

本文旨在详述非洲南部地区远程教育质量保证工作所面临的一些挑

战。同时，本文还探讨撒哈拉沙漠以南地区，尤其是南非为保证远程教育质量所采取的一系列措施，以此分享该地区远程教育质量保证工作的一些经验。

二、远程教育的概念

由于远程教育质量保证的内容和方法在很大程度上是由远程教育组成要素所决定，因此，在讨论远程教育质量保证前，必须明确远程教育的概念，即远程教育的组成要素。远程教育侧重于教、学、支持服务、评估、技术和学习管理系统设计，它为物理"不在场"的学生提供了学习的机会。以远程方式学习的学生大部分时间与教学场所和教师是处于时空分离状态的，但远程教育并不排斥面对面交流。相反，它为学习者提供了一系列支持机制，这些支持机制不仅可使学生独立的学习，还可使学生借助多种技术手段与同伴跨时空交流，甚至还可以与同伴面对面交流。远程教育使得学习不一定只在教室里或只有教师在场时才能够进行，而且学习也不一定是基于"团体结构"的课程。相比于传统面授教育而言，远程教育更加具有灵活性，学习者可以随时随地自定步调的学习。

因此，远程教育机构必须要认识到远程教育的特殊之处，即学习不受时空所限。同时，远程教育机构不仅要思考如何为学习者提供高质量的学习支持服务从而帮助学习者取得成功，还要思考如何制定高水平的质量保证体系来保证远程教育的质量。

三、非洲南部国家远程教育质量保证的要求

非洲南部国家教育领域质量保证工作越来越倾向于关注谁应为远程教育的质量负责。长久以来，这些国家高等教育质量保证工作大多是在机构内部进行的，而且机构没有明确规定如何开展质量保证工作，而现在人们逐渐意识到明确规定如何开展质量保证工作的重要性，同时人们认为远程教育机构需为此担负起更多的责任。远程教育所面临的一大挑战是如何使公众相信远程教育的质量与传统面授教育的质量并无差别。然而在过去十年，远程教育机构数量呈指数增长，有些机构盲目地追求经济利益而不注重质量。因此，为了保证远程教育的质量，非洲南部国

家在国家及地区层面都采取了一系列措施。

四、非洲国家对远程教育质量保证的理解

在南非以及非洲南部国家，人们普遍认为远程教育机构应保证所提供的远程教育的质量。在国家强制实行质量保证工作的同时，远程教育机构也应主动地采取一系列措施保证远程教育的质量。因此，国家质量保证机构负责制定质量保证框架，并明确规定远程教育机构需达到的最低质量标准。然而，如果远程教育机构希望取得卓越成就的话，仅仅达到这些最低标准是远远不够的，机构还要主动地采取一系列保证措施提高质量。

在非洲，是否应对远程教育和传统面授教育使用同一质量保证标准，人们始终没有达成一致意见。南非高等教育委员会对远程教育和面授教育使用的是同一质量保证标准。这样做有两点好处：第一，使用同一标准评估两种教育形式的质量，这为两种教育形式设定了同样的质量标准。第二，同一评估小组评估远程教育和面授教育的质量，保证了评估的公平性。因此，这就有助于公众相信两种教育形式的质量并无差别。然而，还有一些非洲国家并没有使用同一质量标准评估远程教育和面授教育的质量。这些国家认为远程教育具有不同于面授教育的一些独有的特点，因此需要为远程教育另设一套质量保证标准。值得注意的是，南非虽然采用同一质量标准评估远程教育和面授教育的质量，但同时它还制定了指导方针来具体说明如何根据质量保证标准评估远程教育的质量。

为了达到既定的质量标准，无论是远程教育机构还是面授教育机构都需制定相应的质量保证政策、流程、体系，并在机构内外部开展质量保证工作。远程教育机构所制定的质量保证政策、流程、体系不仅要迎合国家质量保证标准，还要满足利益相关者的需求。国家、公众以及学生普遍认为教育机构应保证所提供的教育产品的质量，但如今人们对质量保证的理解有所改变。之前人们认为质量保证工作应由外部机构实施，现在人们认为机构应从内部自发地实施质量保证工作，从而不断地提高机构自身的质量。因此，质量保证是一个系统地自我调节的过程，这能够为学习者带来更大的教育收益。杜芙等人（Duff，2000）较为准确地界

定了质量保证概念，这为南非高等教育质量保证的实施提供了依据：

　　高等教育机构以质量保证的方式确保了其教、学以及其他支持服务的质量都达到了高标准，这一点对于高等教育机构来说是很重要的。另外，机构要保证公众的资助全部用于提高教育产品的质量，从而保证物有所值。因此，质量保证是在机构内部进行的，机构通过开展质量保证工作来评估、维持并提高自身的质量。

五、非洲国家为提高远程教育质量所采取的措施

　　如上所述，非洲南部国家为保证远程教育在急速扩张的同时依然保持高质量而采取了多种措施。一些地方远程教育组织，如南部非洲远程教育联盟（Distance Education Association of Southern Africa，DEASA）和非洲远程教育理事会（African Council for Distance Education，ACDE）为保证远程高等教育质量而采取一系列措施并在成员机构中实施。ACDE还创建了质量保证认证机构（Quality Assurance and Accreditation Agency，QAAA）对非洲远程教育机构进行质量认证。

　　非洲南部国家的很多教师并不熟悉远程教育传送模式和质量保证流程，因此，该地区的远程教育机构和地方远程教育组织急需培养教师这方面的能力。QAAA为此已采取措施，该组织制定了一套评估远程教育质量的标准，并对评估人员进行培训，使其熟悉如何根据这些标准评估远程教育的质量。此外，该组织还计划成立一支区域性评估团队对成员机构远程教育的质量进行评估。以上这些措施有助于提高非洲远程教育机构的质量。

　　此外，非洲南部国家为提高远程教育质量还采取如下措施，即这些国家设定了远程教育质量标准，并根据这些标准制定了远程教育质量保证框架。例如南非的远程教育机构必须要遵循以下质量保证流程：

　　（1）高等教育委员会和高等教育培训部门对远程教育机构进行认证。

　　（2）高等教育委员会对远程教育机构所提供的课程进行认证。

　　（3）高等教育委员会对课程认证后，南非资格认定委员会按照国家资

格框架注册该门课程。

（4）远程教育机构需根据高等教育委员会的要求制定机构的质量保证政策。

（5）远程教育机构的质量保证部门负责协调实施质量保证工作，该部门的规模和成员组成因机构而异。

（6）远程教育机构根据自我评估报告和质量提高计划定期进行自我审查。

（7）如果远程教育机构希望将某些已通过认证的面授课程以远程的方式传送的话，那么这些课程需通过再验证。这里需要注意的是，即使这些面授课程已经通过认证，但如果要以远程方式传送的话必须通过高等教育委员会的再次认证。

（8）高等教育委员会对远程课程的再认证。高等教育委员会选取一些已经开设一段时间的课程，对这些课程进行再次认证。这样做的目的是保证机构所提供的课程一直都保持着高质量。

远程教育机构所提供的课程必须经过认证才可以提供给学生。

非洲南部其他国家的质量保证工作仍处于起步期，多数国家也采用了上述南非质量保证流程。正如上文所述，尽管从国家层面采取质量保证措施很重要，但远程教育机构依然担负着质量保证的首要责任。因此，机构需根据其使命及愿景，积极地采取措施保证其所提供的远程教育的质量。

六、远程教育质量保证模型

目前，多数远程教育机构和面授教育机构所采用的质量保证模型有一个共同点，即都是从机构自身方面提高质量的。这类模型巧妙地将机构内外部评估结合到一起。内部评估是指机构按照国家质量保证标准定期进行自我审查。内部评估皆在帮助机构发现其在质量保证工作方面所取得的成就以及不足之处，机构据此制定提高自身质量的方案并加以实施。内部评估在很大程度上是机构自发实施的，并且应该是持续进行的。由于很多远程教育机构都开展内部评估工作，所以国家需制定一套普遍被认可的质量保证标准，机构以此作为内部评估的参考标准。

此外，这类模型还涉及外部评估。国家成立评审小组，该小组成员由在远程教育相关领域工作的训练有素的人员组成。新的教育技术的出现改变了以往的远程教学方法。因此，评审人员需定期参加培训。远程教育的一些组成要素是远程教育所独有的，如基于工作要素的培训、课程材料开发、技术的使用、学生跟踪以及学生支持服务。同时，对于远程教育机构而言，以上这些要素是比较难以管理的，评审人员应尤为注重这些要素的质量评审工作。国家教育机构主要通过两种方式监控并提高远程教育机构的质量，这两种方式分别是制定政策以及定期实地考察远程教育机构。外部评估旨在向公众、教育团体以及其他利益相关者证明本国的远程教育机构所提供的远程教育是高质量的。除了为远程教育机构建立一个积极的公众形象外，外部评估还可使学习者免受远程教育系统中不法行为的侵害。国家质量保证机构还担负起指导远程教育机构构建质量保证能力的责任。

南非以及一些其他非洲国家所采用的质量保证模型如图 12 所示：

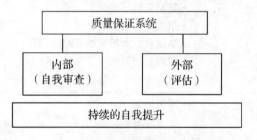

图 12　远程教育质量保证系统模型

七、远程教育机构自我审查过程

南非质量保证框架规定远程教育机构需定期进行自我审查，并撰写自我审查报告(简称自评报告)，并据此制定质量提高方案。自我审查旨在帮助远程教育机构发现自身的优点和不足，从而为机构提高自身的质量提供参考依据。理想情况下，远程教育机构每年应开展一次自我审查工作。

自我审查通常是在远程教育机构内部进行的，远程教育机构根据自我审查结果撰写自我评估报告。但如果自我审查不仅限于机构内部进行的话，那么同行评审是自我审查过程中很重要的一个步骤（Luckett，2005）。同行评审是指机构外部的个体或组织也参与机构的自我审查，它们为机构提供一些审查结果，结合这些同行评审结果，机构能够更加准确客观地撰写自我评估报告。无论使用何种方法，检验自我评估报告有效性的关键点是看自我评估报告是否很好地展现了机构的优势和不足。机构可以通过自我审查来检查自身是否达到了质量保证框架的要求。

自我审查所参考的质量标准通常是国家质量标准。南非将课程认证标准分为四类，即课程输入、课程进行、课程输出及影响、课程复审。具体如下（见表7）：

表 7　南非远程教育课程认证标准

质量保证类别	质量保证内容
课程输入	• 课程设计 • 学生招收 • 员工配置 • 教学策略 • 学生评估政策和流程 • 基础设施和图书馆资源 • 课程管理服务 • 研究生政策、规章和程序
课程进行	• 课程协调 • 学术发展 • 教学交互 • 学生评估实践 • 协调在职学习 • 传送研究生课程
课程输出及影响	• 学生保持率和学生流动率 • 课程影响力
课程复审	• 课程复审

然而，国家质量标准只是每所远程教育机构所必须达到的最低标准。如果远程教育机构想要取得卓越成就的话，仅仅达到国家质量标准是远远不够的。同行评审就是提高机构质量的一种很好的方法。通过同行评审，机构不仅能够借鉴同行的质量标准还可以获得外部反馈，这有助于

机构制定高水平的质量标准。

自我审查通常是外部评估的基础。外部评审员实地考察前，远程教育机构要先进行自我审查，同时撰写自评报告并将其提交给相应的国家教育机构。外部评审员在实地考察前先仔细阅读自评报告。之后，外部评审员进行实地考察以此检验自评报告内容是否属实。实地考察期间，外部评审员浏览机构的相关文件，采访机构内部利益相关者，如员工、管理人员以及学生，并观测机构的基础实施情况。然后，他们将会撰写一份外部评估报告并将这份报告反馈给被评估的机构。如果机构对外部评估报告的内容存有疑义的话，机构可与外部评审人员沟通。最终，双方需对外部评估报告的内容达成一致的意见。之后，这份报告将提交给国家质量保证机构，国家质量保证机构根据报告最终决定机构是否通过认证(见图 13)。

---

1. 认证通知

　　国家质量保证机构与被评估机构交流，告知其为评估做准备。国家质量保证机构提前 6 个月向被评估机构下达质量审核的通知。

2. 撰写自评报告

　　机构进行自我审查，同时撰写自评报告，并在国家质量保证机构实地审核前 2 个月将报告提交给国家质量保证机构。

3. 评估小组的实地考察

　　评估小组实地考察机构，严格审查文件并采访相关人员来检验自评报告是否属实。评估小组撰写评估总结并将其反馈给机构。如果机构对评估总结的内容存有疑义的话，那么机构相关人员需与评估小组的领导进行沟通。

4. 形成最终的外部评估报告

　　评估小组撰写最终评估报告并将其提交至国家质量保证机构。课程可能会被授予 5 年有效期的完全认证，也有可能是被授予 2 年有效期的临时认证，还有可能没有通过认证。如果没有通过认证的话，那么该课程将被延期发送。

图 13　外部评估的实施流程

八、非洲国家远程教育质量保证所面临的挑战

虽然南非开展高等教育质量保证工作已有数年之久，但在实施远程

教育质量保证的过程中还是遇到很多问题，非洲南部国家更是如此，这些国家甚至还没有形成清晰具体的质量保证框架。相比而言，南非已形成较为完善的面授教育质量保证体系框架，但把这一体系框架应用于远程教育还是有很多问题的。这里需要指出的是，南非使用同一质量保证标准评估面授教育与远程教育的质量。南非大学曾是南非唯一的一所致力于远程教育的机构，直至近几年，这一情况才发生改变。两年前，南非颁布了一项政策，该政策允许该国面授教育机构也可以提供远程教育。如今，南非远程教育迅猛发展，很多面授高等教育机构都提供远程教育。

远程教育的迅猛发展所面临的一大挑战是很多教师还并不熟悉远程教育。因此，远程教育的质量保证工作受制于教育从业人员的能力，开展远程教育质量保证工作尤为困难。一些教育机构如南非远程教育协会就担负起构建教育从业人员远程教育相关能力的重要责任，它主要通过以下几种方式构建教育从业人员远程教育相关能力：与各类远程教育机构全面合作、举办研讨会、组织年会、为远程教育机构和评估人员撰写指导方针。

南非远程教育质量保证所面临的第二个问题是规划。通常，机构在未对远程教育做出系统全面的规划前就盲目地开展远程教育。机构需要对远程教育系统做整体的规划而不是对系统的组成要素做规划。

只有充分地理解远程教育以及人们如何以远程的方式学习，机构才能够知道如何保证远程教育的质量。除此之外，只有理解远程教育有哪些组成要素才能知道远程教育质量保证工作需涉及哪些方面。早在2004年，南非远程教育协会与南非国家开放远程教育组织共同确定了远程教育的一些重要组成要素，并设定了一系列质量保证标准来保证这些要素的质量。如今，很多亚洲和非洲国家都采用这一标准。

由于新教育技术手段的出现，高等教育传送模式变得越来越复杂。在一些案例中，远程教育传送模式与面授教育传送模式现已无大差别。因此，从质量保证角度来看，需要对现有远程教育质量保证标准做细微的调整以此适应这一变化，而这对于远程教育机构以及评估人来说都是一个挑战。

理论和实践都表明，高等教育的质量保证逐渐呈现出国际化趋势。

国家颁布的关于高等教育质量保证的政策已逐步走向国际化，这有助于提高远程教育质量保证的整体标准。

如今的世界是一个国际化的世界，无论采取何种方式保证高等教育的质量，质量保证的国际化对于远程教育和面授教育来说都是非常关键的。远程教育机构必须以国际化质量保证标准作为其制定自身质量保证标准的最低标准。

迄今为止，人们对是否应该对远程教育和面授教育使用同一套质量保证标准还没有达成一致的意见。有些人认为，由于远程教育具有一些不同于面授教育的独有的特点，所以应该为远程教育另设一套质量保证标准。然而，另一些人认为，如果使用不同标准的话，那么公众将会怀疑这两种教育形式的质量是否一样。这一争论一直持续着，有些国家使用同一套质量保证标准而另一些国家采用不同的质量保证标准。

参考文献

[1] Council on Higher Education，Higher Education Quality Committee（HEQC），2004，*Criteria for Institutional Audits*，April（Pretoria，Council on Higher Education）. Avalable at http：//quality. up. ac. za/docs/index. html.

[2] Duff，T.，Hegarty，J. and Hussey，M.，2000，*Academic Quality Assurance in Irish Higher Education：Elements of a handbook*，（Dublin，Blackhall）.

[3] Government of South Africa. 2014. Policy for the Provision of Distance Education in South African Universities in the context of an integrated post-school system. http://www. saide. org. za/sites/default/files/37811 _ gon535. pdf.

[4] Mhlanga，E.（2013）*Quality Assurance in Higher Education in Southern Africa：Challenges and Opportunities*，Peter Lang Ltd，Oxford：ISBN 978-3-0343-0965.

[5] Luckett，K.（2005：20）A critical policy analysis of the proposed national quality assurance system for South African higher education. In Smout，M.（ed）*The Decade Ahead：Challenges for Quality Assurance in South African Higher Education*，Pretoria：SAUVCA.

[6] Van der Wende，M.（n. d.）Quality Assurance in Higher Education and the Link to Internationalisation. In*Quality and the International Dimension in Higher Education Institution*s，Paris：OECD（forthcoming）.

【评述】

南非是一个多民族国家，按照南非国家统计局 2015 年 7 月发布的人口估测数据，南非的总人口为 5495.69 万，其中大约黑人占 80.5％，有色人种占 8.8％，印度/亚裔占 2.5％，白人占 8.3％。了解南非历史的人都会知道，南非的远程教育在促进南非的社会公平和平等方面做出了杰出贡献。在过去的很多年，在种族隔离的年代，绝大多数的教育资源只有白人学生可以享受到，而当时唯一的远程教育机构南非大学为所有种族的学生提供了接受高等教育的重要机会。

1994 年废除种族隔离制度后，南非对高等教育进行了改革和重建。其中最重要的一项革新就是 1995 年颁布的南非认证机构法案，通过法律的形式确立了南非的国家认证体制。南非资格管理局以此法为依据，建立了统一的国家资格框架。该框架明确界定了所有教育机构要达到的最低质量标准且打通了各类资格间横向和纵向的衔接。这一高屋建瓴的战略部署，建立了教育的一体化体系，提高了教育系统的效率，对于急需加强内部衔接、推进学习成果认证、构建终身教育制度的中国教育体系具有重要参考意义。

在南非，高等教育委员会对远程教育和面授教育采用同一项目认证标准。这并不表示没有考虑到远程教育的特殊性。高等教育委员会制定了特殊的指导方针来解读质量标准以适用远程教育。从 2012 年开始，只要通过了高等教育委员会的认证，并且基于国家资格框架在南非资格管理局完成注册，南非的任何高等教育机构均可提供远程教育项目。然而，即便是已经通过认证的面授项目，如果想以远程方式提供，还要像新项目一样通过高等教育委员会的重新认证。南非质量保证的原则就是任何项目的合法性和适宜性由认证来确立。这一点充分体现了南非质量保证制度的完善和严谨。

南非的质量保证模型是在巧妙平衡内外部评估的基础上实现机构的自我完善。他们认为内部评估的目的是让机构认识到自身的优缺点，制定并实施改进方案。这是一个持续、自发的过程，不能过分强调统一的标准。而外部评估的目的则是为机构树立积极的公众形象，保护学习者免受不法行为的侵害。国家质量保证机构的职能是建立稳定、专业的评审小组，监控、提升远程教育质量，指导、帮助机构能力建设，公布国标、对标国际。这样的内外定位促进了"共同利益"，较好地协调了远程教育机构内部以及远程教育机构与质量保证机构之间的关系。

随着新政策的出台，南非的远程教育机构迅速扩张。除南非大学外，其他机构过去均为面授机构，相应的人员并不熟悉远程教育模式，制约了远程教育的质量。南非充分利用了专业组织，如南非远程教育学会和南非国家开放与远程教育组织，以全面合作、召开研讨会/年会、开发指南等方式帮助这些机构人员深化对远程教育的理解，建立相应的战略和规划。这两个组织早在2004年就合作确定了被广为使用的远程教育质量保证标准。像这样的专业组织，充分发挥其优势和经验是远程教育机构快速进入良性发展的捷径。

作者强调在全球化的世界中，质量保证的国际化是高等教育机构增强质量的关键所在，不论是面授机构还是远程教育机构，都必须将国际普遍标准作为其质量标准的基准，使学生的学习结果具有国际可比性。当然，置身国际、放眼全球是未来大势，不过，要想实现这"求大同"的美好愿景，也许还要优先解决好各国的"小异"，比如，明确远程教育和面授教育是否采用同一质量标准。

外部认证驱动内部质量改进案例

Nancy K. Parker

林世员　译

本文将探讨认证在质量改进过程中的作用，探究为什么阿萨巴斯卡大学作为一所加拿大的大学，却选择接受美国认证机构——美国中部州际高等教育委员会(the Middle States Commission for Higher Education，MSCHE)的认证，揭示阿萨巴斯卡大学在认证过程中的收获。

一、引言

在国际上，高等教育的政府管理模式和质量保证实践在过去 20 年里已经发生了改变。在某种程度上，这些变化反映了高等教育系统需要对巨额投入(私人的和公共的)给予更可靠的承诺。在一些地区盈利性机构增加，竞争日益激烈，特别是在线和远程教育领域，由此产生了多样化甚至冲突的质量观和标准。虽然控制和证明其质量可以通过获得国家授权许可、机构排名、外部认证、质量达标会员标记，以及 ISO 9001 等方法，但这些都是外部驱动的需求，可能会与学术文化相对立 (Birnbaum，2000；Pratasavistkaya & Stensaker，2010)。

美国高等教育认证委员会(the Council for Higher Education Accreditation，CHEA)实施的美国教育机构认证模式倡导共同治理与学术自由，虽然也有反对者，但受到广泛的认可，具有极大的影响力。本案例介绍了阿萨巴斯卡大学持续获得美国中部州际高等教育委员会(简称中部州际高等教育委员会)认证的过程和经验，将重点介绍教学人员和管理人员在评审过程中的作用。首先将与读者分享为何阿萨巴斯卡大学决定率先申请美国区域认证协会认证(全美共六个区域认证协会)的原因。然后，逐步探讨从申请、到批准，再到重新审核的过程，以及各环节中大学对应开展的重点工作并重点分享认证工作如何影响大学办学思路，以及大学如何从同行评审过程中持续受益。

在开始介绍阿萨巴斯卡大学的具体实例之前，先了解区域认证机构中部州际高等教育委员会的背景将很有帮助。

二、美国认证制度的由来

中心化和多样性是美国高等教育体系的基本特征。在国家和宪法制度创立之前，美国的大学就已经存在，自治的殖民地学院由公共经费和私人利益集团共同资助。到 19 世纪，美国仍保留了一批这种模式的大学（Trow，1993）。随着高等教育系统的扩张和一批新大学的成立，在 19 世纪 80 年代，美国成立了第一批质量认证机构。直到 20 世纪，美国高等教育形成了州政府负责审批和管理公立大学，联邦政府负责学生资助和科研项目，自治的认证机构负责认证大学会员的三足平衡管理模式。

民间认证机构的定位和合法性来源于其认证的大学、项目和课程的良好声誉，而不是政府的批准（Eaton，2012）。在美国，认证用于证明其质量，通过认证有利于大学获得联邦和州政府的资助，其学分和证书被其他大学认可，从而确保大学地位。认证机构会根据大学的规模、资金和性质分类制定会员认证标准。对大多数自治的大学来说，申请认证的目的是提高大学的学术管理水平。大学在自评、接受同行评审、接待评审组进校考察和接受定期评估等认证活动中不断提高自身的学术管理水平。美国的认证机构也要定期接受外部审查，合格后方能获得美国教育部的经营许可。

三、阿萨巴斯卡大学申请认证的初衷

成立于 1970 年的阿萨巴斯卡大学是阿尔伯特省四所综合性研究型大学之一。阿萨巴斯卡大学的一个特殊使命是服务成人学习者，让他们接受大学层次教育并获得成功。作为一所开放远程教育机构，从 1996 年开始，阿萨巴斯卡大学的战略规划中就把通过增加学生数量来摊薄课程开发成本作为第一要务。随着政府拨款急剧减少，增加课程的注册学生数，是改善资金短缺的关键战略。在 1999 年修订大学战略规划时这一战略仍作为优先发展战略予以保留。阿萨巴斯卡大学在制定战略规划时尤其关注到美国可以作为一个服务区域，学生能够接受大学提供的教育服务，通过制定不同的收费标准，用美国学生的学费反补加拿大和阿尔伯特省学生的学费。这一战略(国际拓展战略)实施的模式是，阿萨巴斯卡大学提供课程资料和学生评价，合作机构负责现场教学、辅导和本地行政管理。为了实施这个战略，阿萨巴斯卡大学需要在美国选择合作伙伴，诸如成为西部州大学联盟会员，并且需要获得一个区域认证机构的认证。于是，阿萨巴斯卡大学评估了六个区域认证机构的认证制度，最终认为中部州委员会为国际机构提供了更优的认证制度，且拥有经验丰富的远程教育同行团队。

阿萨巴斯卡大学主动申请外部认证的原因还有，一是越来越多的国际教育机构直接面向加拿大学生提供服务，由于没有明确的质量保证系统，造成私立盈利性高等教育机构越来越多；二是加拿大高等教育是省级政府负责管理，没有全国统一的高等教育标准，省际认可的质量保证制度也不健全。加拿大的一些大学试图通过自己的国际排名来定位其位置，但很少有大学获得境外知名度(Lang，2005)。最终，阿萨巴斯卡大学得出的结论是，通过健全质量保证体系获得境外认证机构的认证远比提高利益驱动的国际排名更有价值。

四、认证过程的关键步骤

中部州际高等教育委员会认证的步骤包括基本资质评估、机构提交申请、机构自评、同行进校评估，最后是中部州际高等教育委员会审查。对首次申请的机构来说，机构自评、进校评估会在五年后重复进行。加入协会时间较长的会员机构也要接受每五年的定期评估，每十年要进行全面自评和进校评估。中部州际高等教育委员会的评估标准、过程记录都会对公众公开。

作为一所拥有 30 年提供大学层次远程教育课程、项目和学生支持服务经验的公立大学，阿萨巴斯卡大学符合绝大多数的资格标准，也具备申请认证的资格条件。当时，中部州际高等教育委员会很少受理外国教育机构的认证申请，而且只能接受每年招收少量美国学生(每年 300～500)的外国教育机构。为此，阿萨巴斯卡大学和英国开放大学美国分校的认证申请，仅被中部州际高等教育委员会作为国际认证试点("International Pilot"，2002)。早在中部州际高等教育委员会工作人员首次访问阿萨巴斯卡大学之前，与申请有关的交流就已开始。从 2000 年 6 月阿萨巴斯卡大学管理委员会决定申请美国的认证资质到正式提交预申请，时间长达一年以上。预申请之后，2002 年 3 月阿萨巴斯卡大学提交了认证资格申请，随后，接受了同行进校评估。

阿萨巴斯卡大学申请认证时，为了获得认证资格，学校必须证明其符合认证的 22 条要求。第一条要求机构是被授权办学的教育机构，应拥有政府相关机构批准的高等学位授予权。其他的要求包括具有合理的治理结构、清晰的使命、可靠的财务基础、符合机构使命的学位项目等。机构还要明确每个项目的学习目标，保持一定的质量水平，并严格授予学位（MSCHE，2002a）。在资格申请阶段，只需要小范围的行政团队撰写认证资格申请报告，接待到访团队，无须广泛的师生参与。当阿萨巴斯卡大学达到认证资格要求后，进入自评阶段。

中部州际高等教育委员会的文件中建议，完成自评需要花费一整个学年，这是常规的最低工作时间，但是准备工作应该在预计评估组到校时间提前至少四个学期就开始（MSCHE，2002b）。根据中部州际高等教育委员会修订后的进程，资格申请阶段可以适当加快，自评的规划和设计仍需投入足够多的时间和精力。

设计自评的第一步是确定主要参与者和指导委员会成员。之后与董事会代表、行政人员和教师代表共同讨论自评范围。指导委员会研究评估标准，确定各类工作组推荐成员名单。每个工作小组要将评估标准转化为本校工作要求，作为自评工作的参考。在确定每个工作组成员的同时，大学的研究室要着手收集本校相关背景文件，并发布在网站上。工作组对照前期梳理出的工作要求和网站上的材料，以确定是否需要指导委员会再加以研究。

依据评估标准制定本校工作要求的目标是避免自评报告只是按照文件要求提供一般描述性信息，帮助学校形成一个自身的分析框架。例如，在评估标准中关于办学资源的问题是："学校的预算过程是否能够较好地支撑机构的使命、目标及战略规划？"在本校工作要求中可以简化为："请具体说明，我校如何在资源分配方面优先保证项目和课程的需要？"

自评方案应基本勾画出自评咨询、起草自评报告和审查的大体时间安排。虽然外部认证标准对机构的发展至关重要，但是，机构最大的受益是机构对自身工作的重新审视和评估过程。关于开放大学应如何提供优质的教学、服务和研究的讨论有助于大学按照《阿尔伯特高等教育学习法 2004》的呼吁，在机构组织架构方面做出顺应时代的调整。自评过程中有助于学校将课程材料从最初的印刷、异步传递模式进一步转变为在线交互模式。

中部州际高等教育委员会的认证标准分为两部分。第一部分七个标准主要关注机构基本情况，如使命、规划、资源、治理、管理、信誉和机构评价。申请认证的机构须完成一个书面评估方案，该方案应勾勒出评估结果如何用于提升行政服务效率和帮助改善流程。第二部分的标准主要关注教育教学，包括：招生、学生支持服务、教师、教育产品、通识教育、相关教育活动以及学生学习评估，这部分标准通常涵盖预科和非学分项目、分校和其他教学站点，合作伙伴，以及远程或分布式学习过程。

作为一所提供完全远程和在线教育的大学，阿萨巴斯卡大学把合作机构所实施的课堂活动也纳入其教学活动，这是因为，地区合作对学生学习强有力的支持是远程教育机构提供优质服务的关键。来自马里兰大学——大学学院、纽约州伊克塞尔希尔学院以及纽约州立大学系统的帝国州立学院的代表组成了进校评估团队，对阿萨巴斯卡大学的优势和挑战进行了全面的评估。进校评估团队肯定了阿萨巴斯卡大学是成人教育和在线学生服务的最佳实践机构，并高度赞扬了学生联盟的作用。阿萨巴斯卡大学颇受鼓舞。阿尔伯特省的主管部门在与评估团队的沟通中，也高度赞扬了阿萨巴斯卡大学作为一所公立大学向所有人提供高质量学习机会中的重要作用。

2005 年，中部州际高等教育委员会通过了对阿萨巴斯卡学的初始认证。但这并不意味着具备永久会员资格，阿萨巴斯卡大学每年须提交年度报告(中部州际高等教育委员会持续监管的一项措施)。另一项要求是，当大学要提供与当初认证水平不同的学位项目(例如硕士级别机构的第一个博士学位项目)或者一个学位项目要在国际校园中提供一半以上的课程(包括网络与面授两类活动)时，高校要提出"实质性调整"申请，并接受进校评估团队的现场审查。这些临时性审查重点考察机构是否有能力支持那些初始认证范围之外的项目。临时性审查以及认证的定期同行审查被认定为质量保证活动的"黄金守则"（Aumann，2006）。书面的同行审查建议对机构持续改进质量至关重要，这点在 2011 年开展的第二次综合性自评工作中被进一步证实。

五、师生参与

2008 年，学校管理委员会和学术委员会初步讨论了指导委员会性质和职责建议。大学执行董事成员讨论了指导委员会候选成员名单，并由校长任命。指导委员会确定了一系列工作组之后，面向大学师生公开招募参与者。总体来说，指导委员会根据工作组任务评估志愿者，根据志愿者的兴趣和知识基础，以及工作要求选拔并对志愿者分组。指导委员会的每位成员都负责一个工作组。工作组的构成及其主题详见表 8。60 多人参加了工作组，他们中 50% 都在大学从事教学或科研工作（学术专家、教授、导师、研究员、项目主管），另外 10% 是学生社团或校友代表。工作组分别通过问卷和小组访谈的方式收集师生的反馈信息。

表 8　工作组的组成和自评主题 2009—2010

主题	指导委员职务	工作组成员职务	
使命与诚信	学术副校长	一校友代表 一市场、沟通和商业主任 一英语助理教授 一招生助理 一高级招聘专员	一远程教育教授 一人力资源管理副教授 一多媒体教材编辑 一学术专家/导师
规划和机构资源	机构研究主任（联合主席）规划和预算副主任	一机构改革发展办公室主任 一基础设施主任 一财务运行经理 一创新管理中心执行主任	一首席信息官 一学术服务协调员 一学术协调者、会计 一人力资源总监
领导、治理、管理	组织分析副教授	一阿萨巴萨卡大学学生组织代表 一研究生组织代表 一阿萨巴斯卡大学治理委员会代表 一副教授交流协会	一艺术硕士综合研究主任 一政府联络官 一大学秘书 一新闻官

（续表）

主题	指导委员职务	工作组成员职务	
学生录取、保持和支持服务	教务主任专项经理	—研究生组织代表 —阿萨巴斯卡大学学生组织代表 —学术支持单位行政助理和培训师 —残疾学生服务协调员 —学生服务网络协调员 —商学院高级项目顾问	—生物学副教授 —网站协调员 —学习服务教程协调员 —咨询服务协调员 —学生支持服务主任 —信息中心协调员
教师、学术道德和学术自由	语言和文学学术协调员	—刑事司法学副教授 —管理科学/电子商务助理教授 —金融专业助理教授 —英语主席/助理教授 —法语助理教授	—会计学教授 —远程教育研究主席 —研究生学院院长 —助理人力资源总监 —英语个性化学习导师
学生学习和机构效力评估	学习认证主任心理学导师（也是管理委员会代表）	—校友代表 —个性化学习导师 —西班牙语助理教授 —护理专业副教授 —商业行政管理专业人员	—艺术和科学主任 —机构研究与评估人员 —辅导/应用心理学副教授 —教育媒体发展主任

　　在自评方案设计阶段就应考虑到如下问题：学生的经验（包括开放学习环境的有效性和可持续性）、在线技术的使用（包括对分布式和移动技术人员的需要）、研究生人数的增加（包括博士研究的意义和机构的调整）、学术研究活动对机构资源和文化的影响、根据修订后的《阿尔伯特高等教育学习法》对大学治理结构的调整等，这些问题都来源于认证标准。带着这些问题，工作组系统考察大学的各方面工作，总结出大学的优势，并提出改进需求。一些改进建设，例如：扩大机构治理委员会中学生代表的人数等，在自评估开始前就可以完成了。但还有一些措施，如调整预算模型、向提供学生服务信息平台和沟通渠道等建议需较长时间才能完成。工作组调研结果通过若干公开会议的方式征求师生的意见，最终，建议会提交给董事会和学术委员会。

　　进校评估团队肯定了自评报告中关于整体规划和预算、员工定位和学习成果评估等方面的改进建议，他们同时也对阿萨巴斯卡大学在服务成人学习者方面所做出的示范性实践，给予了肯定。自评文件和外部评审报告作为阿萨巴斯卡大学制定 2011—2016 年战略规划的参考。自评报告中的关键建议对资本和运营规划产生持续影响，例如，应优先投资信息通信技术等。按照定期审查要求，大学要继续为下一轮审查做准备，这项工作为师生参与学校工作搭建了舞台。

六、结　论

　　参与式方法是公认的有助于机构或者个人有效实现特定目标的方法。实践证明，同行评估模式所做的评估比省级监管机构及其质量委员会所做的描述性评估更易被接受，可以提供更多的促进课程更新的建议。评估形成的主要建议得到学校内部员工及外部同行的认可，从而形成了质量提升的内部动力。这种效果是单纯由外部人员组织评估的方法所无法实现的。阿萨巴斯卡大学自愿接受认证，其最具价值的成果在于：有机会建立质量、学生保持率和学生成功之间的内在联系，并在大学内部建立起了一种有组织的对话机制。

参考文献

[1]Athabasca University. (1996). Strategic University Plan. Retrieved Feb 27，2007，from http：//www. athabascau. ca/html/info/sup/sup. htm.

[2]Athabasca University. (1999). Strategic University Plan Update. Retrieved Feb 27，2007，from http：//www. athabascau. ca/reports/sup99-03. htm.

[3]Aumann，R. (2006). Dubious Degrees. *The Internal Auditor*，63(2)，83—87.

[4]Birnbaum，R. (2000) *Management fads in higher education. Where they come from，what they do，why they fail*. San Francisco，Jossey-Bass Inc.

[5]Eaton，Judith (2012). "An Overview of U. S. Accreditation," Council for Higher Education Accreditation，Retrieved 30 Oct 2014 from http：//www. chea. org/pdf/Overview％20of％20US％20Accreditation％202012. pdf.

[6]International Pilot [Electronic (2002). Version]. *MSCHE Newsletter* from http：//www. msche. org/news _ newsletter. asp.

[7]Lang，D. W. (2005). "World Class" or the curse of comparison? *The Canadian Journal of Higher Education*，35(3)，27—56.

[8]MSCHE. (2002a). *Characteristics of Excellence*. Philadelphia，PA：Middle States Commission on Higher Education.

[9]MSCHE. (2002b). *Designs for Excellence：Handbook for Institutional Self Study, eight edition*. Philadelphia，PA：Middle States Commission on Higher Education.

[10]Pratasavitskaya，H & Stensaker，B. (2010) Quality management in higher education：towards a better understanding in an emerging field. *Quality in Higher Education*，16 (1)，37—50.

[11]Trow，Martin (1993) "Federalism in American Higher Education" in Higher Learning in America：1980 — 2000. ed. Arthur Levine. Baltimore：Johns Hopkins University Press，39—66.

【评述】

　　加拿大阿萨巴斯卡大学是一所专门提供大学层次远程教育服务的开放大学，其办学质量符合所在的阿尔伯特省质量保证体系的要求，在劳动力市场享受较高的质量声誉。为了有效推进学校制定的"国际拓展战略"，阿萨巴斯卡大学主动申请美国中部州际高等教育委员的认证，并在接受评估和通过认证的过程中，收获了许多意想不到的成果，例如：学校的总体规划和发展战略得到优化，内部质量保证体系不断完善，建立了质量、学生保持率和学生成功之间的内在联系机制，形成了全员参与，有组织对话的完善机制。

　　文章全面回顾了阿萨巴斯卡大学申请美国中部州际高等教育委员会认证的全过程，让我们第一次有机会间接地了解美国第三方认证的作用和方法，体会大学申请认证和接受评估要付出的努力，以及通过认证的大学取得的收获。更值得我们关注的是，本文展示的是一个典型的内外部质量保证制度相互作用，共同促进开放大学发展的案例，对我国开放大学试点中的制度建设具有重要的借鉴价值。

　　美国高等教育的管理体制是三足平衡管理模式，即州政府负责审批和管理公立大学，联邦政府负责学生资助和科研项目，自治的认证机构负责认证大学。为此，第三方认证机构非常发达，高度自治。每个第三方认证机构都形成了一套认证标准和方法。第三方认证机构的声誉是通过认证的会员大学的培养质量而获得。第三方认证机构在美国高等教育发展中发挥着举足轻重的作用。美国政府建立了对第三方认证机构的管理制度，认证机构也要定期接受外部审查，合格后方能获得美国教育部的经营许可。

与我国的本科教学评估不同，美国第三方认证机构的认证过程是一个严格把关和持续监督的过程。在这个过程中，申请认证的大学要按照标准进行自我评估，自我评估的过程也是自我改善的开始，自我评估阶段至少历时一年；申请认证的大学还要接受专家评估团的入校评估，要建立对评估建议的改进机制；通过认证后的第五年，还要接受专家评估团的入校审核；在这之后，每五年要进行自我评估，每十年要接受专家评估团的入校审核。上述过程的结果都将公布于众，接受社会监督。

阿萨巴斯卡将申请认证的过程作为学校的重要工作，建立完整的工作机制。其中，有两个机制值得特别关注：一是标准转换机制，即组建专门的工作团队，将认证机构的认证标准转化为学校工作情境中的问题或者要求，以便学校参与此项工作的所有师生都能准确理解认证标准的要求；二是全员参与机制，即通过招募志愿者的方式鼓励所有的师生参与评估的准备工作，这个机制不仅保证学校高质量完成了评估准备工作，也使师生更好地理解学校的规划，并能够直接参与学校的建设工作。

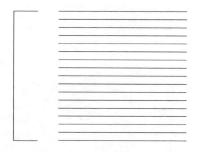

内部质量保证实践的
关键要素与重点环节

事实上，所有的院校组织都已制定了一些用于监督的政策和手续，以在满足质量保证要求时，确保组织的完整性。除了有相关行政政策对各部门、委员会职能做出了详细规定外，在人力资源方面，也有一系列相应的政策、手续，针对各单位教职工的职责、招聘、评估和工资待遇等问题进行规定。高级管理单位负责愿景管理，以此来体现组织的使命。他们负责战略规划，为实现组织"愿景"设定具体目标，同时策划执行用以检测目标达成情况的评估流程。

通常情况下，这些目标的实现效果、以及为帮助实现目标的政府拨款的使用情况，都要对外部利益相关者委员会进行公示，委员会负责监督院校组织中涉及政府目标的工作。这种利益相关者监管层及高级管理层最终负责院校组织在使命达成方面的整体效果。

与高级管理层联系的是其下属的委员会，负责协调各学院、教学和后勤之间的工作。在质量保证过程中，他们的主要任务是：审批项目及监督进展情况，分析学生入学率、学生黏性及毕业人数，评估为学生提供的服务质量——这些服务涉及从学籍注册到奖助学金、从学业指导到心理咨询、从教育教学到学生评测等多个方面。此外，他们还负责监督学生服务部门（如学生学习资料从印刷到分发的过程中各相关负责部门）的工作是否充足、合理，以及监督来自IT及院校电子系统支持部门的服务质量。

远程教育的研究核心涉及学生学习资料的质量、各项评估实践，二者与切实可行、得到认可的学习成果之间的关系等；最关键的一个方面，就是通过教学过程设计、师生互动以及学生组织团体来激发学生的参与热情。

所有这些方面组成了一个体系，使得院校能够检测为学生服务的质量，并明确在哪些方面需要改进。很显然，这个体系不仅取决于对高层管理机构、更取决于对组织各个部门的常规数据的收集与分析。然而，监测结果本身不会带来质量的提高。同样重要的是，组织的工作人员都能认识到，每个人的工作对整个行业的重要性以及重要的原因，把打造"质量文化"作为目标。对每一个人进行监督不现实而且没有必要，但帮助每个人认识到自己的工作对实现整个远程教育质量愿景的重要意义却是非常有必要的。因此，对各个部门进行培训必不可少。

"质量文化"面面观：

质量文化，也经常被称为质量的持续改进。它包括如下若干方面的内容：

• 领导层的责任

作为领导，需要负责启动并领导质量保证过程，投入财力和人力资源，沟通交流进展情况，员工问责，应对改革过程中的阻力，并为质量改进过程提供可视化保障。中级经理和主管应确保所有职工能够直接获得自己需要的支持，并负责员工问责，以遵循质量保证的标准、价值观及行为模式。如果没有领导层的付出，整个过程的进度就会放缓，并逐渐恢复到初始状态，那么若今后再想有任何变化都将很难实现。

• 基础设施

质量改进支持体系必不可少，同时相关体系必须要符合组织的使命、愿景及战略规划，并与组织及个人绩效相关联。

• 质量改进委员会

院校还需要设置专门的委员会负责管理院校的质量工程。其职责包括：监督质量保证体系的执行情况——包括评估和修改计划，支持个体质量改进项目，审查绩效数据和进度报告，并针对下一步的工作提出合理意见。委员会的代表成员要涵盖所有的主要部门。

• 数据收集与分析体系

院校机构需要有一套绩效管理体系用来衡量、监测和报告改革结果，这三个针对院校战略规划目标宗旨而设置的过程组成了一个周期循环，用来判断在哪些领域需要进行专门的质量改进。为了使质量改进融为组织整体运作的一部分，该过程需要贯穿到职位描述、员工培训课程、以及个人和单位绩效判定的过程中去。院校机构不妨根据此过程的结果数据，为自身订制一套高于同行机构普遍认可水平的质量保证标准。

• 质量改进计划

质量改进计划也是不可或缺的。它负责描述组织战略规划的目标和宗旨，并为质量改进工作指引方向。领导层应根据结果数据不断完善改进计划，并在成功改进之后设置新的目标来维持前进的动力。这些目标应与战略规划保持一致。

• 员工参与

员工需要认识到质量改进的价值所在，并通过相关知识、技能、资源及支持在日常工作中实现质量改进。团队协作能够使员工们一同反思原定期望、进行头脑风暴、讨论战略、解决困难、分享经验教训等。员工们需要有持续的培训机会，有做出自己选择的权利，并且不用有担心结果或责任承担等后顾之忧。跨部门协作有利于促进改进流程的标准化。

质量保证过程要把学生放在第一位。无论是在授予学生学位、进行相关项目、课程还是为学生提供服务方面，都要把重点放在质量保证上，关注学生的体验。要做到这一点，首先，需要整个组织都朝着质量改进的方向努力。其次，要关注公众和政府的体验与需求—对于拥有高质量项目与学位的院校尤其如此。政府、家长和雇主们都期待院校能够始终保持较高的规范水准，而质量保证就是促进院校制度规范的途径之一。"质量文化"的缺乏会导致学生、家长和雇主对院校满意度的降低，同时也会降低院校教职工的士气。

下面是 10 个需要时刻注意的问题：

(1)高级管理人员能否定期讨论质量目标的效果？

(2)领导者的质量愿景与组织战略的契合度如何？

(3)下属管理员是否经常讨论关于质量的问题，或者他们是否对质量改革持抵制态度？

(4)有多少反馈途径用于鼓励不断的质量改进？

(5)有多少用来收集分析师生绩效数据的正式机制？

(6)绩效考核体制是否涉及质量绩效目标？

(7)下属员工是否清楚院校的质量愿景？

(8)院校培训课程是否强调质量？

(9)每位员工的职位描述是否都涉及质量改进的内容？

(10)公众对院校质量的评价如何？

行动指南：

明确定位及共享院校目标，即通过制定相关政策达成质量保证的共识。

确保质量保证过程的有效性和一致性。这样的过程应包括人力和技术基础设施以及系统的报告程序，这样质量委员会就可以对进展情况进行评估。

鼓励跨部门合作。给予员工委托授权（需要实时反馈）。这种共享打破了部门间的壁垒，并促进了不同部门间的相互学习。

追求"适用"而非完美。工作的安排要符合现有资金、专业知识和资源水平。

在可能的条件下与员工共享信息。让他们共同参与事件的进展过程并提出自己的问题。

附　录

远程教育质量标准及指标述评

　　一些拥有国家高等教育体系的国家已经确立了质量保证标准，而其他国家则正处于研究制定阶段。同时，在那些没有国民教育体系的国家中，一些高校个体或高校团体也已采用了各种质量保证体系。为了实现在 2010 年之前建立"欧洲高等教育区"的目标，并在"欧洲高等教育区"的40 多个成员国中建立更为统一、更具有竞争力与适应力的高等教育体系，一些欧洲国家在 1999 年发起了"博洛尼亚进程"计划。自此，各国开始纷纷建立起了自己的质量保证体系。其他国家的政府与高校也意识到了一个成熟的质量保证体系背后的巨大利益，他们希望能够通过质量保证体系的建立与完善，使本国高等教育体系的质量得到世界的认可，使本国学生在国际交流中的能力得到提升。面对种种对教育的负面评论，质量保证标准审查的公开报道为学生、家长及公众了解高校质量提供了渠道。此外，质量保证标准的应用，提升了公众对高校教学方案质量及对政府监管的信心。

　　本文主要介绍了质量保证标准及其运作方式。首先评价了两个成熟的质量保证体系案例，分析了它们的框架结构及各个组成部分，并对其中的一些进行了评价。之后主要介绍技术支持型教育体系的质量保证标准：首先，对一些评估标准进行了对比分析，其次，针对两个系统的指导方针、标准及优点进行了详细论述，同时也对两个质量保证体系中的每一项标准、指标和评级方案进行了讨论。

一、质量保证标准

　　质量保证标准主要有两种类型。第一类标准侧重于高校层面，用来检验实施结果与最初任务是否相符，即所谓的"目标适用性"。这些标准应用于审查过程，对象包括：组织与管理框架；高校政策与办事流程；战略改进规划的应用；物质与技术基础设施；财务状况；以及毕业生的成果与其在同行中的就业竞争力等。通常，高校需要将这些标准汇报给相关政府部门；由于这套标准关注的是某一高校与其他同类高校相比而言的水平，因此有时也被称为外部质量保证标准。第二类质量保证标准则关注高校培养方案的制定与发展、学习与教学、以及学生服务等。根据要求，高校需要评估自身任务的执行情况，因此，这类标准也被称为内部质量保证标准，人们期待能够通过执行该标准，真正看到高校为学生提供的服务在质量上的进步。

大多数的质量保证体系都兼备内外两套质量标准。达到外部质量标准或许意味着满足了外部的要求，但是如果缺乏内部质量标准，高校几乎很难拥有改进与创新的动力。高校必须在外部问责与内部动力之间找到一个平衡点，仅仅重视外部问责，会使高校形成一种被动顺从的习惯。高校在对学生培养方案与服务进行评估时，如果不能进行反思，并从中获取用于指导方案质量改进的有效信息，其创新能力将会受到限制。同样，只重视改进与创新而不考虑用户（学生）的感受，也会使之付出昂贵的代价。营造一种重视质量的文化将有助于高校的改进与创新。

质量保证审查通常由外部质量保证机构负责执行，机构与政府在地位上互不干涉，但前者需要向后者汇报审查结果。机构制订了许多质量保证标准，本章将提供其中的一个范例。虽然相关的外部政府机构并不存在，但是这一角色通常由各高校组成的某个独立的协会承担，或者将审查作为高校共同负责的同行评审体系的一部分。

那么，质量保证标准通常包括哪些内容？下文将以英国《高等教育观察》发布的一些质量保证涉及的具体方面为例进行说明。其中，质量审查由独立机构——英国高等教育质量保证署（QAA）负责执行，审查结果将汇报给相关政府部门。QAA发布的《质量标准》详细规定了所有英国高校必须遵守的要求，即："教学、支持、评估及学习资源的提供要合理有效，对提供就读机会的过程要进行监管，校方要负责这些内容的改进工作"。如下为QAA质量审查涉及的11个具体方面：

- 方案制定、完善与审批；
- 高等教育招生(包括招生与录取)；
- 学习与教学；
- 学生发展与成就支持（学生支持、学习资源和职业规划教育、信息、建议与指导）；
- 学生参与；
- 学生评估及学前认证；
- 外部审查；
- 方案监督与审查；
- 学术申诉与投诉；
- 与他人共同管理高等教育规定(合作安排)；
- 研究性学位。

《质量标准》为每个方面都设置了具体的期望及系列指标。下面以"方案制定、完善与审批"方面为例进行说明。

QAA 在"方案制定、完善与审批"方面的期望与系列指标

《质量标准》在"方案制定、完善与审批"方面为高校规定了如下期望及指标：

期望：高校在设置与维护学术标准、确保与提升学习机会质量时，应当采用高效的方案制定、完善与审批过程。

评估实践是否合理有效的指标：

指标 1

在制定、完善与审批方案时，高校能够始终保证对过程与结果的战略监督，以确保操作流程的系统性与操作过程的一致性。

指标 2

在方案审批过程中，高校能够明确项目提案的评估标准。

指标 3

在制定、完善与审批方案时，高校能够明确各项流程、人员角色与责任，并告知相关人员。

指标 4

高校能够对方案的制定、完善与审批过程做出评估，并进行必要的改进。

指标 5

在方案制定、完善与审批过程中，高校能够利用方案领域之外的参考资料及专业知识。

指标 6

高校能够使学生参与到方案的制定、完善与审批的过程中。

指标 7

在对员工及其他参与者的支持与发展方面，高校能够进行合理安排，使他们在方案的制定、完善与审批过程中各尽所能。

资料来源：《2014 年英国高等教育质量标准》，http：//www.qaa.ac.uk/en/Publications/Documents/quality-code-B1.pdf.

除了上述指标，《质量标准》还为评估者及高校提供了更详细的内容。

首先，显然，上述 11 个方面组成了一个全面的审查体系，重点关注为学生服务的质量。分析研究表明，其他一些国家或跨国的质量保证方案也具有与英国相似的关注点，如培养方案、学生、学习与教学、以及学生服务等。2010 年，世界银行通过研究八个国家或地区（瑞士、德国、法国、爱尔兰、苏格兰、奥地利、欧洲大学协会和中国香港）的质量保证体系，提供了一套最佳实践建议：

- 应对高校根据预定目标而采用的策略进行审查；
- 质量评估应更注重过程而非既定的标准；
- 高校应像质量保证机构一样，给予质量保证体系同等的重视；
- 内部质量保证过程应成为审查的一项重要内容；
- 高校的质量保证标准越高，其质量保证审查工作就越应该得到重视。

质量保证标准的目标是鼓励改进与完善，上述研究表明，即便该目标并未达成，高校依然可以遵循质量保证的要求。这也就是研究报告中所指的——在质量保证过程中，高校作为"驱动力"的必要性以及内部质量保证过程的重要性。高校不仅在方案质量和学生服务方面，还在高校组织与技术基础设施方面，通过上述这些过程来监督其遵守情况，并鼓励支持相关改进工作。回顾上文 QAA 在"方案制定、完善与审批"方面对高校提出的期望（即高校应达到的标准），我们能很清楚地看到对过程的关注。高校必须提供每个指标的相关信息。审查人员以这些数据为基础，对本地区整体的期望提出意见和建议。

大多高校提供的是面授课程，师生可以在教室直接进行互动。不过如今，大多数高校也提供了远程网络课程，而且大多线下面授课程也都包含有线上的内容。这样的组合方式被称为混合式学习，因此，当前的教学与学习的质量标准也都涉及上述两种方式。下面是 QAA《质量标准》在"学习与教学"方面设置的标准。

QAA 在"学习与教学"方面的期望与系列指标

《质量标准》在"学习与教学"方面为高校规定了如下期望及指标：

期望： 高校及其工作人员、学生和其他利益相关者，应明确并系统地审查并改进高校提供的学习机会与教学实践，使每个学生都可以作为一个独立的学习者来提升发展自我、深入研究所选课程、并加强自己的分析、批判及创新思维。

评估实践是否合理有效的指标：

指标 1

高校能够针对学习和教学明确制定战略方针并贯彻落实，使之在教职工、学生及其他利益相关者之间达成共识。

指标 2

学习和教学活动及相关资源能够为每个学生实现预期学习成果提供同等有效的机会。

指标 3

反思、专业实践评估与特定主题的教育奖学金是学习与教学实践的依据。

指标 4

高校能够确保每个参与到教学过程或辅助学生学习的员工都具备

合格的水平，同时能得到适当的支持与发展。

指标 5

高校能够收集并分析有效信息，从而确保战略方针的持续有效性，保证学习机会和教学实践的改进与提升。

指标 6

高校能够确保学生学习的物理环境、网络虚拟环境和社会学习环境的安全性、可行性及可靠性。倡导使用过程中的自尊、文明与互相尊重。

指标 7

高校能够为每个学生提供清晰及时的信息，从而为学生量身定制学习机会及相关支持。

指标 8

学生应将学习机会与自我学习经验的塑造相结合，高校能够采取有计划的步骤帮助学生理解这一要求。

指标 9

高校能够定期为学生提供机会，对学习反馈进行反思，与教职工进行沟通，确保每个学生都能通过这些机会来检测自己的进步情况，进一步促进自身的学术发展。

作为指标 1 介绍的一部分，QAA 还提供了如下解释。

在各参与方就高校战略方针达成共识的情况下，高校认识到，为实现高效学习，应使学生能够做到：

· 积极学习，完全融入所拥有的学习机会中去；

· 了解自身的学习环境，包括文化和资源等；

· 欣然接受所选培养计划设置的目标与期望；

· 阐释并反思他们对如何提升技能与知识的理解；

· 认识到他们现有的知识和技能并加以重视，并能将其作为后续学习的基础；

· 在完成培养计划的过程中，认真有效地利用为其提供的形成性及终结性评价中的建议、指导和反馈；

- 利用学习机会获得及提升学习技能；
- 明白何为合理有效的学术实践，正直诚信；
- 将正在学习的知识和技能应用到未来更广泛的经验与计划中去；
- 在非正式的环境中，能够像在正式学习课程时一样合作学习；
- 主动规划利用现有学习资源，包括在自主学习时合理规划时间；
- 针对学习过程中的教学质量提出建设性的反馈意见；
- 监督并参与到课程设置中来；
- 承诺能达到培养计划规定的学术标准。

在评判高校"学习与教学"战略方针是否能有效支持学生学习以及高校提供的学习机会是否有利于强化学生学习时，学生无疑是最具有发言权的群体。因此，高校应使学生参与到战略方针的制定、执行与监督过程中来。

欲了解 QAA 在其他方面的期望与指标等详细信息，请参见英国高等教育质量保证署官网（www.qaa.ac.uk）上发布的《英国高等教育质量标准》。

本文针对高校"学习与教学"战略方针的评估过程提出了相关的规定。同时也明确指出，高校不仅应让学生针对教学与学习方法提出改进建议，更应让他们参与到该战略方针的"完善、执行与监督"过程中。随着更多的学生将他们的教育视为一种投资而非简单的参与经历，随着他们更多地在社交媒体上表达对教学的赞许或不满，学生的参与已成为高等教育的一项重要内容。这一事实表明，与学生共事、为学生提供表达意见的渠道有助于高校对自身的质量形成更好的感知。在阅读本文时，需注意一点：很多质量保证体系虽然说法不一，但其实说的是同一件事。一般情况下，你可以将质量保证文件所列出的各个方面视作一项包含不同认定内容、方面、角度的课程。然后，文件会针对每个方面提供更详细的标准或期望，具体而言，就是指导方针或指标。而教育质量基准体系则在此基础上更进一步，针对每个指标都提供了相应的评级标准。

欧洲高等教育质量保证联合会

下面这个案例来自于欧洲高等教育质量保证联合会，该组织原名为"欧洲高等教育质量保证机构网络"，英文缩写 ENQA。2004 年，他们变更了组织名称，但保留了原来的缩写名。欧洲高等教育区各国政府及高校期待建设统一的价值观、期望与实践，ENQA 发布的质量保证标准文件使他们离这个目标更近了一步。原标准发布于 2005 年，后于 2014 年 9 月进行了修订并经博洛尼亚集团同意通过，最终需要于 2015 年 5 月由部长级会议批准。

该标准包括高校内部质量保证、高等教育外部质量保证和外部质量保证机构三个部分。它们关注与学习和教学、学习环境相关的质量保证、以及相关的组织政策与办事流程，以确保这些工作的质量。基本原则是：所有内容都要具备目标适用性。其中，"标准"规定了实践中的具体要求；"指导方针"诠释了标准的重要性，提供了实践范例，并就如何根据具体情境对标准进行贯彻提出了建议。

我们可以将 ENQA 标准与本文开始时提到的 QAA 标准及指导方针进行对比。QAA 是一个外部机构，负责对包括北爱尔兰在内的英国各个高校进行审查，规定了审查所需的具体指标。而欧洲高等教育质量保证有限公司（EQAL）则是为欧洲大多数高校提供一份质量保证所需的文件。世界上并不存在哪个外部机构可以适用于所有高校；因此，各个国家自行决定该如何利用 EQAL 提供的文件：有些国家可能是设置一个外部机构，而有些则还没有达到这个阶段，在一些国家，一些个体高校正在应用该标准，为未来的外部审查做准备。QAA 为每一个标准都提供了具体的指标，EQAL 把决定权交给了各个国家及高校，由它们自行制定适合自身情况的指标。不过，一个重要的原则是，它们都使用相同的标准或指导方针，因此其实施结果具有可比性。

第一部分：内部质量保证标准与指导方针

1.1　质量保证政策

标准：

高校应具备公开的质量保证政策，并使之成为自身战略管理的一部分。内部利益相关者应依据适当的结构与程序，来制定完善这一政策并贯彻落实，同时也要使外部利益相关者参与其中。

指导方针：

各项政策与办事流程是高校质量保证体系连贯性的重要支柱，有利于形成一个持续改进完善的循环，有助于高校问责制。它有助于发展一种重视质量的文化，在这种文化中，所有内部利益相关者对高校质量负责，并要从各个方面参与到高校的质量保证过程中。为了推动这项工作，高校应具有正式的政策，并且要对外公开。

最为有效的质量保证政策应具备如下条件：能够反映研究和学习与教学之间的关系，考虑到高校所在国家的国情、以及高校自身的情况与战略方针。

这样的政策应对下列方面提供支持：

• 负责质量保证体系的组织；

• 部门、学校、院系和其他组织单位以及高校的领导阶层、教职工和学生，使他们承担起在质量保证过程中的责任；

• 学术诚信和自由，严防学术造假；

• 防范任何歧视学生或教职工以及其他不可容忍的行为；

• 质量保证过程的其他外部利益相关者。

质量保证政策通过各种内部质量保证办事流程而得到贯彻，这些流程允许跨高校各个部分的参与。政策实施、监督和修订等具体细节由高校决定。

质量保证政策还应该涵盖高校中分包给别的团体或由别的团体代为进行的活动中的各项因素。

1.2 方案制定与审批

标准：

高校应具备针对方案制定与审批的办事流程。制定的方案应满足预定目标，包括预期学习成果。对于方案执行过程中的资格认证过程，应进行明确的规定与沟通，合理参考国家高等教育资格认证框架，以及欧洲高等教育区的资格认证框架。

指导方针：

培养方案是高校教学任务的核心，旨在为学生提供学术知识与专业技能，如可转化的知识和技能，这可能会在学生未来的个人发展及职业生涯中发挥作用。

方案的制定应当：

• 以总体的方案目标为依据，这些目标与高校战略一致，并具备明确的预期学习成果；

• 将学生和其他利益相关者考虑在内；

• 借鉴外部专业知识及相关资料；

• 体现欧洲理事会对高等教育的四个目标(参见"范围和概念")；

• 确保学生进步的顺利实现；

• 明确预期的学生课业负担，参见"欧洲学分互认体系"(ECTS)；

• 在适当情况下，安排成熟完善的实习机会(包括实习培训、实习、以及其他不在本校进行、但能够使学生获得与其专业相关的实践经验的实习)；

• 受制于正式的高校审批程序。

1.3　以学生为中心的学习、教学与评价

标准：

高校的培养方案应鼓励学生积极参与学习过程，对学生的评估也应体现这一理念。

指导方针：

以学生为中心的学习与教学在激发学生的学习动机、自我反思和积极参与学习过程等方面具有重要作用。因此，高校应重视培养方案的制定和实施，重视对方案成果的评估。

以学生为中心的学习与教学应当：

• 尊重并重视学生的多样性，照顾到不同学生的需求，确保学习方式的灵活性；

• 根据具体情况，适当考虑并采用不同的执行模式；

• 灵活采用多种教学方法；

• 定期评估和调整执行模式及教学方法；

• 鼓励学生的自主性，同时确保教师会给予学生充分的指导和支持；

• 促进师生的互相尊重；

• 具备处理学生投诉的合理程序。

评估过程对于学生未来的升学及就业至关重要，因此，评估的质量

保证过程应注意以下几点：

• 评估者应熟悉现有的测试与检验方法，应给予相关支持，以便其在该领域发挥所长；

• 应提前公布评估标准、评估方法、以及评分标准；

• 评估过程中，应使学生展示其预期学习目标的达成度。学生将得到评估结果的反馈，必要情况下，这些反馈会针对学习过程给予学生相应的建议；

• 评估过程应尽量保证有两个或两个以上的评估员；

• 评估规定应考虑到减轻处罚的情况；

• 评估应具备一致性，公平地对待每一名学生，按照规定程序办事；

• 应具备正式的学生申诉程序。

1.4　学生的入学、升学、认可和认证

标准：

在学生"学习周期"的各个阶段（如学生入学、升学、认可与认证），高校应始终如一地采用公布的预定义的规章制度。

指导方针：

为学生学术生涯的发展提供必要的条件与支持，对学生个人、学习方案、高校及整个体系而言都极为有利。对于学生的入学、认可与结业过程，尤其是在高校学生处于流动状态的情况下，这些过程满足"目标实用性"尤为重要。

必须公开透明、始终如一地贯彻录取政策、入学过程与入学标准，提供对高校及培养计划的介绍。高校应针对学生发展，将收集、监督和执行信息的流程与工具准备到位。

在促进流动性的同时，对高等教育学历、学习阶段和学习经历的公平认可，包括对非正规和非正式学习的认可，是确保学生发展的一个必不可少的组成部分。恰当合理的认可程序依赖于：

• 高校的认证实践与《里斯本认可公约》要求的一致性；

• 与其他高校、质量保证机构和欧洲高等教育学历认可信息网络（ENIC-NARIC）的合作；

• 注重全国范围内的一致性。

毕业代表着学生学习阶段的顶峰。学生需要自己所获学历的说明文件，包括取得的学习成果以及学生选择并顺利完成的学业背景、级别、内容与状态。

1.5　教职工

标准：

高校应确保教师的职业水平，教职工的招聘与培养过程应公平透明。

指导方针：

在为学生营造高品质学习体验、使学生获得知识、能力和技能方面，教师的角色至关重要。学生群体的多样化、对学习成果越来越关注，都要求一种以学生为中心学习与教学方式，因此，教师的角色也在发生着改变(参见标准 1.3)。

高校的主要职责之一，就是要保证教职工的质量，同时也要为之营造一个利于高效开展工作的环境。这样的环境应当：

　•制定并遵循明确、透明与公平的人员招聘流程，营造认可教学重要性的雇用环境；

　•促进并为教职工的专业发展提供机会；

　•鼓励学术活动以加强教育与研究之间的联系；

　•鼓励教学方法的创新以及新技术的应用。

1.6　学习资源与学生支持

标准：

高校应为学习与教学活动提供合理的资金，确保能提供充足且易获取的学习资源与学生支持。

指导方针：

高校应提供一系列的资源——包括实物资源(如图书馆、学习研究设施、IT 基础设施等)及人力支持(如导师、辅导员和其他顾问等)等——来帮助学生学习，从而使学生获得良好的高等教育经历。支持服务对于促进学生在高校内部乃至整个高等教育体系之间的互动而言非常重要。

在分配、规划及提供学习资源及学生支持时，应考虑到不同学生群体的需求(如大龄学生、半工半读生、在职学生、国际学生以及残疾学生等)，向以学生为中心的学习方式以及灵活的学习与教学方式转变。

依据高校的实际情况，支持活动与基础设施可以有多种形式。不过，内部质量保证应确保所有资源都具备目标适用性、并易于被学生获取，同时，学生应知晓其可享有的服务。

在支持服务中，支持与管理人员的作用十分关键，因此，他们必须达到一定的标准，并有提升能力的机会。

1.7 信息管理

标准：

为了有效管理方案及其他活动，高校应收集相关数据信息，并进行分析和利用。

指导方针：

数据的可靠性十分重要，可靠的数据信息有利于正确的决策、了解方案的运作情况、发现需要注意的问题。内部质量保证体系应当具备一系列高效的过程，用于收集与分析培养方案和其他活动的相关信息。

需要收集的信息在一定程度上取决于高校的类型与任务，主要包括：

- 主要绩效指标；
- 学生简况；
- 学生升学、成果与辍学率；
- 学生对培养方案的满意度；
- 可用的学习资源与学生支持；
- 毕业生就业去向。

收集信息的过程中，可能会用到多种方法。重要的是，学生和教职工都应参与到提供与分析信息以及规划后续活动的过程中来。

1.8 信息公开

标准：

高校应公布包括方案在内的活动信息，信息应当明确、准确、客观、及时、易获取。

指导方针：

高校的活动信息对潜在及现有学生、毕业生、其他利益相关者及公众都很有必要。

因此，高校提供的活动信息应包括：高校的培养方案，招生入学标准，培养方案的预期学习成果，授予的资格证书，教学、学习与评价程序，往届合格率，学生可获得的学习机会，以及毕业生就业信息等。

1.9 方案的持续监督与定期审查

标准：

高校应对方案进行持续监督与定期审查，以达到要求的目标，并回应学生与社会的需求。定期审查的目的是实现方案的持续完善。任何计划的行动以及行动得到的结果都应传达给相关部门与个人。

指导方针：

对培养方案进行定期的监督、审查与修正，能够确保方案规定的合理性，并为学生营造有利的高效学习环境。

审查评估的具体内容包括：

• 根据指定学科领域的最新研究，对方案内容进行评估，从而保证方案的时效性；

• 社会不断变化的需求；

• 学生的作业量、进展和完成情况；

• 学生学业评价程序的有效性；

• 学生对方案的期望、需求和满意度；

• 学习环境、支持服务和目标适用性。

方案的监督与审查应将学生及其他利益相关者考虑在内，学校应对收集到的信息进行分析，对方案进行调整以保证其时效性，并对外公开修正后的方案规范。

1.10 周期性的外部质量保证

标准：

高校的外部质量保证应在周期性的基础上与《欧洲高等教育质量保证标准与指导方针》(ESG)保持一致。

指导方针：

外部质量保证可以核实高校内部质量保证的有效性，为高校提供新的视角，其形式多种多样，是高校工作改进的催化剂。它还提供相关信息，向高校和公众保证高校活动的质量。

高校参与的周期性外部质量保证要考虑到所依据的立法架构的相关

要求。因此，立法架构不同，外部质量保证的形式也会有所变化，并侧重于不同的组织层次（如方案、教职工或高校层次）。

质量保证是一个持续的过程，外部反馈、报告或高校内部的后续行动并不意味着该过程的结束。因此，在准备质量保证活动时，高校需要将在上次活动中取得的进展考虑在内。

第二部分：外部质量保证标准与指导方针

2.1　对内部质量保证的回顾

标准：

在第一部分中，《欧洲高等教育质量保证标准与指导方针》提到了内部质量保证，外部质量保证应解决内部质量保证过程的有效性。

指导方针：

高校应对方案质量和其他规定的质量负责，这是高等教育质量保证的基础；因此，外部质量保证对高校质量保证的认可与支持非常重要。为了确保内、外部质量保证之间的联系，外部质量保证也考虑到了第一部分涉及的标准。但由于外部质量保证类型的差别，对这些标准强调的方面与内部质量保证可能存在一定的差异。

2.2　制定过程应具备目标适用性

标准：

外部质量保证的界定与制定，应特别考虑确保其目标适用性，同时要照顾到相关规定。

指导方针：

为了确保有效性与客观性，外部质量保证应具备明确的并由利益相关者认可的目标。

外部质量保证的宗旨、目标及贯彻过程应当：

- 考虑到高校未来的工作量和成本水平；
- 考虑到高校质量改进所需要的支持；
- 允许高校展示其改进成果；
- 提供明确的成果及后续信息。

如果高校能够展示其内部质量保证的有效性，那么外部质量保证体系的运行也将更加灵活。

2.3 执行过程

标准：

外部质量保证过程应具备可靠性、实用性、预定义性、执行的连贯性，以及公开性。具体内容包括：

- 自我评估或与之相当的其他过程；
- 外部评估，通常包括实地考察；
- 外部评估报告；
- 连贯的后续行动。

指导方针：

外部质量保证执行过程中的专业性、连贯性、透明性能够保证其接受度与影响力。

根据外部质量保证体系的要求，高校要通过自我评估或通过收集其他材料（包括支持性证据）来为外部质量保证提供根据。上述书面材料通常为实地考察期间与利益相关者的访谈材料。外部专家组（参见标准 2.4）将会负责撰写评估结果总结报告（参见标准 2.5）。

得到专家报告并不意味着外部质量保证过程的完成。专家报告为高校行动提供明确指导，根据高校采取的行动，外部质量保证机构进而采取连贯的后续行动。后续行动的性质取决于外部质量保证的内容。

2.4 同行评审专家

标准：

外部质量保证应该由外部专家组负责执行，专家组应包括一名及以上的学生成员。

指导方针：

外部质量保证的核心是同行专家提出的广泛意见，他们从各个视角切入，协助质量保证机构的工作，专家组成员包括高校、学者、学生和用人单位/专业从业人员等。

为了保证专家工作的价值和连贯性，专家应当：

- 经过严格选拔；
- 具备可以胜任审查工作的技能；
- 能获得适当的培训或简况介绍等支持。

机构通过无利益冲突机制，保证了专家的独立自主性。

外部质量保证中，国际专家的参与（如同行小组成员）也非常可取，因为这给质量保证过程的改进与贯彻增加了更深一层的维度。

2.5　成果标准

标准：

无论质量保证过程最后是否能得出一个正式决定，外部质量保证的成果或评价都应建立在明确、公开、连贯的标准之上。

指导方针：

外部质量保证，尤其是质量保证的结果，会对被评估与评判的高校及培养方案产生显著影响。

为了确保公平可靠，外部质量保证的结果以预定义和已公布的标准为基础，这些标准会被不断地解读，并且都有证可循。

由于外部质量保证体系各有不同，其得到的结果也形式各异，如这些形式可以是建议、评判、或正式决定等。

2.6　外部专家报告

标准：

外部专家撰写的完整报告应对外公布，报告内容应清晰明确，便于学术界、外部合作伙伴以及其他感兴趣的个人获取。如果高校根据报告采纳了任何正式决定，该决定应连同报告一起公布。

指导方针：

专家报告是高校对外部评估结果采取后续行动的根据，报告向社会提供高校的各项活动信息。为了确保报告可以作为后续行动的根据，报告的结构、语言应清晰简洁，并包括下列内容：

- 背景描述（便于确定某一特定的高校）；
- 每个过程的描述，包括涉及的专家；
- 证据、分析和研究结果；
- 结论；
- 高校优秀实践体现的特征；
- 对后续行动的建议。

可以准备一个总结报告，以备不时之需。

在报告定稿前，允许高校对报告中的事实进行纠错有助于提高报告中事实的准确性。

2.7 投诉与申诉

标准：

应明确将投诉与申诉过程作为外部质量保证过程的一部分，并将投诉与申诉情况传达给高校。

指导方针：

为了维护高校的权利，并确保决策的公平，外部质量保证应以一个公开、负责的方式运作。不过，对操作程序或正式结果的误解或不满仍有可能存在。

应允许高校向质量保证机构提出问题；机构应以专业的方式，通过惯用、明确的流程处理这些问题。

投诉机制：为高校表达对执行过程或执行人员的不满提供了途径。

申诉机制：如果高校可以证明评估结果缺乏可靠依据，或没有正确应用评估标准，或执行过程缺乏统一连贯性，高校就可以对质量保证得出的正式结果上诉质疑。

第三部分：质量保证机构标准与指导方针

3.1 质量保证活动、政策与过程

标准：

质量保证机构应定期执行第二部分中 ESG 规定的外部质量保证活动。质量保证活动应具备清晰明确的目标，作为公开的任务声明的一部分。这些目标应当转化为质量保证机构的日常工作。机构应确保利益相关者能够参与到他们的管理和工作中。

指导方针：

为保证外部质量保证的长远意义，质量保证机构要重视高校和公众对机构的信任。

因此，质量保证活动的目标应与质量保证机构和高等教育中利益相关者(尤其是高校)之间的互动，以及质量保证机构的工作范围一起对外公开。质量保证机构委员会可以通过吸引国际成员的加入，来提升其专业知识能力。

质量保证机构会通过执行各种外部质量保证活动来实现不同的目标。其中包括对项目级别或高校级别的评估、审查、审计、评定与认证，或其他类似的活动；针对不同的级别，执行的活动也各有差异。机构也会开展其他活动，此时，需要区分清楚外部质量保证和其他领域的工作。

3.2 官方地位

标准：

要成为质量保证机构，应具备完善的法律基础，并由政府当局正式认证。

指导方针：

高校需要确保质量保证（尤其是以监管为目的外部质量保证）的结果能被高等教育体系内部接受，能被国家、利益相关者和公众接受。

3.3 独立性

标准：

质量保证机构应具备独立性，能自主行动。他们应该在无第三方影响的条件下，全权负责自己的运作，对自己的运作结果负责。

指导方针：

自主的高校需要有自主的质量保证机构与之对应。

在考虑质量保证机构的独立自主性时，应重视以下几点：

• 组织独立性：由官方文件认证（如政府文件、立法条例或组织法规），这些正式文件从第三方的角度规定了机构工作的独立性，第三方可包括高校、政府和其他利益相关组织等；

• 运作独立性：质量保证机构程序和方法的定义与操作，以及外部专家的提名和任命都由第三方独立执行，第三方可包括高校、政府和其他利益相关者等；

• 正式结果的独立性：尽管利益相关的专家（尤其是学生）参与到了质量保证过程，质量保证过程的最终结果仍然由质量保证机构负责。

任何参与到机构外部质量保证活动中的个人（如专家）都需要清楚一点，即：虽然他们会被冠以第三方机构的名字，但他们的工作仍然是个人行为，不代表他们所属的机构。独立性对于所有以专业知识为唯一根据的程序和决定都非常重要。

3.4 主题分析

标准：

质量保证机构应定期发布报告，简要描述和分析其外部质量保证活动得到的结论。

指导方针：

一些方案与高校信息不仅有助于某一个过程，更为整个高等教育体系的结构化分析提供了资料，质量保证机构应在工作中获取这些信息。上述资料的分析结果，有助于对高校、国家和国际质量保证政策及过程的反思与改进。

对上述信息的深入细致分析，可以得出发展情况、趋势，以及实践良好及困难重重的领域。

3.5 资源

标准：

质量保证机构开展工作时，应具备充足合适的资源，包括人力资源与财力资源。

指导方针：

高等教育对社会和个人的发展具有重要影响，因此，质量保证机构能否拥有充足合适的资源事关公众利益。足够合适的资源可以使机构以有效、高效的方式组织和运行外部质量保证活动。此外，这些资源使机构得以反思、改进自己的实践，并让公众了解他们的活动。

3.6 内部质量保证和职业道德

标准：

质量保证机构也需要内部质量保证，来制定、确保及加强机构活动的质量与完整性。

指导方针：

机构需要对其利益相关者负责。因此，在机构工作时，高水平的职业标准及完整性不可或缺。机构应对活动进行持续的审查与改进，从而为高校与社会提供最佳的服务。

质量保证机构的内部质量保证政策可见于其网站。该政策：

• 应保证活动相关人员的能力，所有人员应具备合格的专业能力，并遵循职业道德；

- 应包括内部与外部反馈机制，从而使机构持续地自我完善；

- 应反对任何形式的不可容忍行为或歧视行为；

- 应对机构在执行政策时与行政辖区部门之间的合理交流进行概述；

- 如果质量保证机构把部分或全部质量保证活动外包给了第三方承包商，那么就应确保其活动及承包商提供的材料均符合 ESG 的要求；

- 应允许质量保证机构进行高校地位评估与高校认证，从而执行外部质量保证。

3.7 质量保证机构的周期性外部审查

标准：

机构至少应每五年接受一次外部审查，以证明其符合 ESG 的要求。

指导方针：

周期性外部审查有助于机构反思自身的政策与活动，可以向机构及利益相关者证明：机构的确遵循了 ESG 的要求。

大多质量保证评估的形式可能不尽相同，但对于所有高校培养方案，都会采取相似的审查标准或审查指标。总的来说，无论是传统课堂教学还是线上远程教育，对教学与学习的评估原则都是一致的，没有必要为区分两者而制定更细化的标准。不过，对于单纯的远程教育高校，高校的任何一方面都应体现出"技术增强型学习"的导向。因此，对技术增强型学习的质量规定而言，其指导方针或许有利于指导专门的远程/网络标准的发展。下面第二节中的案例即是为了说明这些标准在技术增强型学习中的应用，并指出了网络教育标准与一般的传统教育标准之间的差异。

二、开放与远程教育学习质量标准

一些组织对各种网络教育文献进行审查，确定了一套共同的标准。网络教育质量标准（ELQ）（2008）以对多个欧洲项目、研究与实践的分析为基础，由瑞典政府负责执行。此处的"网络教育"并不单指基于互联网的教育，而是包括所有形式的技术增强型教育。ELQ 包括在评估网络教育质量时最为关键的 10 个质量维度：

(1)学习材料/内容；

(2)架构/虚拟环境；

(3)沟通、合作与互动；

(4)学生评估；

(5)灵活性与适应性；

(6)为师生提供的支持；

(7)教职工的资历与教学经验；

(8)愿景与高校领导力；

(9)资源分配；

(10)全局视角与过程视角。

前七个维度关注的是学习环境和学习经验，后三个讨论的则是制度框架。除了第十个，其他大多数维度都很容易理解。

可以将之与下面这个列表进行比较。2002 年，加州欧文大学的弗莱登伯格(Frydenberg)审查了一系列与网络教育质量保证相关的文件(这些文件主要来自美国，但也有一些来自其他国家)，并理出了 9 个最常被提及的领域。它们分别是：

(1)高校承诺；

(2)技术基础设施；

(3)学生服务；

(4)制定与改进；

(5)教学与指导服务；

(6)方案规定；

(7)财务健康；

(8)监管与法律要求；

(9)方案评估。

同前一个列表一样，在该列表中，有几条[(1)(7)(8)]讨论的是高校层面的问题，而其余则关注学生、学生服务、培养方案以及教学环境。弗莱登伯格整理的这个列表表明，许多质量保证文件会涉及相似的领域，但这仅仅是制定标准的第一步。下面这个例子涉及了指导方针与衡量基准。

澳大利亚开放、远程及网络教育委员会

下述这些标准(或基准)由澳大利亚开放、远程及网络教育委员会(ACODE)制定而成。他们制定这八个基准的目的是"为了支持鼓励技术增强型学习质量的不断提高",这些基准中,可以单独挑出某一条用于高校的自我评估,也可以每年着眼于两三个基准、或通过所有的八个基准来快速评判高校的整体概况。它们可以由某个高校自身使用,也可以作为同类高校之间合作竞争实践的一部分。该基准最初制定于2007年,每年会根据技术进步和用户反馈进行更新。

该基准包括如下八个主题领域:

(1)全高校范围内关于技术增强型学习的政策与管理;

(2)全高校范围内关于技术增强型学习质量的改进计划;

(3)关于技术增强型学习的信息技术体系、服务与支持;

(4)技术增强型学习服务的应用;

(5)为了有效利用技术增强型学习而进行的教职工职业发展培训;

(6)在使用技术增强型学习方面的教职工人员支持;

(7)为了技术增强型学习的有效使用而进行的学生培训;

(8)在使用技术增强型学习方面的学生支持。

以上每条基准都包括范围声明、良好实践声明、绩效指标、5分制绩效评估、评分理由与证据,以及对或需改进领域的初步建议。

例如,基准1:"全高校范围内关于技术增强型学习的政策与管理"包含以下内容:

范围声明:

该基准适用于高校层面上与技术增强型学习相关的规划、政策制定与执行,包括在制定与执行政策、战略与操作规划时,权力与责任的委任与下放。

良好实践声明:

高校应具备清晰完善的战略、治理机制和政策,对为学习与教学提供的技术支持进行挑选、部署、评估与改进等方面的指导。

绩效指标:

(1)高校的战略与操作规划能够支持和改进技术增强型学习;

(2)技术增强型学习的具体计划符合高校的战略方向和操作规划；

(3)技术增强型学习的持续使用计划符合高校的预算流程；

(4)高校的政策、办事程序和指导方针能为技术增强型学习在课程及方案层次上的应用提供结构框架；

(5)高校对于技术增强型学习的政策、办事程序和指导方针能够得到良好的沟通，并能融入质量保证过程和体系中；

(6)高校具备完善的机制，用于管理技术增强型学习，包括对主要利益相关方代表的管理；

(7)对于用来增强学习和教学过程的技术，能明确技术运营管理的权力和责任；

(8)当决定采纳新技术时，高校应具备明确的政策框架和管理结构。

绩效评估：

绩效指标1：高校的战略与操作规划能够支持和改进技术增强型学习。

1分：没有现行的战略与操作规划

2分：有战略与操作规划，但缺乏对技术增强型学习的认识

3分：战略规划或操作规划对技术增强型学习有一定认识

4分：战略与操作规划均对技术增强型学习有一定认识

5分：战略与操作规划均对技术增强型学习有明确的认识

请根据上述指标进行评分。

评分理由与证据：

绩效指标2：技术增强型学习的具体计划符合高校的战略方向和操作规划。

是否存在具体计划/计划是否符合

1分，没有具体计划/不符合高校战略与操作规划

2分，计划不成熟/符合高校战略规划或操作规划

3分，有一些具体计划/符合高校战略与操作规划

4分，有很多具体计划/符合高校战略规划或操作规划

5分，有整套计划/符合高校战略与操作规划

综合评分：1、2、3、4、5

完整的质量保证体系参见章节末尾。

亚洲开放大学协会

亚洲开放大学协会服务于涉及开放及远程教育的高校。该协会提供的一项服务就是制定了一个包括标准与指导方针在内的质量保证框架。

该框架包含以下标准：

- 政策与规划；
- 内部管理；
- 学习者与学习者档案；
- 基础设施、媒体与学习资源；
- 学习者评估与评价；
- 研究与社区服务；
- 人力资源；
- 学习者支持；
- 培养方案与课程安排的制定；
- 课程制定与改进。

下面的案例介绍了学习者评估标准的相关指标。

学习者评估与评价

完整的标准与指标参见本章末尾。

评估类型的详细程度以及作业反馈的及时性体现了远程教育关注的共同点。一些评估细则还涉及建设性反馈在鼓励学习者增强自我学习意识方面的重要性。因此，为了确保自己的基本指标清单没有遗漏重要内容，制定自己的基本指标清单、仔细通读、并与其他质量保证体系中类似主题的内容进行比较，都很有必要。

澳大利亚开放、远程及网络教育委员会（ACODE）和亚洲开放大学协会（AAOU）的质量保证体系都涵盖了系列标准以及更详尽的指导方针。ACODE 采用基准体系，体现了指导方针向量化指标的转化。AAOU 体系提供了一个类似的指标清单，但允许高校以此为基础制定自己的等级量表。许多体系都采用五分制量表对各个项目进行评定，不过最终将以这些单项评分和更多的定性信息为基础得出一个综合评分。在两种体系中，AAOU 体系更接近于一套全面的指标体系，反映了一个完全远程的教育体系。传统教育的衡量指标不同于网络教育，这使得早期的质量保证体系更注重于学习和教学。不过，从 AAOU 体系中可以明显发现，完全的技术增强型教学会影响到从人力资源到研究的方方面面，而比起传统的课堂，网络教育学习和教学的评价指标，更多地强调多媒体的应用、互动性和课程设计。

在两种情况中，这些标准体系都是基于已知领域的研究和良好的实践经验而制定的。然而，并不是每一条指标都是通用的。这就是为什么诸如 AAOU 之类的体系允许质量保证机构或高校选择与制定最符合他们实际情况的评估指标。

AAOU 亚洲开放大学协会

一、政策和规划

从政策和规划的角度来看，保证质量的相关因素包括：机构愿景、使命、政策和战略、规划、监测、政策和规划过程、利益相关者的参与以及对学习者的承诺。远程开放学习系统应该能够确定自身的愿景、使命、政策和战略，以确保开放远程教育产品兑现既定的学术承诺，满足社会需求。

二、最佳实践陈述

1. 愿景和使命

机构有清晰的愿景和使命，综合考虑了内外部教育环境、机构发展潜力、国家发展规划，以及教育的国际趋势等。机构的愿景和使命被所有管理人员和工作人员共同认可。

2. 战略规划

机构的愿景和使命落实为战略规划，明确了机构的大、小目标。

3. 运营计划

机构运营计划源自其战略规划，战略规划定义了机构要实现的项目目标和措施。机构将运营计划用于指导项目和活动的年度计划。

4. 目标

机构有明确可行的、可衡量的目标。

5. 政策

机构有符合其战略规划且明确可行的政策。机构在实施其政策和规划时有明确的指导方针。机构有可靠透明的系统，以使政策和规划便于与利益相关者沟通。

6. 监测与评价

机构有设计良好的监测和评价系统来评估政策和规划在各个层面的

实施情况。机构有透明的系统，可以与所有员工沟通相关政策和规划，并以可靠、有效的方式进行记录。

7. 对学习者的承诺

机构已提出明确的声明，承诺向学习者提供卓越的服务。机构有明确的政策，以避免在性别和地理/地区分布上的歧视，并在机构所有事务和活动中贯彻此政策，包括招生、注册和整个学习周期。

三、内部质量保证管理系统

机构的内部质量保证管理系统应该能够为远程开放学习提供必要的支持，以满足学习者和更广泛的社区用户的要求。机构在远程开放学习的管理和操作方面应提供强有力的领导和明确的指导方针，确保质量、效率和成本效益。此外，机构要实现其目标需要具备明确、有效的沟通渠道，以及高效的资源管理和行政管理系统。机构应注重民主、理性和平等；尊重学校的规章制度。

1. 市场营销和推广系统

机构通过各种媒体进行公关活动。

机构与相关的国内和海外组织合作。

机构提供高效、合理和用户友好的入学和注册系统。

2. 机构管理系统

机构维护高效、安全的学习者记录系统，以提供学术、行政服务，做决策支持。

机构有关于考试准备、考试组织和告知考试结果的相应准则。机构要对项目进行系统评估。作业的评估和反馈要有相应的系统，以确保快速、公平的管理。

3. 学习管理系统

机构为远程开放学习项目和材料的开发、发送、评估和质量保证提供指导。

机构确保学习者可以轻松访问远程开放学习项目和材料。

4. 沟通系统和决策

机构在决策过程中考虑学习者和员工的利益和需求。针对当前和潜在的学习者，机构有一套有效的沟通系统，以支持工作人员和教师的工作。

5. 学习者服务系统

机构确保学习者的奖学金和财政援助公平、无歧视。

机构都有明确的学习者服务准则。机构处理咨询、入学申请，及时处理潜在和现有学习者的不满。

6. 基础设施和设备

机构不断改善其基础设施和设备。

机构设有采购规则。机构确保员工受过相关培训，如项目开发和发送、设施和技术的使用，以及绩效的不断提升。

机构有有效的系统来管理和维护设备和设施。

7. 内部质量保证体系

机构拥有有效的系统定期获取利益相关者的反馈以用于改善项目。针对项目和实施单位，机构有完整的质量保证体系。

机构定期进行自评并应用评价结果来改进其运营和项目。

四、学习者和学习者档案

开放远程学习者的质量保证包括以下变量：学习者意识、学习者数据库、学习者预期、学习者信息、学习者不同的背景和需求、机构和学习者的紧密联系、学习者如何参与决策过程，以及职业辅导和实习支持。

远程教育机构应确保满足学习者的需求。

1. 学习者的感知

机构确保潜在的学习者和更广泛的社区使用者感知到可获得的课程和项目及其运行方式，以及远程开放学习的优势。

2. 学习者数据库

机构保证对学习者信息保密。

3. 学习者的预期

机构系统、准确地评估学习者的期望和满意度，并贯彻于决策与服务的各个方面。

在服务和决策过程中机构收集足够多关于学习者期望和满意度的信息。

4. 学习者信息

机构谨慎使用学习者信息，主要用于设计以学习者为中心的项目和支持服务。

机构使教师可以方便地访问学习者的信息。

5. 学习者的不同背景和需求

机构为社会经济条件、生理或心理条件处于弱势的，以及有特殊学习需求和喜好的学习者提供支持服务。

机构根据学习者的不同学习取向、学习周期、学习目的等来满足他们各种不同的需求。

6. 学习者的自主性和包容性

机构为所有学习者提供面对面或基于媒体的指导，减少压力、挫折、失败和辍学的可能性。

7. 机构和学习者之间的紧密联系

机构提供正式和非正式的交流以及其他面对面的沟通，以与学习者保持紧密联系。

8. 学习者参与决策过程

机构提供适当渠道让学习者参与机构的决策过程。

9. 学习者的反馈

机构确保获取和利用来自利益相关者的定期反馈来增加对他们的支持。

10. 职业咨询和实习支持

机构在潜在雇主的积极参与下提供职业咨询和实习支持。

11. 校友支持

机构跟进毕业生的发展并实施影响评估，开发符合社会需求和环境变化的课程。

五、基础设施、媒体和学习资源

远程开放学习系统应确保配备多样化的媒体来促进学习者的学习过程，并有效地满足学习者的需求。媒体的选择和应用应反映课程教与学的需求，并且是最合适的。特别重要的是，媒体的选择应该基于学习者的知识基础、教育者的背景和能力、内容的需求、学习者获取相关技术的情况、课程的教学设计，以及媒体的局限性等。

1. 运用多媒体传送学习资料

机构利用恰当的、与课程内容匹配的媒体和技术，以提高和扩展学习。

机构根据学习者的情况、学习需要以及他们的环境选用恰当的媒体和技术。

机构利用可获取的、公平的和实用的媒体和技术。

在选择使用的媒体和技术时，机构考虑其对于机构和学习者的成本和收益。

2. 对员工和学习者使用相关媒体提供培训和支持

机构告知学习者所用媒体的潜在影响，并为那些不能有效利用所选媒体的学习者开发替代方案。

机构为员工提供充分的有关媒体使用的培训。

机构为学习者提供充分的有关媒体使用的培训。

机构提供适当和足够的管理和技术支持，帮助教师和学习者使用媒体。

3. 新技术应用的相关研究和开发

机构进行系统的研究和开发，使新技术整合到学习者的学术和管理服务中。

机构鼓励研究新技术，从而做出更明智的媒体选择。

六、学习者评估和评价

评估是教学和学习过程的一个基本特征，应当合理执行并体现外部质量保证标准。在开放及远程教育中，评价学习者评估的质量时，应包括高校评估政策、评估材料的规划与制定、评估管理、评估结果处理，以及评估结果的宣传与应用等内容。远程教育机构应确保有效地评估学习者的学习。

1. 高校评估政策

高校应具备合理的政策与程序，以确保评估的及时性、公平性与适量性。

在对学习者的表现进行评估时，高校应提供充足的时间、人力与物力。

2. 评估材料的规划与制定

高校应确保所有教学人员精通形成性评价和终结性评价流程，能够认识到两者在学习过程中的重要性。

高校应确保课程材料明确阐述了评估目的，并确保学习者能够对自己的某些作业进行自我评估。

高校应确保评估材料的有效性和可靠性。

高校应确保评估中媒体设备调度的灵活性。

3. 评估管理

高校应具备有效的程序，确保评估过程符合高校要求。

高校应具备系统的程序，负责招募及培训评估人员。

高校应具备有效的系统，确保评估资料的保密性和安全性。

4. 评估结果处理

高校在处理评估结果时，应具备完善的指导方针。

高校应聘用足够的合格评估员。

高校应具备高效、有效的系统，记录及备案评估结果。

5. 评估结果的传播与应用

高校应确保评估结果能及时传达给学生。

高校应在学习者与高校之间建立一个有效的评估结果反馈体系，从而对项目及课程进行改进。

七、研究和社区服务

开放和远程教育机构应确保由学术研究人员开展研究。机构应该为研究提供支持。机构还应该确保学术人员可以提供社区服务。机构应该增加社会贡献，促进群众的终身教育，并为当地社区和偏远地区，以可负担的成本，提供优质教育。校园应该成为每个地区的终身教育中心。

1. 研究支持系统

机构都有明确的研究政策。

机构有足够数量的合格员工，确保开放远程学习所用方法和技术的高质量研究。

机构确保由合格的员工开展足够数量的研究项目。

机构提供了必要的时间、人力和财务资源来支持开放远程学习保质保量的研究。

机构拥有专门的研究机构，配备合格的研究人员。

2. 研究的应用

机构通过不同类型的媒体定期发布研究结果。

机构鼓励员工把研究成果转化为实际应用。

3. 研究指南

机构有明确的规划、实施和评估研究的指导方针。

4. 社区服务支持系统

机构定期向公众和社区宣传远程开放学习项目。

机构在社区开展足够数量的与目标有关的活动。

机构开展各种类型的活动，以适合社区的需要。

机构部署足够数量的员工开展社区服务活动。

机构通过推广和提供终身教育为当地社区做贡献。

5. 社区参与及受益

机构使社区成员积极参与社区服务活动。

6. 社区服务指南

机构都有明确的规划、实施、监控社区服务活动的指导方针。

八、人力资源

远程开放学习系统应该能够确保拥有够资格、能胜任的人力资源，来管理远程开放学习产品的质量。机构建立了发展计划，帮助员工有效地完成他们的任务。

1. 选拔和招聘

机构有清晰的方针和标准用于选拔、招聘和保留合格员工，这些员工肩负着追求机构的愿景，完成机构使命和实现机构目标的期许。

机构会定期审核学术人员的构成和他们的资历，以确保他们适合机构的运营。

该教育机构雇用了数量充足的教职人员，以实现机构的目标并履行对学习者的义务。

机构拥有数量充足的合格管理人员和行政人员，以处理所有业务和教学的支持服务。

2. 共同愿景和人力资源原则

机构在员工招募过程中宣扬它的愿景、使命、目标和对员工的期望。

机构有一套清晰的绩效管理体系，所有员工都能够理解并乐于接受这套体系，来帮助他们提高知识和技能，并根据员工所取得的成就给予适当的认可和奖励。

3. 工作描述和说明

机构有明确的工作描述和说明，为员工提供有关具体任务的信息。

4. 培训和发展

机构为员工提供职业发展规划及奖励制度，并且这一规划和制度为员工所知晓和认可。

机构基于具体的员工需求和机构要求开发、应用和监控人力资源开发项目。机构为员工提供多次培训以更新他们的工作技能。

5. 绩效管理系统

针对员工的各类职责，机构都有明确的绩效标准。

机构根据员工的绩效来筛选和提拔。

九、学习者支持

学习者支持应该包括各类与辅导和学习服务相关的变量，以确保促进学习者的学习进程，满足学习者的需求。通过使用各种形式的远程辅导技术，学习者可获得一系列双向交流的机会；如交流辅导、作业辅导、指导、咨询以及同伴互助激励。

同时还要考虑学习者对硬件设施和学习资源的需求以及他们的获取能力。

1. 辅导

机构为辅导教师和学习者提供清晰的辅导指南。

机构有程序确保为课程招募充足的、有资质的辅导教师。

机构选拔的教师满足辅导某课程所需的特定标准。

机构对辅导教师的课程辅导提供适当的培训。

机构建立有效的系统，保证辅导教师给予学习者和机构关于学习者学习进度的建设性反馈。

在学习者接受正式辅导前，机构会给他们提供入学教育。

机构有机制监控学习者的学习进程。

机构提供学习者易于接受的多种辅导模式。

机构为辅导的开展提供充足的设施。

2. 咨询

机构为咨询顾问和学习者提供咨询指南。

机构确保顾问们清楚自己在提供咨询时的作用。

机构为顾问提供同步和异步的与学习者交流的渠道。

机构有高效的流程，用于诊断学习者问题并确定个人咨询需求。

机构有有效的机制监督和评估学习者学习支持服务。

十、项目设计与课程开发

开放远程学习的项目设计和课程开发应包含特定需求评估，合格的专家，对出资方利益的考量，定期评估，明确的指导方针，以及对学习者个体能力发展的适应。项目应根据学习者、雇主和社会的需求进行设计和开发。鼓励优质教育，设置恰当的评价手段，有效地测试和测量学习者的学习成绩，并与项目设计的目的和目标所规定的学习结果相比对。

1. 项目设计

机构基于对学习者具体需求的评估来设计项目。

机构在设计项目时会请教专家并考虑利益相关者的利益。

2. 课程开发

机构有明确的课程开发指南。

机构在课程开发中考虑到了学习者的个人能力。

课程设计与开发

通常课程设计和系列课程开发包含以下内容：课程设计，课程内容和测试/作业一致，明确的课程目标，多媒体的运用，学习材料组件，学习者学习支持，课程组，课程组培训以及课程评价。远程教育机构应确保设计开发的课程能有效地满足学习者的需求。

1. 课程设计

机构通过合理的规划来进行课程设计。

机构基于学习者的需求来进行课程设计。

2. 课程内容和测试/作业

机构保证课程内容与学习项目目标相关。

机构保证课程内容和测试/作业相一致。

机构保证课程目标清晰明确并且有益于学习者。

3. 课程目标

机构采用适合课程目标、特征，符合学习者需求和条件的媒体和技术。

4. 学习者学习支持

机构在设计课程是要充分整合学习支持服务。

5. 课程评估

机构建立有效的系统定期评估课程材料以利于未来的改进。

6. 课程团队

机构为员工提供足够的时间和资源，使开放远程学习课程开发具有优先权，获得需要的承诺和质量投入。

机构对参与设计、开发、发送和评估开放远程学习课程和材料的员工提供充足的专业和技术支持。

机构为员工提供适当的培训，以确保他们掌握设计、开发、发送和评估课程及材料的知识和技能，确保其质量。

ACODE 澳大利亚远程开放在线学习委员会

ACODE 是指澳大利亚远程开放在线学习委员会。

ACODE 的文件(可以从网上下载)包括三个部分：第一部分介绍了基准的使用方法；第二部分对基准进行示例；第三部分主要用于团队评估，列出了八项基准及其下属的各类绩效指标。登录他们的网站可以找到每项指标的绩效测量方法。

关于基准

基准的目的，特别是该基准的目的是支持技术增强学习领域质量的持续提升。其方法是站在企业的视角，将教学的关键问题和机构的各个维度结合起来，如规划、员工和学生发展、基础设施提供等。该基准为企业应用而开发，或者用于负责技术增强学习或相关服务的组织领域。

每一类基准都是独立的。例如，应用技术增强学习的员工支持基准可单独使用，或者与其他基准结合使用。该基准还可用于自我评估(在一个或几个维度)，或者作为协作、比较的一部分，这个过程可以引入其他机构。

由于这些基准可以单独使用，因此各类基准会有一些重复。在基准的迭代过程中，作者已经尽可能减少这种重复，同时也建议机构从系列相关基准中挑选一些指标使用，而不是直接选择一两套完整的基准。这有些像各类基准的挑选和组合(Bacsich, 2009)方法，可以从更大的指标范围内挑选自己要使用的那些指标。重要的是，如果采用了这种方法，在与其他机构比较时会更困难，因为其他机构可能不一定使用了这种方法。

在一定的时间周期内，各类基准都可能会用到。例如，某一特定年份可能会着重强调两三类基准，这些基准反映的是当时机构质量改进的重点。或者，如果机构在某个特定时期想要全面了解它们的状况，它们可以进行全面的评估。

基准包括以下八类：

(1)适用于技术增强学习的全机构范围内的政策和管理；

(2)适用于技术增强学习的全机构范围内质量改进规划；

(3)适用于技术增强学习的信息技术系统、服务与支持；

(4)技术增强学习的应用；

(5)有效应用技术增强学习的员工专业发展；

(6)有效应用技术增强学习的员工支持；

(7)有效应用技术增强学习的学生培训；

(8)有效应用技术增强学习的学生支持。

上述每类基准均包括相应的范围说明，优秀实践的说明，一套绩效指标(PIS)，评估时需要改进的维度提出的初步建议等。

各机构也可以通过替换或增加自己的本地绩效指标(LPIs)来定制相应的基准。每项绩效指标均对应相应的绩效测量方法。每项测量方法记分为1—5分(其中5分表示优秀实践)。每一个分数分别对应不同的做法，分数越高，做法越优秀(不同的做法表示同一个指标)，同时还有一些表述以表格形式呈现。机构内的服务部门或者单位可以使用这些指标来完成目前状况下的自我评估。需要说明的是，并不需要期待所有的方面都做到优秀。更确切地说，这种方法可以描绘出机构当前的"真实"图景，然后更进一步呈现该机构在各个维度的真实情况。

该文件的其余部分旨在帮助您了解此基准的使用方法，其中包括：

• 基准使用方法的分步操作指南(第一部分)；

• 一套完整的基准及相应的绩效指标(第二部分)；

• 一套"团队整合"模板(第三部分)。该模板可用于报告过程中的任何阶段。

第一部分——基准的使用方法

ACODE基准旨在用于质量保证和持续改进，其重点是技术增强学习。如今，技术增强学习对于高等教育机构至关重要，因为这些机构希望实现课程和项目的高质量发送。

该基准的使用可以为改进实践提供研究基础，从而更好地理解运营系统和流程，并促进问责制的发展。同时，该基准的使用也可以为学习提供工具，并有助于打破"我们有差异"的信念，取而代之的是"我们有共性"。

之前应用该基准的一些优势包括：

· 在做规划和设置优先级时区分优势和劣势；

· 更好地理解战略和运营需求；

· 有助于实现质量保证目标的框架；

· 识别成就领域；

· 产生创意并重新振兴实践，例如，为必要领域的提升开发策略；

· 促进合作——对机构内部及与合作伙伴的跨区域合作有更好的理解；

· 发展实践团体，为员工专业发展、项目工作、员工交流和借调提供机会。

每类基准都包括以下要素：

· 范围说明；

· 优秀实践的说明；

· 绩效指标(PIs)

· 五分制绩效测量方法(或者本地绩效指标)；

· 提供原因和证据来支持自己的评估结果；

· 预留空间，为未来发展提出初步建议。

范围说明

该说明描述了基准适用和不适用的范围。例 1 选自基准一，阐述了为什么要说明范围，详细解释了基准中着重强调的部分和未强调的部分。通过绩效指标进行测试时，该说明可以避免可能会出现的错误。

例 1　基准一：适用于技术增强学习的全机构范围内的政策和管理的范围说明。

这适用于校级的相关技术增强学习应用的规划、政策制定和实施。它包括权力和责任的授予，涉及政策、战略和运营计划的制定与实施。

优秀实践的说明

该说明指出做得好的优秀实践是什么样子。这类实践是可实现的。

以下示例来自基准一。

例 2 基准一：适用于技术增强学习的全机构范围内的政策和管理中优秀实践的说明。

该机构已经建立便于理解的策略、管理机制和政策，这些可用于指导支持教学的各类技术的选择、部署、评估及改进。

绩效指标

这些指标可以识别关键绩效领域，指出如何实现优秀实践。所有基准中存在一些绩效指标的重合，但是除去那些无法删除的，我们已经试图减少这种重复。以下的例子列出基准一使用的八项绩效指标中的前两项。

例 3 基准一：适用于技术增强学习的全机构范围内的战略和管理的八项绩效指标中的前两项。

(1)机构战略和运营计划支持并促进技术增强学习的应用。

(2)与技术增强学习有关的具体计划和该机构的战略方向及经营计划一致。

绩效测量方法

绩效测量方法的说明用矩阵方式呈现，代表抵达优秀实践的过程水平层级(由绩效指标呈现)，采用五级量表，可用于自评和机构间比较。五级代表最佳实践。

下面的例子是该基准提供的两类测量方法。通过特定的绩效指标证明一两个或更多的要素。第一个方法是每个测量方法会得出一个分数，如例 4 所示。而例 5 则展现了当存在两个及以上的测量方法时，每一个测量方法都会被计分，然后计算出总的分数级别。在这种情况下，还需要一个"综合评级"。但是这个分数不一定是两个子方法分数的平均值。

例 4 基准一：适用于技术增强学习的全机构范围内的策略和管理八个绩效指标中的前两个。(这是以表格形式存在——原始网站中可以看

到；Xs 代表假设的分数）

绩效指标 1. 机构、战略和运营计划支持并促进技术增强学习的使用。

(1)无现行的战略或运营计划。

(2)有战略或运营计划，但没有技术增强学习内容。

(3)战略或运营计划中有部分技术增强学习的内容。

(4)X 战略和运营计划中均有部分技术增强学习的内容。

(5)战略及运营计划全部都有技术增强学习的内容。

指出自己属于以上哪个级别。

绩效指标 2. 技术增强学习的具体计划和机构的战略方向及运营计划一致。

具体计划　　　计划一致性

(1)无具体计划，和机构的战略方向及运营计划不一致。

(2)不成熟的计划，和机构的战略方向或运营计划不一致。

(3)部分具体计划和机构的战略方向及运营计划均一致。

(4)大量具体计划和机构的战略方向或运营计划一致。

(5)全套综合的计划和机构的战略方向及运营计划均一致。

综合评分 1　2　3　4　5

指出自己属于以上哪个级别。（此处为答案区）

给出原因和证据

若给出评分结果，则需要给出相应的原因，同时还需要提供支持该评分的证据。原因通常是一系列的得分点，指出支持评分结果的关键原因，然后由证据来提供支持。

改进的初步建议

实施自我评估活动时在某个领域进行改进的方法通常会逐渐清晰起来。在每类基准的底部都预留了一定的空间，可以用来做笔记供未来参考。建议你有想法时就记下来，不要把那些想法抛之脑后。这些笔记虽然是个人的想法，但是它们也可能在与团队成员的讨论中发挥作用。

分步操作指南

技术增强学习基准测试并不是一个简单的任务，企业通常采用它来进行质量改进。为了达到良好的效果，实现对员工的承诺，需要机构制定相应的规划和进行合理的资源配置。

基准测试中可以采用几项或全部基准。基准中存在一些有限重复的绩效指标。该基准可以用于机构内部的自我评估，也可以用于与其他机构合作形成对比数据，从而能够参考同行实践识别改进策略。基准测试的重点可能是机构层面或组织层面，例如教师或教学层面。

在此背景下，自我评估是特定领域或主题当前绩效和设定预期之间的重要对比。吉达克、布里奇兰和布兰卡德（Goodacre，Bridgland & Blanchard，2005)指出采用基准测试框架时，实现可比性的关键因素之一是所有合作机构全部都使用模板，完成自评。

在 ACODE 基准测试的背景下，这是关于：

• 尽可能多的收集有关绩效维度的信息(例如绩效指标)——更重要的是，使用例子来支持证据。

• 将收集到的信息(例子和证据)与期望的测量绩效对比。

• 评估并告知对绩效的判断，即处于达到"优秀实践"的过程图谱的什么位置。

自评最终会让机构本身更好地了解自身，也就是说，参考该基准中的绩效测量提出的"优秀实践"，每个机构可以识别出自己的优势和弱点，找到改进的方式，从而在特定领域有所加强。

机构根据该基准进行自评测试分两步(机构自评)。首先个人进行评估(个人自评)，然后将这些个人作为一个团队，进行评估(团队自评)。以下是该活动的指南。

自评步骤

第一部分：个人自评

通常该评估涉及机构内与基准相关的不同领域的工作人员。他们可以是教学(L&T)部门和技术部门(ICT)的工作人员，员工代表，员工及学生支持人员，培训人员，图书馆工作人员等。根据基准，一般三人参与自评，最多四人。各组成员会进行充分的自我评估。虽然来自不同领域的成员对应不同的基准，但是我们建议选择一个人担任全部评估过程的总负责人。在跨部门参与的情况下，这对于形成完整的最终结果至关重要。

重要的是，个人评估是由掌握证据、熟悉机构如何实现既定领域管理目标的人员来做。换句话说，他们被看作该领域的专家。

强烈建议使用基准的机构或团队在员工进行评估时，不要试图通过调查去探究他们的想法。过去的经历证明探究员工想法会出问题，导致团队混乱。证据及团队成员之间达成的共识应该足够有说服力，因为他们都是利益相关者。

评估步骤如下所示：

(1)参加自我评估的团队成员聚到一起，了解基本规则。他们需要非常熟悉基准测试包含的维度。

(2)界定评估的基准维度。

(3)作为团队，回顾所选基准"优秀实践"的样子及相关的绩效指标，讨论并达成共识。

(4)建议考虑绩效维度下最重要的标准(如确定绩效测量维度和评分方式)。

(5)团队搜集证据，基于已发现的事实做出个人评估(聚集到一起后需要对现有的状况与预期的测量绩效进行对比)。

a. 建议寻找如下"证据"：

i.(可获得的)量化的或直接测量的数据；

ii. 文件，如政策、业务协议、进程报告等；

iii. 实践、方法、项目等。

b. 量化数据或文件要提供摘录或链接。

(6)团队成员有了自己的证据后，他们可以根据评分基准采用五级量表对各项指标评分。

a. 尽量不要过于强调测量方法——五级量表引导综合评分。

b. 尽量不要使用没有"证据"支持的测量数据。

(7)为评分结果撰写简洁的"报告"。报告不必面面俱到，但要覆盖关键得分点。团队成员一起讨论时这是必不可少的。

第二部分：团队自评

个人完成评估后会回到团队一起分享他们的自评情况，做出最终的评估。终极目标是在团队中达成一致，形成统一的最终分数。分数代表了这个机构所处的位置。要尽量避免打出小数分，如 3.5，因为工具是按整分设计的。

(8) 与基准测试团队商议探讨个人评估结果。

a. 处理个人评估结果后——基于证据讨论排名及排名原因。

c. 团队讨论个人评估并得出结果。

d. 得出"最终"团队排名——提交。

如果该机构利用此自我评估为之后与其他机构合作的基准测试项目做准备，一旦机构（通过团队）已经根据特定的基准得出其排名，它应该整理其证据并随时与合作机构分享。本文件将预留一定空页，机构可以在该空页填写其团队评估结果（排名），排名要与本机构选择的评估基准一致。不过此时不需要提供证据。如果机构被提名为准测应用（或会议）的代表时，需要分享该证据。

术语表

基准测试：在特定领域，根据一套详细的既定绩效指标来测量绩效的过程。基准测试的拓展内容是将测试结果与采取过同样测试的机构的结果进行对比。

基于云的工具或服务：实质上是在互联网上建立和使用的软件、平台和基础设施的隐喻。

课程：也可以是单元、主题、论文等。多门课程组成一个项目。

评估：利用一组基准或者标准做出价值或成就判断的过程。

IT：信息技术

教学法：教学法是教的方法和实践。教学法涉及教师对学科主题的设计、开发和发送。

绩效指标（PIs）：用于评估机构参与特定活动效果的一类方法。

项目：也被称为课程，学位等。项目完成后通常能获得正式的学业成就认可。

社交媒体：基于互联网的应用，允许用户在虚拟社区和网络进行用户生成内容的创建和交换。

利益相关者：在特定活动或项目成果中享有核心利益的实体（包括个人、团体或组织）。

员工发展：也成为职业发展，为机构中的员工提供教学和培训。

技术增强学习（TEL）：也指技术增强教与学。它就是利用技术支持新型的学习实践，增强现有的学习设施。

技术增强学习服务：机构使用以通信与信息技术为基础的系统。可能在内部或外部托管。

第二部分——全套基准

ACODE 网站包括全套基准。例如，下面是两套完整基准的示例。第一套，基准二，处理机构的流程。第二套，基准四，检测技术增强学习在课程和项目中的应用。

基准二 机构整体技术增强学习的质量改进规划

适用范围说明

覆盖机构的全过程，包括规划、实施、评价和反馈的循环，确保技术增强学习的有效应用，以及与外部要求相一致。

优秀实践说明

机构支持并鼓励在机构各层面的战略规划中可持续、有效和高效地应用技术增强学习。重点是通过实施系统且有规律的评估来实现质量的持续改进。这些评估反过来可以告知未来的发展规划，匹配机构的战略方向。

绩效指标

（1）机构整体质量保证流程到位且可使用，技术增强的学习在项目和课程层面都得到整合。

（2）综合评价流程到位，支持技术增强学习服务的相关决策。

（3）规划机构技术增强学习系统的质量改进，保证程序资源到位。

（4）关键指标（经利益相关者认可）的评估循环设计合理，并整合进持续提升规划中。

（5）评估结果向机构各层面公布。

绩效测量

P2 1. 机构整体质量保证流程到位且可使用，技术增强的学习在项目和课程层面都得到整合。

课程和项目层面的流程到位

1. 无　　　　　未整合

2. 有限　　　　部分课程和项目整合

3. 中等　　　　多数课程和项目整合

4. 广泛　　　　绝大多数课程和项目整合

5. 全面　　　　所有课程和项目整合

指出自己属于以上哪个级别

原因和证据

P2 2. 综合评价流程到位，支持技术增强学习服务的相关决策。

1. 无

2. 有限

3. 中等

4. 广泛

5. 全面

指出自己属于以上哪个级别

原因和证据

P2 3. 规划机构技术增强学习系统的质量改进，保证程序资源到位。

1. 无资源

2. 少量资源

3. 中等资源

4. 大量资源

5. 全面资源

指出自己属于以上哪个级别

原因和证据

P2 4. 关键指标（经利益相关者认可）的评估循环设计合理，并整合进持续提升规划中。

关键指标的评估过程整合进提升规划

1. 无评估循环　　　　　　　　　　未整合

2. 一些利益相关者的有限评估循环　　部分整合

3. 一些利益相关者的中等评估循环　　中度整合

4. 绝大多数利益相关者的评估循环　　广泛整合

5. 所有利益相关者的评估循环　　　　全面整合

综合评分 1 2 3 4 5

指出自己属于以上哪个级别

原因和证据

P2 5. 评估结果向机构各层面报告。

1. 不报告结果

2. 向部分层级报告少量结果

3. 向绝大多数层级报告结果

4. 向所有层级报告结果

5. 向所有层级报告全部结果

指出自己属于以上哪个级别

原因和证据

改进的初步建议

基准四　技术增强学习服务的应用

适用范围说明

该主题强调技术增强学习服务在课程和项目中的有效应用。它包括基本理念和策略意图，如何嵌入教学，如何优化、评估和提升。如果技术增强学习服务不能有效应用，将会减少在该服务领域投资的价值，可能会影响到每个学生和教职员工。与技术增强学习服务的应用相关的技术、政策和管理问题属于其他基准的范畴。

优秀实践说明

技术增强学习服务的应用包括：

· 基于机构的学习和教学策略；

· 通过良好的教学实践和研究；

- 充分支持；
- 有效部署并提升；
- 多角度评估；
- 适当先进。

绩效指标将反映这些方面的教学应用情况。

绩效指标

(1)技术增强学习服务的应用基于机构学习和教学的策略。

(2)单门课程和项目中，应用技术增强学习服务的教学目的让教师和支持人员一目了然。

(3)技术增强学习的教学应用基于所有教职员工已经掌握的、可靠的教育研究和指导方针(包括遵守法律规定、可实现和有学习设计等)。

(4)学校有社群推动并支持技术增强学习在交流中的应用，促进在教与学中的创新应用。

(5)为保证技术增强学习教学法的持续发展，合理配置资源。

(6)技术增强学习服务的教学应用可持续。

(7)对技术增强学习服务的教育效果做课程和项目层面的定期评估。

(8)技术增强学习产生影响的证据要整合进课程和项目持续改进的规划中。

(9)优秀实践案例促进技术增强学习服务在课程和项目中教学法层面的有效应用。

绩效测量

P4 1.技术增强学习服务的应用是基于机构学习和教学的策略。

1. 不符合

2. 极少符合

3. 较符合

4. 很符合

5. 完全符合

综合评分 1 2 3 4 5

指出自己属于以上哪个级别

原因和证据

P4 2. 单门课程和项目中，应用技术增强学习服务的教学目的让教师和支持人员一目了然。

课程层面   项目层面

1. 不清晰   不清晰

2. 极少清晰   极少清晰

3. 清晰，但是不一致 清晰，但是不一致

4. 清晰   清晰

5. 完全清晰   完全清晰

指出自己属于以上哪个级别

原因和证据

P4 3. 技术增强学习的教学应用基于所有教职员工已经掌握的、可靠的教育研究和指导方针（包括遵守法律规定、可实现和有学习设计等）。

应用基于可靠的研究且指导方针已经可用

1. 没有基于可靠研究，且指导方针不可用

2. 基于可靠研究，仅在有限的案例中有限地应用

3. 基于可靠研究，但不能持续可用，不能覆盖所有领域

4. 基于可靠研究，在绝大多数案例中较多应用

5. 基于可靠研究，在所有案例中全面应用

综合评分 1 2 3 4 5

指出自己属于以上哪个级别

原因和证据

P4 4 学校有社群推动并支持技术增强学习在交流中的应用，促进在教与学中的创新应用。

1. 完全不存在

2. 极少有这类社群，充其量有临时的

3. 存在一些社群，但是曝光率有限

4. 存在社群，有一定程度的曝光率

5. 此类社群广泛存在，曝光率高

综合评分 1 2 3 4 5

指出自己属于以上哪个级别

原因和证据

P4 5. 为保证技术增强学习教学法的持续发展，合理配置资源。

1. 未配置

2. 极少配置

3. 部分配置

4. 良好配置

5. 充分配置

综合评分 1 2 3 4 5

指出自己属于以上哪个级别

原因和证据

P4 6. 技术增强学习服务的教学应用可持续。

1. 未考虑可持续性

2. 通常为一次性应用，几乎不考虑可持续性

3. 应用过程中有时考虑到可持续性，会临时跟进

4. 应用过程中通常考虑到可持续性，有一些跟进

5. 充足的资金支持应用，希望保持长期的优秀实践

综合评分 1 2 3 4 5

指出自己属于以上哪个级别

原因和证据

P4 7. 对技术增强学习服务的教育效果做课程和项目层面的定期评估。

1. 未评估	未评估
2. 偶尔有限评估	偶尔有限评估
3. 粗略评估	粗略评估
4. 有合理细节的评估	有合理细节的评估
5. 全面评估	全面评估

综合评分 1 2 3 4 5

指出自己属于以上哪个级别

原因和证据

P4 8. 技术增强学习产生影响的证据要整合进课程和项目持续改进的规划中。

课程层面	项目层面
1. 不明显	不明显
2. 明显但只在少数案例中	明显但只在少数案例中
3. 明显，但不是一贯	明显，但不是一贯
4. 绝大多数情况下都明显	绝大多数情况下都明显
5. 非常明显	非常明显

综合评分 1 2 3 4 5

指出自己属于以上哪个级别

原因和证据

P4 9. 优秀实践案例促进技术增强学习服务在课程和项目中教学法层面的有效应用。

课程层面	项目层面
1. 不明显	不明显
2. 明显但只在少数案例中	明显但只在少数案例中
3. 明显，但不是一贯	明显，但不是一贯
4. 绝大多数情况下都明显	绝大多数情况下都明显
5. 非常明显	非常明显

综合评分 1 2 3 4 5

指出自己属于以上哪个级别

原因和证据

改进的初步建议

第三部分——自我评估的团队整合（如需要）

团队成员整合自我评估结果时，这套模板很有用。下面列出了八项基准及其下属的各类绩效指标。

如果你正在使用它们来进行个人评估的整合，那么将评分范围（五分制）放到每项指标的基准、论据和证据下方，并为回答预留一定空间。

请使用下表来记录您的综合成绩，或者相关绩效指标的团队综合成绩。

此文件可用于准备机构的报告或者机构内部的活动。

基准一：机构采用技术增强学习的政策和管理

(1)机构战略和运营规划支持并促进技术增强学习的应用。有合理的证据。

(2)应用技术增强学习的具体计划与机构战略方向及运营规划一致。

(3)应用技术增强学习的规划与该机构的预算一致。

(4)机构的政策、规程和指导原则为技术增强学习在课程、项目层面的使用提供了框架。

(5)技术增强学习使用的政策、进程和指导方针与流程和系统良好沟通融合。

(6)机构已经设立了技术增强学习的管理机制，将核心利益相关者代表引入管理机制。

(7)明确设定增强学习和教学的技术管理部门的权力和责任。

(8)决定采用新技术时，机构要有明确的政策框架和管理结构。

基准二：机构采用技术增强学习的质量改进规划

(1)机构质量保证过程到位，与技术增强学习在项目、课程两个层面整合。

(2)综合评价过程到位，支持技术增强学习服务的相关决策。

(3)规划机构的技术增强学习系统的质量改进，保证流程资源到位。

(4)测量关键绩效指标(利益相关者认同)的评价循环到位，并整合进持续改进规划。

(5)结果向机构各层面公布。

基准三：技术增强学习的信息技术系统、服务与支持

(1)系统和流程到位，从而生成学习和教育的分析数据来支持决策。

(2)明确说明实施和维护技术增强学习系统的职责和流程。

（3）明确规定了使用技术增强学习系统的工作人员和学生的培训职责和流程。

（4）资源合理配置，能够支持技术增强学习信息技术服务的实施和维护。

（5）机构鼓励新兴技术实验并按流程为提供资源。

（6）为管理技术增强学习相关服务（包括新兴技术）的员工提供专业化发展。

（7）机构有稳健的程序和过程来识别和管理各类技术增强学习服务的风险。

（8）为各类学习技术提供的支持层级和途径清晰地传达给员工。

基准四：技术增强学习服务的应用

（1）技术增强学习服务的应用基于机构学习和教学的策略。

（2）单门课程和项目中，应用技术增强学习服务的教学目的让教师和支持人员一目了然。

（3）技术增强学习的教学应用基于所有教职员工已经掌握的、可靠的教育研究和指导方针（包括遵守法律规定、可实现和有学习设计等）。

（4）学校有社群推动并支持技术增强学习在交流中的应用，促进在教与学中的创新应用。

（5）为保证技术增强学习教学法的持续发展，合理配置资源。

（6）技术增强学习服务的教学应用可持续。

（7）对技术增强学习服务的教育效果做课程和项目层面的定期评估。

（8）技术增强学习产生影响的证据要整合进课程和项目持续改进的规划中。

（9）优秀实践案例促进技术增强学习服务在课程和项目中教学法层面的有效应用。

基准五：促进技术增强学习有效应用的员工专业发展

（1）要将技术增强学习的员工发展框架纳入机构的学习和教学战略。

（2）用于识别员工发展需求的流程到位，能够支持机构技术增强学习的战略。

(3)使用教育和技术专业知识支持发展高质量项目和资源,满足员工发展需求。

(4)为员工提供技术增强学习职业发展的跨地区协调。

(5)为技术增强学习员工发展提供资源。

(6)员工发展项目学习方式灵活,涉及不同的技能层次。

(7)参考评估数据进行机构发展规划,不断提高员工的发展进程。

基准六:技术增强学习的员工支持

(1)技术支持和教育支持与机构当前使用的及新兴的学习技术相符。

(2)有合适的流程来确定员工在个人、团队和机构层面的支持需求。

(3)有合适的流程来定期评估员工所需的支持服务和资源。

(4)跨区域协调,为不同机构的员工提供支持服务。

(5)员工有途径获取和使用技术增强学习支持服务。

(6)技术增强学习支持服务资源充足。

(7)给员工推荐技术增强学习支持服务。

(8)新的技术增强学习服务在采纳前及应用过程中,根据员工需求做全面分析。

(9)有适当的程序来确保技术增强学习支持服务的评估数据能够有助于员工的持续改进。

基准七:针对学生开展有效应用技术增强学习的培训

(1)学生培训的内容与机构使用的技术和教学方法一致。

(2)技术增强学习的学生培训有充足的资源。

(3)有合适的流程可定期评估学生培训的效果及培训资源。

(4)为接受培训的学生提供跨区域协调。

(5)学生培训项目学习方式灵活,涉及不同的技能层次。

(6)学生培训使其更加道德地使用机构提供的社交媒体和技术增强学习服务。

(7)参考评估数据进行机构发展规划,不断提高学生的发展进程。

（8）要有明确的路径让学生获取他们所需的培训。

基准八：应用技术增强学习的学生支持

（1）提供给学生的支持与机构使用的技术增强学习服务一致。

（2）学生有充足的应用技术增强学习支持服务的资源。

（3）学生有明确的获得支持服务的途径，并能有所提升。

（4）支持的地址和资源能从常用设备获取，并通过分析监控学生的使用情况。

（5）有合适的程序确保定期评估学生支持服务和资源。

（6）有合适的程序确保为学生提供的技术增强学习支持服务的评估数据能有助于机构的持续改进。

（7）为需要支持服务的学生提供跨区域协调。

（8）有合适的程序确保学生培训和学生支持相一致。

（9）有恰当的流程决定学生当前的支持需求。

（10）新的技术增强学习服务在采纳前及应用过程中，根据学生支持需求做全面分析。

接下来是什么？为机构间的活动做准备。

如果将此基准测试看作机构内活动的一部分，那么重要的是要准备拟用于分享的关键论据和证据。使用"团队整合"（word 版）文档也许能帮到你。登录 ACODE 网站 www. acode. edu. au. ，可以在基准测试页面找到相关信息。该文件与前文中所展示的相同，但可编辑。

需要特别注意的是，只有所有当事人签署了相应的保密协议后，才可以分享你的结果。此文件同样可以在 ACODE 网站找到。

准备内部报告时，如果只是用于内部审查，建议也可以使用"团队整合报告"（word 版）文档。登录 ACODE 网站 www. acode. edu. au. ，可以在基准测试页面找到此文件模板。提供给高层管理人员的报告中，这份文件可以作为一个附件。

结论

我们相信您已经发现这份文件非常有用，并且帮助您和所在机构为员工和学生提升技术增强学习的质量。我们热切盼望进一步改善基准，所以欢迎您在使用过程中及时反馈。请将反馈通过邮件发送至 ACODE 秘书处，邮箱为 secretariat@acode.edu.au。

参考文献

Bacsich，P.（2009）英国大学在线学习基准测试：源于、用于国际的教训。第 23 届 ICDE开放学习和远程教育国际会议，2009 年 6 月 7－10 日，德国，马斯特里赫特。

图书在版编目(CIP)数据

开放远程教育内部质量保证案例集/陈丽,谢洵,王晓霞主编. —
北京:北京师范大学出版社,2017.1
　ISBN 978-7-303-21555-3

　Ⅰ. ①开… Ⅱ. ①陈… ②谢… ③王　Ⅲ. ①开放大学－远程教
育－案例－中国　Ⅳ. ①G724.82

　中国版本图书馆 CIP 数据核字(2016)第 278245 号

营 销 中 心 电 话　　010-58805072　58807651
北师大出版社学术著作与大众读物分社　　http://xueda.bnup.com

KAIFANG YUANCHENG JIAOYU NEIBU ZHILIANG BAOZHENG ANLI JI
出版发行:北京师范大学出版社 www.bnup.com
　　　　　北京市海淀区新街口外大街 19 号
　　　　　邮政编码:100875
印　　刷:北京京师印务有限公司
经　　销:全国新华书店
开　　本:730 mm×980 mm　1/16
印　　张:17
字　　数:300 千字
版　　次:2017 年 1 月第 1 版
印　　次:2017 年 1 月第 1 次印刷
定　　价:68.00 元

策划编辑:陈红艳　　　　责任编辑:陈红艳
美术编辑:王齐云　　　　装帧设计:锋尚设计
责任校对:陈　民　　　　责任印制:马　洁